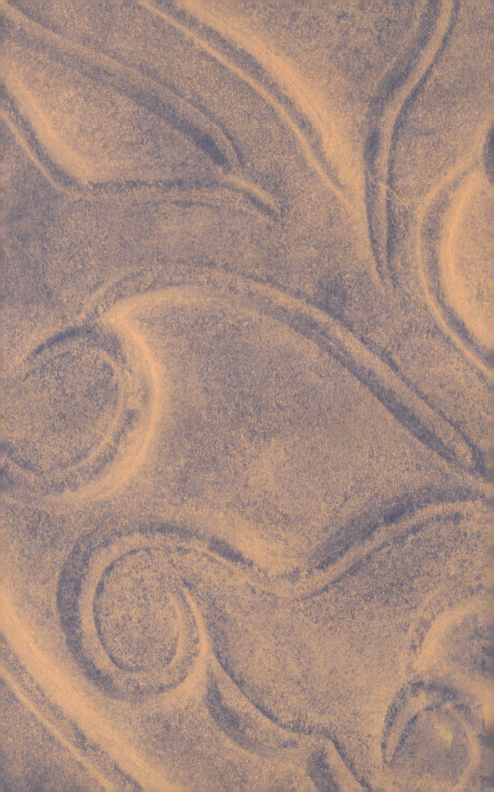

大有

清季上海的美国人

Americans in Shanghai and the Late Qing Dynasty Politics, 1898-1905

王慧颖

著

（1898—1905）

社会科学文献出版社
SOCIAL SCIENCES ACADEMIC PRESS (CHINA)

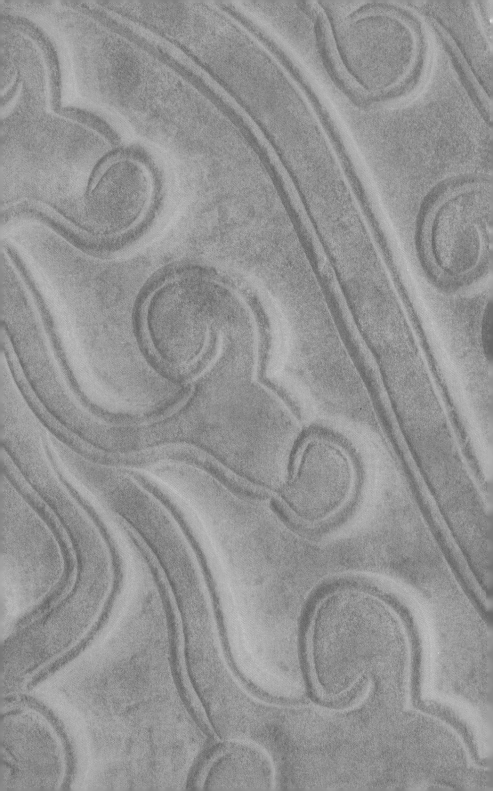

谨以此书献给我的父亲、母亲

序

在近代中外双边关系中，由于美国的特殊国情和历史，中美民间外交始终在中美双边关系中扮演着十分重要角色，因此长期受到中美学界的重视。王慧颖的《清季上海的美国人（1898—1905）》就是一部专门研究清末中美民间外交的新著。就晚清中美民间外交来说，既往中美学界特别重视传教士和美国商人的作用，在这方面已出版了不少优秀论著。王慧颖的这本书则独辟蹊径，以1898年在上海成立的美华协会为切入点，以小见大，探讨了1898—1905年旅居上海的美商和传教士两大群体如何结成一个联合体和他们两者之间的复杂关系，以及这两大群体对晚清中美关系的影响，丰富和深化了对清末旅沪美侨和中美民间外交的研究，多有开拓和创新之处。

关于近代上海的美国人，既往学者多聚焦民国之后，并受研究视野的局限，普遍认为上海的美国人一直到一战后期，随着旅沪美侨的大量涌入才从英国人的社区分离出来，逐渐形成独立的美国人社区。王慧颖的这本书则通过对1898年美华协会的成立及其运作进行考察，揭示了近代上海的美国人其实早在清季就建立起国家认同，构建了在沪美侨联合体，并对在沪美国商人和传教士两大群体在19世纪末走向联合的历史背景做了深入的分析。她认为一方面19世纪末美国商业和传教共同的对华扩张目标以及他们在中国共同面临的严峻形势促成了在沪美商和传教士两大群体走向联合；另一方面美国国内高涨的帝国主义思潮以及军事、政治等领域出现的新变化亦起了助推作用，而1898年8月在美国国内成立的美亚协会则直接推动了美华协会这一组织的诞生。王慧颖所做的这一研究无疑深化了对近代上海美国人的研究，对美华协会所做的开创性研究则更具有填补空白意义。

再者，就美商和传教士两个群体来说，一般将他们看作"一丘之貉"，都是侵略分子：一个对华实行经济侵略；一个对华实行文化侵略，并认为传教与美国商业利益和国家利益是一致的，"传教士是贸易和商业的先驱"。王慧颖的这本书则告诉我们，这只是问题的一个方面，美商和传教士固然有着共同的在华利益诉求，这导致他们在清末走向联合，但这两个群体之间始终存在分歧和矛盾，其利益诉求有所差异，具体体现在他们对美华协会领导权和话语权的争夺上，旅沪的美商大班为最大限度地使美华协会服务于美国在华商业利益，严格限制传教士在协会中的人数和影响，将美华协会的决策牢牢掌握在自己手中，对美商和传教士入会区别对待。并且在对待晚清发生的一些重大历史事件时他们亦是既联合又矛盾。如面对义和团运动的威胁，美商和传教士先后三次联合呼吁美国政府出兵中国，但在呼吁书中传教士为达到护教目的，极力夸大形势的严峻，多危言耸听；而美商则从商业利益出发，反对传教士的这种做法，主张如实反映中国国内形势，强调美国与其他列强一道维护中国完整的重要性。而在其后的庚辛和谈中，美商和传教士的分歧更加严重，在赔款、惩凶、军事制裁、传教等问题上都出现撕裂。王慧颖关于在沪美商和传教士在中国问题上既合作又矛盾的研究，显然更接近于历史真相。

在晚清中美关系研究中，关于美商和传教士在美国对华政策上所起的作用和影响，也是一个见仁见智的问题。就既往的研究来说，大致比较强调传教士和美商在美国对华政策上所起的重要作用和影响，王慧颖的这部著作也有此倾向。但就1899—1905年美华协会对美国对华政策的实际影响来说，则是有限度的。据王慧颖的研究，尽管在义和团运动时美华协会向美国国内报告了中国的最新形势和动向，但美国政府并没有响应美华协会派兵入长江的呼吁。而在庚辛和谈中，美国政府在有关赔款、惩凶、军事制裁、传教和逼迫慈禧太后退政等问题上也多没有接受美华协会的建议，而是采取了相对缓和的态度。在1902—1903年中美商约谈判过程中，虽然美国政府征询了包括美华协会在内的美商意见，并且由于他们反对裁厘加税条款，导致中美商约谈判中断半年之久，但最终还是执行了美国政府的意志。在抵制美货运动中，虽如王慧颖所说，美华协会在初期游说罗斯福政府改善旅美华侨入境待遇方面发挥了作用，但罗斯福政府对抵制美货运动的态度和反应最终还是由美国政治和中国抵制美货运动的形势所决定。要之，中美关系早期，在美国政府缺位的情况下，传教士和美商确乎起了十分重要的作用。但到 19 世纪末，随着美国成为一个世界强国，政府外交机构日趋完善，国务院干预亚洲外交政策之后，传教士和美商的作用就不可与早期同日而语了。因此，王慧颖的这部著作对于我们重新审视美商和传教士在美国对华政策上所起的作用和影响，也是具有启发意义的。

最后，这部著作另一值得肯定之处是挖掘和利用了许多美国一手档案文献资料。史料是一切史学研究的基础，而中外关系史学科的性质又决定了对史料的要求更高，除了中文资料，还必须充分掌握相关国家的档案和文献资料。这也是通常情况下，我并不鼓励缺乏良好外语基础和外文资料条件的青年学者从事中外关系研究的一个重要原因——巧妇难为无米之炊。2017 年，王慧颖同学获国家留学基金委资助赴美访学。根据个人经验，若是选择一个单纯的晚清政治史题目赴美访学，很可能是事倍功半、蹉跎岁月，于是我根据本人 2001—2002 年于哈佛大学访学期间所查阅的资料——哈佛大学怀特纳图书馆（Widener Library）所藏完整的美亚协会会刊和几期美华协会的会刊，建议她可以做美亚协会与晚清中国的选题。王慧颖同学赴美后，不但收集了美亚协会会刊，并且从美国各图书馆搜集了美华协会自 1899 年 1 月至 1913 年 10 月共 27 期的会刊，这就为她从事美华协会的研究提供了坚实的史料基础。同时，她还广泛检索和利用了诸如《北华捷报》《纽约商报》《纽约时报》《华盛顿邮报》等相关英文报刊资料，并且对美国官方档案和文献资料亦多加利用，诸如《美国驻华使馆档

案（1843—1945）》《美国驻华公使来函（1843—1906）》
《美国国务院有关中国内部事务档案（1906—1910）》《美国驻
天津领事来函（1847—1906）》《美国驻上海领事来函（1847—
1906）》，以及美国国务院编《美国外交文件（1901—1912）》、
戴维斯（Jules Davids）编《美国外交与政府文件：美国与
中国（1895—1905）》等。用功之勤，难能可贵。

　　常言道：其作始也简。王慧颖的这部著作也属于这样
一项事业，因此难免有其不完善之处。诸如清季旅居上海
的美国人显然不限于美华协会成员的商人和传教士两个群
体，还有海员、海关人员、医生、律师、新闻工作者、外
交官，甚至流氓、妓女，等等。总之，清季旅居上海的美
国人总体情况和构成，以及美华协会于在沪美侨中所开展
的工作，都是有待进一步挖掘的。而以美华协会来说，虽
然这个团体在 1911 年辛亥革命之后有瓦解之势，直至 1926
年 12 月并入美国总商会，但其活动并不止于 1905 年，至少
在清末的最后几年都十分活跃，且有会刊出版。该著将研
究止于 1905 年，这也是不完整的。期待这些问题在她申请
的国家社科基金青年项目"美国商人与甲午战后的晚清政
局研究（1898—1912）"中得以解决，乐见"其将毕也必
巨"。同时期待更多青年学者投身中美关系史研究，为中美
关系史学科的繁荣和发展添砖加瓦！

崔志海

撰于 2023 年 3 月 18 日

目　录

绪　论

选题旨趣

自 1840 年后，清政府始丧商利，继失外藩，及至 19、20世纪之交更是面临豆分瓜剖。在驿驿而来的列强中，美国始终与晚清中国保持着一种相对友好的特殊关系。这种特殊关系的建构是美国在华利益与其客观实力相互拉扯的结果。当时美国商界与教会均有相当力量迫切要求扩张美国在华势力，但受限于美国在远东可支配的军事力量，以及美国本土种种客观因素，美国在与其他列强争夺在华"势力范围"方面较无优势。因此，这一时期的美国政府便不得不一面寻求用非武力的形式维持列强在华机会均等，另一面则力图使中国形成一种中美之间存在特殊友好关系的印象，以便另辟蹊径，攫取利权。这虽非商界与教会谋求在华利益扩张的首选，但考虑到扩张道路上的诸多窒碍，同时出于能够通过这种方式达成其利益目标的自信，美商与传教士仍欣然接受了国务院的这一策略。由此可知，清季美国对华政策的制定，在某种程度上也是美国商界、教会在华利益集团与国务院相互拉扯后达成的某种妥协，美商和传教士在晚清中美关系发展过程中所扮演的角色由此可见一斑。

在考察美商与传教士时，选择其中定居中国而非美国本土的那部分作为研究对象，是考虑到在华美商与传教士的切身利益和人身安全均受到晚清时局变迁的直接冲击，因此他们与中国时局变迁的联系较之美国本土更为直接和紧密；进一步将考察对象局限在上海，则是考虑到清季上海既是南北通衢，又汇聚了大量中西报刊，不啻为时局最新消息的大型集散地，因此，寓沪美商与传教士对中国时局的因应比在中国其他地区定居的美侨更为及时、全面，而他们向本土提交的中国情报也因此成为美国了解中国问题的重要来源之一。总的来说，上海的美商与传教士，或者说清季定居上海的美国侨民群体①在晚清中国主要扮演了两个角色：亲历晚清政治变迁的观察者和面向美国本土的中国情报提供者。一方面，他们处于中国境内，一举一动皆基于对中国局势变迁的观察与因应；另一方面，他们又与美国本土大型利益集团有着密切的联系，能够将意见直接反馈给美国政府。

目前关于美商与传教士这两大研究对象的既有研究极多。首先，关于晚清时期美国商人的论著更多偏爱美国本土商人在"门户开放"和"金元外交"两政策中扮演的角色。如小坎贝尔（Charles S. Campbell, Jr.）的《特殊利益与门户开放政策》② 一书，论述了从事对华商业活动的美国企业在"门户开

---

① 晚清时期，美商与传教士构成了定居上海的美国侨民的主要部分，在上海美侨内部具有绝对影响力，同时担任着意见领袖的角色，因此他们的言论和活动在这一时期可以在相当程度上代表上海美侨群体的意志。

② Charles S. Campbell, Jr., *Special Interests and Open Door Policy* (New Haven: Yale University Press, 1951).

放"政策出台过程中所发挥的作用。作者在书中分析了中国在 19 世纪 80 年代成为美国制造商和进出口商的新目标的原因，并以美国亚洲协会（American Asiatic Association，简称"美亚协会"）① 为载体，论述美国商业利益集团对美国对华政策所造成的巨大影响。作者指出，当时有一大批利益相关的美国企业希望政府改变对华政策，因单凭一己之力无法对华盛顿形成足够的压力，这些公司联合组建了美亚协会。小坎贝尔认为，正是美亚协会的成员对华盛顿方面的持续施压，才使得"麦金莱总统和他的顾问相信有一大批在政治上拥有影响力的群众正将他们最大的希望寄托在中国市场上"。1981 年，詹姆斯·劳伦斯（James J. Lorence）发表《企业联合和中国市场的神话：美亚协会（1898—1937）》② 一文，在其 1970 年发表的《商业与改革：美亚协会与排华法案（1905—1907）》和 1972 年发表的《商业利益集团与门户开放政策：美亚协会（1898—

---

① 国外其他关于美亚协会的研究有 John Eperjesi 的《美国亚洲协会与美国太平洋帝国主义梦》，参见 John Eperjesi, "The American Asiatic Association and the Imperialist Imaginary of the American Pacific," *Boundary 2*, Volume 28, Number 1（Spring 2001）: 195 - 219。国内关于美亚协会的研究有山东师范大学孙大勇的硕士学位论文《特殊利益集团与门户开放（1895—1907）》，主要研究美亚协会的成立以及美亚协会对美国门户开放政策的影响；山东师范大学曲升的《美亚协会争取修改排华法案的努力》，主要研究美亚协会对于修改排华法案所起到的作用；河北大学乔明顺的《美国的垄断资本与门户开放政策的制定》，约略提及美亚协会作为当时最大的商业组织对美国门户开放政策所产生的影响；复旦大学方明敏《美国亚洲协会析论》以《美国亚洲协会杂志》登载的部分文章和《美国国会通讯录》为研究对象，对美亚协会从成立到退出历史舞台的整个过程进行考察。

② James J. Lorence, "Organized Business and the Myth of the China Market: The American Asiatic Association, 1898 - 1937," *Transactions of the American Philosophical Society* 71(4), 1981.

1904）》两篇旧作①的基础上，对美亚协会自 1898 年创建至 20 世纪 30 年代逐渐式微的兴衰史进行详尽考察，进一步阐释该协会对同时期美国对华政策起到的推动作用。对于上述这类观点，杨玛丽（Marilyn Blatt Young）在《帝国的修辞：美国对华政策（1895—1901）》②中有不同的意见。她利用大量美国官方档案和私人文件，对美国政府在 1895—1901 年对华政策的转变进行考察，指出：虽然美国在华商业集团和传教士群体的活动为政府转变政策营造了舆论氛围，但美国政府在此期间逐渐对远东事务采取积极干涉政策，一方面是由于美西战争后美国上下认识到在亚洲拥有势力是成为一个世界强国所绝对必需的条件，另一方面则是时任总统基于对美国民意的观察而做出的决策，并不是因为上述二群体的活动。并且，从美国商人集团的角度来说，他们用以舆论宣传的"中国市场神话"在 20 世纪初破灭；从传教士集团的角度来说，他们在庚子事变后的所作所为受到美国民众的广泛批评并促使一部分民众逐渐倾向于反对麦金莱政府的远东政策。此外，作者还搜罗了不少中文资料，以说明无论是在中国的美国人还是在华盛顿的决策者都不了解中国在当时真正面对的问题和恐惧，从而进一步补

----

① 见 James J. Lorence, "Business and Reform: The American Asiatic Association and the Exclusion Law, 1905 - 1907," *Pacific Historical Review* 39(4), 1970: 421 - 438; James J. Lorence, "Coordinating Business Interests and the Open Door Policy: The American Asiatic Association, 1898 - 1904," in Jerry Israel, ed., *Building the Organizational Society: Essays on Associational Activities in Modern America* (New York: The Free Press, 1972)。二文主要讲述美亚协会成立的过程和该协会针对庚辛议和、庚子后东北危机及美国国内排华法案所采取的行动。

② Marilyn Blatt Young, *The Rhetoric of Empire: American China Policy, 1895 - 1901* (Cambridge, Mass.: Harvard University Press, 1968)。

证美国政府对华政策制定的基础并非中国的真实情况，而是美国国内的民意。

注重考察美国本土商业集团与"金元外交"者，有维维尔（Charles Vevier）的《美国与中国（1906—1913）》①。该书讲述了1906—1913年华尔街商业利益集团与美国政府在"金元外交"下的合作。书中以司戴德的活动为主体，就锦瑷铁路计划、诺克斯计划及四国银行团借款问题进行了具体讨论，并论述了司戴德对美国塔夫脱政府"金元外交"的影响。维维尔在书中提出：当华尔街的利益与美国政府的利益一致时，二者就能够合作无间，如美国企业要求政府通过政治干涉来帮助他们获取铁路借款合同并通过军事干涉来保护投资；而当个人利益与国家利益有冲突时，这种合作的基础就面临瓦解，如美国银行团推出的四国银行团借款计划。该书基本上使用一手资料完成，其中包括不少前人未利用过的美国商业活动的数据和一些未刊的美国国务院档案资料，如司戴德、柔克义、亨廷顿·威尔逊、塔夫脱和诺克斯的档案。吴心伯的《金元外交与列强在中国（1909—1913）》② 一书也以湖广铁路借款、锦瑷铁路计划和东北铁路中立化方案（诺克斯计划）、币制实业借款、四国和六国银行团等事件为线索，对美国政府和司戴德在1909年至1913年初的互动进行探讨。该书在叙述上述一系列史实时广泛参考了中外学者的研究成果，利用了大量包括美国国务院档案、司戴德文件、诺克斯文件及清外务部档案在内

① Charles Vevier, *The United States and China: 1906 - 1913* (New Brunswick: Rutgers University Press, 1955).
② 吴心伯：《金元外交与列强在中国（1909—1913）》，复旦大学出版社，1997。

的一手中英文资料，用功扎实、系统深入地对美国"金元外交"的背景、发展和结果进行了阐释，并在最后一章对"金元外交"的失败原因及这一失败对美国远东政策乃至一战前的国际关系格局造成的冲击做出评议。此外，吴心伯还重点分析了美国财团在对华"金元外交"中与华盛顿方面的合作活动及其因依附于伦敦和巴黎金融市场而受英法掣肘的情况。

此外，还有一些着眼于美国本土大企业与中国政治之间的研究，如吴翎君在其《美国大企业与近代中国的国际化》[①]一书中系统介绍了美国垄断资本在 1903 年中美修订新商约过程中，以及在美国政府参与的几个中国实业投资案例中所展开的具体活动。书中对美孚石油公司与陕北延长矿区投资案、合兴公司和广益公司投资中国铁路计划、美国企业参与导淮和整治大运河案等多个具体案例进行剖析，借此说明美国在华利益集团为其自身利益而展开的在华活动在客观上对近代中国的工业化、近代化、国际化起到的作用。

其次，有关晚清时期美国传教士的研究大多注重考察美国在华传教士对晚清社会、政治的影响。如保罗·瓦格（Paul A. Varg）的《传教士、中国人和外交官：美国在华新教传教士运动》[②] 以 1890—1952 年美国传教运动在中国的发展和失败为主线，不但将该运动的兴衰与同时期中国时局的变迁进行对比，以凸显后者对前者的冲击，而且结合美国在华传教士在

---

① 吴翎君：《美国大企业与近代中国的国际化》，台北：联经出版公司，2012。

② Paul A. Varg, *Missionaries, Chinese and Diplomats: the American Protestant Missionary Movement in China, 1890 – 1952* (Princeton, N. J. : Princeton University Press, 1958).

该运动过程中的活动与美国政府对华政策的转变，来说明前者
对后者的影响。爱德华·V. 吉利克（Edward V. Gulick）的
《伯驾与中国的开放》① 论述了美国来华医学传教士伯驾（Pe-
ter Parker）的在华活动对同时期中国政局及中美两国关系造成
的影响。王树槐在其《外人与戊戌变法》② 一书中，通过考察
林乐知、李佳白等美国传教士与维新派的交游，分析了他们对
维新派的维新主张所造成的影响。顾长声的《传教士与近代
中国》③ 系统介绍了传教士自鸦片战争至新中国建立这百余年
间在中国的活动及其影响，但因以帝国主义如何利用宗教侵华
为研究主线，所以多着眼于传教士在列强侵华方面起到的作
用。王立新在《美国传教士与晚清中国现代化》④ 一书中全面
论述自 1807 年至中华人民共和国成立近 150 年间美国在华的
传教活动，以"开眼看世界"思潮、洋务运动、戊戌变法及中
国近代新学的崛起和传统教育的变革为主要节点，探讨传教士
在洋务运动、戊戌变法等晚清重大历史活动中所产生的正反两
方面影响。作者通过将《海国图志》《瀛寰志略》《合省国说》
等书与当时传教士出版的期刊著作进行比对，提出是"美国传
教士开启了早期'开眼看世界'的思想家得以'外窥'之
'牖'，他们的著作成为近代知识分子了解和观察世界的窗口"⑤
的结论；而得益于 1860 年后全国范围内的传教合法化，中国

① Edward V. Gulick, *Peter Parker and the Opening of China* (Cambridge, Mass. : Harvard University Press, 1973). 此书已有中译本，见爱德华·V. 吉利克 《伯驾与中国的开放》，董少新译，广西师范大学出版社，2008。
② 王树槐：《外人与戊戌变法》，上海书店出版社，1998。
③ 顾长声：《传教士与近代中国》，上海人民出版社，2004。
④ 王立新：《美国传教士与晚清中国现代化》，天津人民出版社，1997。
⑤ 王立新：《美国传教士与晚清中国现代化》，第 330 页。

的洋务运动在很大程度上借助了外人尤其是传教士的力量。在讨论该群体与戊戌变法的关系时，王立新在《外人与戊戌变法》的基础上利用广学会年报、传教士书刊等大量第一手资料及对广学会的出版活动和《万国公报》的研究，进一步考察了传教士对维新运动的影响，指出：对于一般士人来说，传教士对西学的鼓吹和传播、对中国积弊的揭露和批判，既促进了维新思想的广播，又帮助营造了维新变法的舆论环境和社会氛围；而对于改革派的领袖人物来说，传教士的活动"在一定程度上……帮助形成了改革派的自己的方法、思想甚至世界观"。① 何大进的《晚清中美关系与社会变革——晚清美国传教士在华活动的历史考察》② 从社会变迁的视角出发，对美国在华传教士对中美的外交关系、文化交流等方面所产生的影响进行述评。除了上述专著，不少硕士、博士学位论文也以庚子之前的美国在华传教士与晚清中美关系为主题。如陈华在2005年完成的硕士学位论文《美国传教士与晚清中美政治》③以1860年为界，将传教士介入中国政治的活动分为前后两个阶段。其文认为前期美国在华传教士的干涉方式是直接介入不平等条约的制定，后期则是通过参与中国西化改革来施加间接的影响。作者在文中对美国在华传教士在中美《望厦条约》和《天津条约》谈判、太平天国运动、洋务运动、戊戌变法、美国排华运动及"庚款助学"等事件中展开的活动均进行了简要的概括，最后结合这些活动所造成的结果，分

---

① 王立新：《美国传教士与晚清中国现代化》，第392页。
② 何大进：《晚清中美关系与社会变革——晚清美国传教士在华活动的历史考察》，江西人民出版社，1998。
③ 陈华：《美国传教士与晚清中美政治》，硕士学位论文，江西师范大学，2005。

析了美国传教士对晚清中美政治所产生的影响。同类文章还有陈才俊在 2008 年完成的博士学位论文《美国传教士与 19 世纪的中美外交关系（1830—1899）》①和韩丽红在 2009 年完成的硕士学位论文《美国传教士在晚清中美关系中的角色研究（1830—1860 年）》②。此外，着眼于美国在华传教士个体者亦不少，其中包括吴素敏的《丁韪良之研究（1827—1916）：传教士与近代中国》③和胡素萍的《李佳白与清末民初的中国社会》④等。

再次，除上述分别探讨晚清时期美国在华传教士和美国本土商人的研究外，还有一些学者尝试将美国商人与传教士的活动结合起来，阐释此类活动在美国对华政策上产生的影响。不过，这类研究所关注的美国商人仍集中在美国本土的那部分。如泰勒·丹涅特在《美国人在东亚：十九世纪美国对中国、日本和朝鲜政策的批判的研究》⑤中已初步尝试阐释传教士、商人与美国亚洲政策之间的关系，并指出 19 世纪美国在华传教士的中国观察和中国印象对美国国民和政府政策制定均具有

① 陈才俊：《美国传教士与 19 世纪的中美外交关系（1830—1899）》，博士学位论文，华中师范大学，2008。
② 韩丽红：《美国传教士在晚清中美关系中的角色研究（1830—1860 年）》，硕士学位论文，陕西师范大学，2009。
③ 吴素敏：《丁韪良之研究（1827—1916）：传教士与近代中国》，硕士学位论文，台湾东海大学历史研究所，1988。
④ 胡素萍：《李佳白与清末民初的中国社会》，博士学位论文，中山大学，2006。
⑤ Tyler Dennett, *Americans in Eastern Asia: A Critical Study of the Policy of the United States with Reference to China, Japan and Korea in the 19th Century* (London: Macmillan, 1922). 中译本见泰勒·丹涅特《美国人在东亚：十九世纪美国对中国、日本和朝鲜政策的批判的研究》，姚曾廙译，商务印书馆，1959。

一定影响。韩德（Michael H. Hunt）在《中美特殊关系的形成：1914 年前的美国与中国（1784—1914）》[①] 一书中，进一步论述美国"门户开放"支持集团与政府出台"门户开放"政策的联系。韩德认为美国政府出台"门户开放"政策，与致力于"中国精神与文化之改造的传教士"、"谋取利润的实业家"和"渴望提高国威的政治家、外交家"这三大利益集团在 19 世纪 90 年代的"结成联盟、协同行动"密不可分。三者的根本目标虽不相同，但他们在保持中国的门户开放以便美国人可以扩展他们的经济、政治、文化活动和影响等方面具有一致的信念。[②] 基于这一论点，他对 1784—1914 年三大在华利益集团的势力发展情况、对华盛顿方面的施压与游说以及在中国联美外交方面发挥的作用进行了全面分析。

最后，综合考察清季美国在华商人和传教士的活动、审视其所在的在华美侨群体的形成与发展历史并探讨其内部关系的研究，相对前述几项为少，且研究时段多集中在第一次世界大战后。如何振模的《上海的美国人：社区形成与对革命的反应（1919—1928）》[③] 一书，以及马克·威尔金森的《上海的美国人社团（1937—1949）》[④] 和张生的《"假如我是个中国

---

① 韩德：《中美特殊关系的形成：1914 年前的美国与中国（1784—1914）》，项立岭、林勇军译，复旦大学出版社，1993。

② 韩德：《中美特殊关系的形成：1914 年前的美国与中国（1784—1914）》，"中文版序"，第 1、3 页。

③ 何振模：《上海的美国人：社区形成与对革命的反应（1919—1928）》，张笑川等译，上海辞书出版社，2014。

④ 马克·威尔金森：《上海的美国人社团（1937—1949）》，载熊月之等选编《上海的外国人（1842—1949）》，上海古籍出版社，2003，第 86—105 页。

人"：安立德与上海美国人社群研究》① 等文章均认为，一战后期美国人大量涌入中国上海，上海美国人才从英国人社区分离出来，并逐渐形成独立的上海美国人社区。这类研究将美商与传教士纳入上海美侨的范畴内，考察二者之间的互动，为人们呈现了近代上海美国人构建联合体的历史进程。受限于研究时段，这类研究忽视了上海美商与传教士在晚清时期寻求联合的努力，因而倾向于将二者视为美侨内部存在严重隔阂、泾渭分明的两个部分。

综合上述四个方面可知，目前学界较少关注清季上海美商的群体活动，对上海美商与传教士群体在 19 世纪末 20 世纪初的联合亦不甚探讨。上海美商与传教士在清季的合作与互动，目前得到的关注未能与其在中美交往中所处的地位相匹。

事实上，早在 19 世纪末 20 世纪初，定居上海的美国商人便为因应中国问题，积极寻求联合传教士。为活动便利，美商与传教士还在 1899 年合作建成美国中华协会②，作为组织、宣传、巩固他们联合活动的平台。③ 在 1898—1905 年中外关系持续紧张的背景下，上海美商与传教士依托该会，在提供商业情报的同时密切关注中国的政治、外交走向，积极提出自己对中国事务的看法及建议，推动美国政府干涉中国事务。二者在

---

① 张生：《"假如我是个中国人"：安立德与上海美国人社群研究》，《史林》2017 年第 6 期。

② 美国中华协会（American Association of China），以下简称美华协会。

③ 目前学界对美华协会的专门研究几乎阙如；关于该会的介绍，也仅在美亚协会的研究中附带提及。如劳伦斯在《企业联合和中国市场的神话：美亚协会（1898—1937）》一文中，将美华协会视为美亚协会在华情报机关进行简要介绍。除劳伦斯关于美亚协会的这几篇专论外，其他有关美亚协会的专题研究鲜少提及美华协会的存在及其影响。

美华协会内部的协作，反映了在华美商与传教士在与晚清中国政局的互动中，于职业认同之外建立起国家认同的过程；而会内美商与传教士在利益不一致时发生的矛盾与分歧，则有助于了解这一美侨联合体建立后遇到的挑战与挫折。此外，因该会领导层与美国驻华使领、美国本土院外游说集团联系密切，该会收集的中国情报及相关意见能够通过美国驻华使领或美亚协会等渠道直接递交美国国务院并引起重视，所以对美华协会在1898—1905年的活动进行考察，还有助于探讨清季上海美商与传教士在与晚清政局互动的过程中所产生的历史影响。鉴于此，本书依托美华协会的历史材料，结合同时期中美两国的时代背景，对寓沪美商与传教士在1898—1905年的联合行动进行考察，不仅有助于呈现他们在与晚清中国政局互动中采取联合的历史过程，了解这类联合活动的基础与条件、形式与内容、发展与挫折，同时有益于追溯这种联合对清季中美交往造成的历史影响。

资料概况与研究取径

清季上海美商与传教士联合活动的相关研究之所以匮乏，主要是受到史料的限制，而新发现的《美国中华协会杂志》①使得突破此种限制成为可能。笔者在纽约市立图书馆（The New York Public Library）、波士顿皮博迪博物馆（The Peabody Essex Museum）的菲利普斯图书馆（The Phillips Library）、耶鲁大学图书馆（Yale University Library）搜集到第1—27期《美华协会杂志》。这些杂志不但详细记载了美华协会在19世

---

① 《美国中华协会杂志》（*The Journal of American Association of China*），以下简称《美华协会杂志》（*JAAC*）。

纪末 20 世纪初的重要活动、会议记录、邮电通信，而且刊登了该会会员就中美各重大问题发表的社论及其他宣传文章。总的来说，比较全面地反映了晚清时期上海美商与传教士主要关心的问题、为之付出的行动及他们采取联合的情况。

所谓孤证不立，有关美华协会活动的直接记载固然有其重要的价值，但也有其局限性，如不与其他资料互相比对参证，便难免陷入被史料误导的窠臼。如美华协会对庚子事变、庚辛和谈、中美商约谈判和抵制美货运动的相关记载，便多从美商与传教士在华利益的角度出发，并不完全尊重客观历史事实，因此必须结合相关历史事件的中外档案资料和既有研究，以及当时其他外侨的记载、回忆与评论，细加甄别，不可片面接纳《美华协会杂志》的立场和观点。

本课题还涉及美华协会成员在《美华协会杂志》之外发表的有关中美各方面问题的言论，或检索自《北华捷报》(The North-China Herald and Supreme Court & Consular Gazette)、《纽约商报》(Journal of Commerce and Commercial Bulletin)、《纽约时报》(The Times)、《华盛顿邮报》(The Washington Post) 等近代西文报刊，或摘录自协会成员的回忆录，如卜舫济 (F. L. Hawks Pott)[①] 的

---

① 卜舫济，美国圣公会牧师，共济会成员。1887—1930 年任上海圣约翰大学（初名约翰书院，1902 年改称圣约翰大学）校长。1945 年抗日战争胜利后复回上海，担任圣约翰大学名誉校长。著有《中国的爆发——它的起因》(The Outbreak in China, Its Causes, 1900 年出版)、《中国史纲要》(A Sketch of Chinese History, 1903 年出版)、《中国的紧急关头》(The Emergency in China, 1913 年出版) 和《上海租界略史》(A Short History of Shanghai: Being an Account of the Growth and Development of the International Settlement, 1928 年出版) 等书。见中国社会科学院近代史研究所翻译室编《近代来华外国人名辞典》，中国社会科学出版社，1981，第 391 页。

《义和团暴乱析论》① 和李佳白（Gilbert Reid）② 的《北京之围》③ 等。除此之外，美亚协会的会刊《美国亚洲协会杂志》④ 因从第三者的视角记述了美华协会的大量历史活动，所以在本课题研究过程中也予以采用。

在研究本课题过程中，涉及美国对华决策的内容，笔者多利用以下几种美方档案资料：《美国驻华使馆档案（1843—1945）》（Records of the United States Legation in China，1843 - 1945）；《美国驻华公使来函（1843—1906）》（Dispatches From U. S. Ministers to China，1843 - 1906）；《美国国务院有关中国内部事务档案（1906—1910）》（Records of the Department of

---

① 卜舫济：《义和团暴乱析论》，载路遥主编《义和团运动文献资料汇编·英译文卷》（上），山东大学出版社，2012。

② 李佳白（1857—1927），美国长老会传教士。1882—1892 年间，李佳白奉美国长老会之命来华，在山东地区传教。1894 年，李佳白辞去美国长老会工作，再次来华，筹办尚贤堂并与清政府上层人物，诸如恭亲王奕䜣、李鸿章、翁同龢等人时有往来。1897 年尚贤堂得到清政府认可后，李佳白前往欧美募款，宣扬其"尚贤堂计划"，引起美国政府重视，募得 15 万余美元的经费。1902 年，尚贤堂从北京迁到上海，在教育、社会、宗教和文化各方面开展活动。1905 年、1907 年下半年—1909 年，李佳白入选美华协会执行委员会，并在 1906—1907 年上半年担任该会主席。1910 年，李佳白出版《尚贤堂纪事》（月刊）。辛亥革命后，李氏曾支持袁世凯。1917 年，他担任《北京邮报》主编，因倾向德、奥，于同年 12 月被美国政府遣送马尼拉，于 1918 年返美。1921 年，李佳白重来中国，并在次年于北京发行《国际公报》（周刊）。1927 年卒于上海。见《近代来华外国人名辞典》，第 402 页。

③ 该文最初发表于 1900 年 8 月 15 日，中译本见李佳白《北京之围》，收入上海文汇报馆编《义和团起事：中国义和拳之乱的历史》（The Boxer Rising: A History of the Boxer Trouble in China），载路遥主编《义和团运动文献资料汇编·英译文卷》（下），第 143—155 页。

④ 《美国亚洲协会杂志》（The Journal of American Asiatic Association），以下简称《美亚协会杂志》（JAAA）。

State Relating to Internal Affairs of China, 1906 – 1910）；美国驻天津领事来函（1847—1906）》（Despatches from U. S. Consuls in Tientsin, 1847 – 1906）；《美国驻上海领事来函（1847—1906）》（Despatches from U. S. Consuls in Shanghai, 1847 – 1906）。此外，还有一些美方出版的文献，如《美国外交文件（1901—1912）》（Papers Relating to the Foreign Relations of the United States, 1901 – 1912）、《美国外交与政府文件：美国与中国（1894—1905）》（American Diplomatic and Public Paper: The United States and China, Series Ⅲ, The Sino-Japanese War to the Russo-Japanese war, 1894 – 1905）、《柔克义报告》（Report of William W. Rockhill）、《罗斯福书信集》（The Letters of Theodore Roosevelt）等。至于涉及晚清内政部分的内容，多采自《光绪朝东华录》《光绪宣统两朝上谕档》《清德宗景皇帝实录》等官方文书，以及一些有关中美关系的档案和文献资料，如台北中研院近代史研究所编印的光绪朝《中美关系史料》，王彦威、王亮编《清季外交史料》等。其中，涉及庚子事变的部分多参考天津社会科学院历史研究所编《1901年美国对华外交档案：有关义和团运动暨辛丑条约谈判的文件》，中国社会科学院近代史研究所、《近代史资料》编译室主编《近代史资料专刊：义和团史料》，路遥主编《义和团运动文献资料汇编》，等等。在论及20世纪初中美商约谈判时，比对了中国社会科学院近代史研究所图书馆藏《中美商约谈判记录》等资料。

虽然在搜集史料方面已颇费工夫，但在研究过程中仍常感史料之不足。人之精力有限，而史料穷之不尽，如何甄别史料，并根据有限的史料进行正确解读，进而发掘事件碎片背后的历史脉络，正是研究者面临的一种考验。

本书以美华协会在其最为活跃的 1898—1905 年的活动为切入点，力图通过搜集、比对各种不同类型的历史资料和既有研究，回溯上海美商与传教士之间的分合以及他们依托于美华协会对清季几大政治事件的因应，比较深入、具体地探讨上述两群体联合的基础与条件，联合的具体实践，以及联合所产生的历史影响。本书需要解决的问题包括但不限于：上海美商与传教士为何在 1898 年联合？联合的具体情况如何？对同时期的中国政治有何影响？根据上述问题，本书的主体内容除绪论与结语外，共有六章，可分为两个部分。

第一个部分主要概述上海美商与传教士在清季采取联合的来龙去脉，具体包括第一章和第二章。其中，第一章"美侨联合的基础与客观条件"主要论述上海美商与传教士构建旅沪美侨共同体的历史背景。19 世纪 90 年代末，美国本土生产过剩危机与其对华政策之间的矛盾，改变了上海美商与传教士之间原有的松散联系。美商在列强纷纷以国家为单位对中国进行瓜分的背景下，逐渐从原本因职业认同而投入的他国同行小圈子分离出来，转而与他们的同胞凝聚在一起，共同推动美国积极参与列强在华竞赛。与此同时，美国本土高涨的"帝国主义思潮"，美军在 1898 年与西班牙争夺美洲、亚洲殖民地的战争中获得胜利，以及美亚协会的成立等种种新条件，使上海美商与传教士通过联合达成预期目标成为可能。在这样的情况下，美华协会应运而生。

第二章"联合机构的诞生"则探讨上海美商与传教士筹划联合的过程、相关联合机构概况以及历史活动分类。新生的美华协会与美亚协会保持半依附关系，即一方面，它全面继承了美亚协会的运行模式，与之保持密切联系，并为之提供必要服务；但另一方面，它在会员的国籍和职业以及协会宗旨等方面采取了独立于美亚协会的设置。在列强瓜分中国愈演愈烈的情况下，上海美商严格限制会员国籍，并选择联合在当时与他们有着相似利益的传教士，吸收他们入会并入选决策层，以便借助传教士遍布中国的信息渠道构建一个看上去客观中立的居华美侨联合组织，并使之成为一个在美国商业和政治上均有影响力的机构。美华协会的最终成立反映了19世纪末上海美商与传教士的协作意向大大加强，但这并不意味着上海美商与传教士原有利益分歧的消弭。尽管该会以代表全体在华美侨利益自居，但会内商人与传教士的地位并不完全对等，两方势力的合作并非无间。通过限制上海传教士在本地会员中的人数，并削减外地传教士对协会决策的影响，美国大班们将美华协会的决策权牢牢掌握在自己手中；而受制于美华协会在客观上依附美亚协会的需要，同为建会元老的上海美国传教士也不得不对商人听之任之。美商与传教士在会内地位的不对等，一方面严重影响了该会规模的扩大，另一方面对该会后续历史活动产生了深远的影响。该会虽兼顾传教等其他在华利益以贯彻其服务全体居华美侨的宗旨，但其绝大多数精力仍投入到捍卫美国在华商业利益上。

第二部分具体包括第三章至第六章，以美华协会最为活跃的1898—1905年为限，考察美华协会对同时期中国政治的观察与因应。美华协会自成立后便积极关注中国时局。1899年9月，在美国华尔街等拥有在华利益的集团的强烈呼吁下，美国麦金莱政府正式将"门户开放"政策确立为美国的对华扩张战略。此后，美华协会在因应中国时局的过程中也多从"门户开放"的角度进行考量，结合自身利益不断丰富"门户开放"的具体内涵。

第三章"对义和团运动的反应"详细梳理美华协会在1900 年春夏之间的活动。由于义和团运动使商人与传教士的利益同遭损害、安全共受威胁，所以美华协会掀起了前后三波呼吁美国向中国增派军队的浪潮。该会的主要诉求有二：其一，减少美国在华商业、传教等利益面临的损失；其二，保护美侨安全。两者之中，前者与"门户开放"政策的追求相互契合，但后者则因往往要求展示武力，而不符合"门户开放"政策的非武力原则。这两大诉求并无固定的轻重缓急之分，而是在义和团运动的不同阶段，随上海美侨的安全感变化而此消彼长。如在 1900 年春，义和团运动局限在直鲁京津一带时，上海美侨尚能对外地美侨的处境进行理性判断，从"门户开放"大局考量，向美国政府提出建议；但到 1900 年夏，上海美侨认为其所处之长江流域面临威胁后，便立刻将其保障自身安全的诉求凌驾于其他考量之上。因此，尽管上海美侨与美国政府在义和团运动时期均支持以"门户开放"政策处理中国问题，但由于上海美侨所处的立场，他们更倾向于对长江流域的形势做最坏的打算，所以屡次要求美国增派军队。美国政府则限于美国在远东的兵力、总统大选等客观条件，倾向于对形势做比较乐观的估计，因此每每依托他人来维持中国北方和长江流域的"门户开放"。尽管这一时期美侨的这种联合行动没有达成他们的预期目标，但也不可因此抹杀这种联合行动所产生的影响。他们向美国本土传递的情报与中国驻美公使的描述相互抵牾，因此对美国民众和政府判断中国的实际情况造成障碍，进而削弱了同一时期清朝中央和地方政府安抚美国政府和美国民众的努力。

第四章"对庚辛和谈的意见"探讨了美华协会在 1900 年 8—12 月围绕中外和谈提出的一系列主张。该会先是在北京陷落后不久围绕列强在华驻军和中方全权代表这两大问题提出了自己的意见。这些意见皆包含对"门户开放"的考量,但因不同阶段针对的主要矛盾不同,意见的侧重点也各不相同。其最初有关美国增派军队的请求,固然是为了增加美国约束其他列强在和谈中维持"门户开放"的资本,但更主要的是为应对长江流域可能发生的战争。此后,由于想象中的战争并未爆发,上海美侨退而反对美国撤军。此举除了阻拦其他列强瓜分中国,更主要的是让中国顺从地与列强缔结一个符合"门户开放"利益的不平等条约。至于否认李鸿章全权身份,则是他们为和谈设置的另一重保障。1900 年 9 月下旬,中外进一步迈向和谈后,美华协会又对和约应涵盖的条款提出了一系列主张。尽管一般认为"门户开放"主要针对列强,但该会提出的这些意见除了"维持中国领土完整"这类"保全中国"的内容,更多的是"改革中国"的措施,且实现后者被视为践行前者的前提条件。基于上海美侨有关慈禧政权对义和团运动负有直接和主要责任的认知,美华协会对慈禧政权极度不满;复因美侨在光绪帝之外将东南开明大臣一并视为新执政集团的上佳人选,于是美华协会在惩凶、归政之外,也要求赋予清政府中的开明官员以实权,或至少保护这些开明官员免遭清算。

第五章"干预中美商约谈判"着重探讨美华协会对"裁厘加税"问题的意见及后续"监督"中国践行商约情形的行为。中美新商约谈判前后,上海美商再次以中国在商业上的"门户开放"为由,对商约谈判的内容提出了种种建议。与庚辛时期不同的是，这次他们的活动取得了相当的成效。该会联合美亚协会对美方谈判代表及美国政府施加的压力，不但导致美国一再拖延谈判进度，而且对美方第二次约稿乃至最终签订的新商约内容造成了相当的影响。这是因为商约谈判主要牵涉商业利益，所以美国政府在展开相关谈判时不得不尊重商人的意见。在此过程中，上海美商能够更多、更及时地获取商约谈判的情报，并利用各种情报支撑其意见，促使美国本土集团采信其建议；而美国本土商人在代表美国对华贸易利益方面的权威地位，可使美国政府不得不依据该会的意志对谈判内容进行调整。在这种情况下，难以对美国政府形成直接影响力的上海美商，如能说服美亚协会对其活动给予充分支持，便可间接地引导美国政府的决策走向。如该章第一节讨论的增税问题，美亚协会原本支持国际税则委员会提高进口税税率至15%的方案，但在被上海美商说服后立刻转变态度，配合上海美商，积极向美国政府施加压力。尽管最终议定的新商约未能达到上海美商的预期，但美亚协会与美华协会围绕裁厘加税问题展开的游说活动，竟导致中美两国的官方谈判持续半年无实质性进展，可知美商意见的分量。美华协会虽将其有关改革中国内地税的主张冠以"门户开放"、机会均等的名目，但实际上还是考虑到地方对进口洋货和出口土货课收的厘金及其他行货税捐增加了美商在华贸易的成本，不利其扩张。因此，一旦裁厘需付出增税之代价，使美商"入不敷出"，该会便立刻趋利避害，宁可不裁厘也不愿增税。

第六章"因应抵制美货运动"分析了美华协会在1905年对抵制美货运动的前后态度变迁。该会围绕抵制美货运动对美国政府展开的游说活动，继续以"门户开放"为言。抵制运动爆发前，该会为借助中美"特殊关系"的印象，维护并进一步扩大美国对华贸易、传教和影响力，高度迎合中方有关"不限制中国非劳工阶层入境"的要求，投入大量精力和财力游说美国政府调解国内的排华问题。抵制运动开始后，上海美商首当其冲，该会开始谴责中国的抵制运动，但同时仍能保持理智，继续推动美国修改排华法案。然而至连州教案和大闹会审公廨事件接连发生后，该会将抵制运动视为义和团运动的重演，对人身安全的忧虑盖过其他考量，转而要求美国政府采取强有力的武力威慑。

义和团运动、庚辛和谈、中外商约谈判、抵制美货运动这一系列晚清政治事件，无不与在华美侨的生命与财产息息相关。通过联合，上海美商与传教士能够获得更多攫取利权的机遇，然而在逐利过程中，如何弥合商业与传教利益的分歧也成为他们面临的重大挑战。结合中国几大政治事件的发展脉络，考察美华协会同时期活动，一方面有利于从一种较为少见的域外视角凝视晚清政治的变迁，呈现这些政治事件鲜为人知的侧面；另一方面有助于理解上海美商与传教士初期联合的历史演变。

第一章 美侨联合的基础与客观条件

一 19 世纪末之前上海美侨概况

自 1784 年 8 月中国皇后号抵达广州以来，在华美侨大多寓居广州一带。此后至 19 世纪 40 年代，随着上海开埠与中美《望厦条约》的签订，部分美侨渐次从广州等地迁居上海；这一时期寓沪美侨人数增加缓慢，截至 1846 年，定居上海且见载于册的只有旗昌洋行（Russell & Co.）代办吴利国（Henry G. Wolcott）一人。[①] 此后至 19 世纪五六十年代，才逐渐达到二三百人的规模。[②]

作为上海美侨内部最主要的两个群体，上海美商与传教士在 19 世纪末之前长期处于若即若离的状态。彼时美商多居英租界，而美传教士限于收入，常往英租界外寻求价格更低廉的住所；1848 年，上海美传教士虽挣得虹口一带为美国租界，然因该地荒僻，租界四至又长期未定，故定居者除传教士外，多为水手等收入较低的美侨，鲜有美商踏足此地，甚至于美国

---

① 蒯世勋等编著《上海公共租界史稿》，上海人民出版社，1980，第 321 页。
② 邹依仁：《旧上海人口变迁的研究》，上海人民出版社，1980，第 145 页。

驻沪领事都长期在英租界办公。太平天国运动时期，美租界仍只有美国圣公会（Episcopal Church in the United States of America）的房产、上海船坞、几个码头和几家供水手娱乐的酒食处所；[①] 至 1863 年，英美两租界合并后，这种状况仍未得到改善，美商与本国传教士之往来，有时甚至不如其与英商之过从密切。造成这一现象的原因，除双方经济水平等方面的差距，也有同一时期寓沪美侨的职业认同远超其国家认同的因素。从他们各自追逐的目标来说，美商要求捍卫并拓展商业利益，传教士则希图维护并发展传教利益；由于内地传教极易引起民教冲突，而民教冲突又常使中外关系紧张，进至爆发骚动、破坏贸易环境、影响中国市场的开发，因此商人为其商业利益计，多反感传教士对内地传教的执着，而倾向与英国等国的在沪同行保持密切联系。与之相对的，美商虽极少触及传教士利益，但传教士对他们在租界中安逸奢靡、沉溺物质享受和参与鸦片贸易等行为同样不以为然。

尽管联系松散且追求异趣，但美商与传教士在 19 世纪末也并非全无合作基础。首先，传教士在中国内地广泛输出信仰的同时，也使中国人逐渐接纳西方的饮食、衣着及风俗习惯，进而创造了中国人对西方商品的需求、促进了西方商品在中国的销售。其次，除这种对洋货销售的间接推动，因美国爆发南北战争，美国本土对在华传教士的经济支持骤减，所以传教士为自谋生路，也会主动投身商业，并因之与商人产生密切联系。他们中有的甚至直接弃教从商，如英、美烟草在华首家代理老晋隆洋行（Mustard & Co.）的马斯塔德（Robert Mustard）便是

---

① 蒯世勋等编著《上海公共租界史稿》，第 322、367 页。

长老会牧师之子。① 美国的一些洋行也愿意招募传教士为销售
员，这其中便包括美华协会后来的干事、美孚大班兰牧（Ver-
ner G. Lyman）。复次，在华美商与传教士通婚者亦不在少数。
如上海同孚洋行大班希孟（John F. Seaman）② 便是美国浸礼
会传教士晏马太之婿；茂生洋行（American Trading Company）
大班易孟士（Walter Scott Emens）③ 则娶传教士范约翰之女

---

① 马斯塔德，晋隆洋行（Mustard & Co., Storekeepers and General Commission
  Agents）主要股东之一，另一股东为贝内特（C. C. Bennett）。马斯塔德本
  人是长老会牧师之子。1898 年 12 月 16 日，他被美华协会筹备大会委任
  为负责起草会章和守则的临时委员会成员之一；1899 年至 1900 年 10 月，
  他又担任美华协会执委一职。[*The Directory & Chronicle for China, Japan,
  Corea, Indo~China, Straits Settlements, Malay States, Siam, Netherlands Indi-
  a, Borneo, the Philippines, Etc., for the Year of 1895* (Hong Kong: "Daily
  Press" Office, 1895), p. 135；罗元旭：《东成西就：七个华人基督教家族
  与中西交流百年》，三联书店，2014，第 282 页。]
② 希孟系上海同孚洋行（Wisner & Co.）经理，美国浸礼会教士晏马太（Mat-
  thew Tyson Yates, 1819—1888）之婿，上海圣约翰大学的创立者之一。1898 年
  10 月 7 日富尔德致信请其协助成立上海分会；同年，希孟成为美华协会五人
  临时委员会成员之一；同年 12 月 16 日，又被美华协会筹备大会委任为负责起
  草会章和守则的临时委员会成员之一。希孟在 1899 年和 1901 年上半年入选美
  华协会执行委员会，1900 年和 1906—1907 年当选美华协会副会长，1901 年下
  半年担任协会财务。1903 年，希孟被美国政府任命为旅华美商代表，协助驻
  华公使康格和上海总领事古纳同中国全权代表吕海寰、盛宣怀签订《中美续议
  通商行船条约》和《中美续约附款》。见《近代来华外国人名辞典》，第 430 页。
③ 易孟士（1860—1919）为美国前领事官、茂生洋行经理、共济会成员，
  同时也是传教士范约翰（John Marshall Willoughby Farnham, 1829—1917）
  之婿。易氏曾在 1881 年担任美国驻上海副领事，并在 1893 年成为代理
  总领事。后辞领事职，任美商茂生洋行经理。1898 年前往茂生洋行天津
  分行任职，1900 年夏八国联军占领天津成立所谓"都统衙门"后，担任
  司法局长。1902 年，易孟士返回上海，进入公茂洋行，不久成立通顺洋
  行（Emens Co. Ld., W. S.），自任经理。1911 年入选美华协会执委会，
  并在 1912 年至 1913 年 10 月当选美华协会会长。1919 年，易氏死于上
  海。见《近代来华外国人名辞典》，第 127—128 页。

为妻。① 最后，两个群体在对中国问题的看法以及对美国政府的影响力上各有长短：二者之中，美商既不通汉语，又缺乏与中国人交往的需求，且长期在租界内活动，故了解中国之广度和深度皆远不如传教士；但若论对美国政府的影响力，则美商较传教士更占优势。盖传教利益虽附带商业价值，但主要满足美国文化输出及道德层面的需求，不如贸易惠于实际，且传教士对政府的要求又多指向炮舰支持，这在早期超出美国政府能力范围，② 至 90 年代又受国内反对干涉中国内政的舆论掣肘；而寓沪美商多为美国本土大企业在华之代办，其意见有机会通过美国本土大商人的渠道传达给美国政府，且其在扩张贸易上的诉求又多能诉诸"最惠国待遇"条款等非武力形式解决，因之在华盛顿方面更受欢迎。美商与传教士在对中国情况的了解程度和对美国本土政府影响力方面的互补，成为二者后续联合的基础之一。

从上海美商与传教士对外界的影响力来看，19 世纪末之前，他们最常打交道的分别是美国驻沪领事与驻华公使。19 世纪上半叶，因驻沪领事人选常由各口岸美商从同行中推举而来，③ 既不享薪俸，又无须对政府负责，因此常为美商利益张目；至

---

① 关于传教士与商人的关系，《东成西就》中有比较详细的介绍。见罗元旭《东成西就：七个华人基督教家族与中西交流百年》，第 282 页。

② 19 世纪末以前，美国在远东可投入的成本有限，在华行动多采取跟随列强的政策。

③ 如第一位上海美国领事是德记洋行（Wolcott, Bates & Co.）的吴利国；此后由旗昌洋行的两位合伙人祁理蕴（John A. Griswold）和金能亨（Edward Cunningham）分别接任第二、第三任领事。参见欧内斯特·O. 霍塞《出卖上海滩》，上海书店出版社，2019，第 21 页；另见孔华润《美国对中国的反应》，张静尔译，复旦大学出版社，1997，第 12—13 页。

19 世纪 50 年代中期，美国全面改组领事机构，并任命数位有薪俸且直接对国务院负责的正式领事官员后，情况稍有改善，但因薪金低、待遇差、无永久居所，一般也需美国在华大商号支持，所以仍维持与美商密切合作之传统。总的来说，美国驻沪领事虽具官方身份，却主要代表商人利益，因此在大多数情况下，可将其与上海美商视为一体。

与领事相比，美国驻华公使与上海美商及传教士的关系比较复杂。美国驻华公使在 1860 年以前多为恩庇性质。据韩德在《中美特殊关系的形成》一书中的统计，1844—1860 年最早派往中国的 9 名使节中，有 7 名是有功的政治家；他们平均每人服务一年，而在剩余的 7 年时间里，多由代办来填补空缺。① 这些公使来华日短，所求不过积攒政治资本，因此对中国关注极少。在 19 世纪上半叶，美国驻华公使的设置便利了垄断翻译之职的在华传教士假公济私；在促进美国在华商业的发展方面，其受美商的欢迎程度远不及领事。② 1860 年美国驻京使馆成立后，因驻京公使的更迭速度减缓，且渐由中国问题专家充任，所以传教士对专门知识的垄断局面被打破，而驻京

---

① 韩德：《中美特殊关系的形成：1914 年前的美国与中国（1784—1914）》，第 17 页。

② 早在顾盛使团来华时，美使与美商的关系便十分微妙。1844 年顾盛（Caleb Cushing）抵达中国后，曾一再要求北上递交国书。美商担心此举激怒清廷，将不利于贸易，所以对顾盛表现出明确的不欢迎态度。同年 9 月 21 日，《奈尔斯国家名录》（Niles' National Register）杂志刊登一篇名为《顾盛先生在中国》（Mr. Caleb Cushing in China）的短文，节选一封广东方面寄来的信，信中便表露当地美商不欢迎顾盛使团以及反对他前往北京的意向。参见"Mr Caleb Cushing in China. Extract of a letter received by the Clarendon, at New York, dated-Canton, April 16, 1844," Niles' National Register, 67(September 21, 1844):36。

公使的独立性进一步增强。公使职责虽仍在维护美国在华商业、传教利益，但这种维护并不纯然以在华美商和传教士之意志为转移；加之公使常安于不被打扰的孤立状态，避免与中国人接触，① 所以商人与传教士常抱怨驻京公使馆维护美国在华利益不力。如义和团运动期间，他们便有这样的怨言："长久以来，各国公使不去亲自观察真实的中国百姓的情况，而被满族官僚所蒙蔽，导致我们无数次地错失良机……在各国公使与外国侨民对中国问题的认识达成一致之前，我们仍然不会取得任何实质性的进展。"② 在美商与传教士对美国驻京公使心存不满的同时，驻京公使也对他们多有怨言。盖美国驻京使馆常自诩以中外不平等条约为圭臬，希望中国严守中外不平等条约所规定的义务，因此在行使相关特权时也不得不受条约的限制。如1860年中法《北京条约》的权威版本（法文版）未对传教士内地置产权利进行规定，而1865年的柏德美协定又因不属于条约而不能根据最惠国原则适用于美国传教士，③ 所以驻京公使馆并不认为传教士进入内地传教拥有法理依据。此外，无论美商抑或传教士均与英国在华商人和传教士有着密切

----

① *Foreign Relations of the United States（abbreviated as FRUS below）*（Washington D. C.：United States Deptartment of State, 1866），part 1，pp. 476 – 477；Lewis C. Arlington, *Through the Dragon's Eyes: Fifty Years' Experiences of a Foreigner in the Chinese Government Service*（London：Constable & Company Limited, 1931），p. 121；另见韩德《中美特殊关系的形成：1914年前的美国与中国（1784—1914）》，第179页注释49。

② Resident, Hankow, "Why is not substantial progress made."*The North-China Herald and Supreme Court & Consular Gazette（1870 – 1941）*，May 2, 1900，p. 784.

③ 韩德：《中美特殊关系的形成：1914年前的美国与中国（1784—1914）》，第167—168页。

的联系，并依赖英国之力享受特权和安全的保障，与此同时，美国驻华公使则因美国政界普遍的恐英心理而常对英国保持一定距离，这便造成美使与美侨之间的另一重分歧。不过，撇开双方对彼此的不满，二者也存在合作关系。1842—1860年，美国在华外交服务的完善多依靠美商与传教士的力量：除了聘用美传教士充任美国驻华外交机构的翻译官和助手，美国驻华公使访问各地也需要美国在华大洋行的经济支持。如美使在中国沿海往返奔波，与地方官员进行谈判的过程中，便常需在海军提供的运送服务外，依赖美国在华各大商号的款待。①

总的来说，自美国人来华之日起，至19世纪末以前，定居上海的美国商人与传教士始终保持松散的联系。二者并未因国家认同而紧密结合，而是更多地以职业认同徘徊于其他国家同行②的社交圈子里。他们对美国本土造成的影响也十分有限，基本仰赖于美国驻华使领对他们意见的支持程度以及美国政府在制定对华决策时对美国驻华使领意见的重视程度，整体处于十分被动的边缘地位。

二　19世纪末美国本土的对华扩张取向

上海美商与传教士虽在19世纪末之前便有联合的内在基础，但促成他们联合的契机却在1898年前后才逐步出现。19世纪90年代末，经过镀金时代（1870—1890）爆炸性的经济

---

① 韩德：《中美特殊关系的形成：1914年前的美国与中国（1784—1914）》，第16页。
② 以英商与英国传教士居多，因英美同为盎格鲁－撒克逊民族，且同是基督教新教国家。

发展，美国已在人口、交通设施、资源开发及工业产量等各方面都远超欧洲各国。经济上的繁荣很快便激化了生产过剩与美国当时对华政策之间的矛盾，进而促使美国从事对华贸易和传教的企业与教会在推动美国政府向中国扩张方面达成共识。这种共识有力地改善了美国在华商人与传教士的游离状态；与此同时，19世纪90年代末美国在华商业与传教利益所面临的严峻局势则进一步增强了二者采取合作的紧迫感。

在19世纪末以前，美国历届政府对外政策的目标均未指向中国。首先，南北战争结束以前，华盛顿方面很少主动干涉中国事务，大多主张一面与中国交好，以促进美中贸易，一面紧随英国，以分享它勒索的特权。① 盖美利坚立国不足百年，便迭经战乱，既有内政待理，又忙于确立与周边国家的关系，因此在立国之初对中国问题关注有限。其次，南北战争结束后，美国经济、社会复苏，美国政府不少决策者虽有意对华采取积极政策，② 但因美国在远东利益微末，中国问题极少进入美国民众视野，故此类对华政策主张很难得到参议院认可，而美国国务院的对华政策亦难以做出太多改变；80年代，美国对华贸易逐步发展，这虽为美国国务院调整对华政策提供了有力的依据，但因彼时美国内部排华主义运动盛行，政府为防止惹怒国内劳工阶层而失去选票，不得不避免向民众宣传与强调

---

① Tyler Dennett, *American in Eastern Asia* (New York: Octagon Books, 1979), p. 69.

② 一直到19世纪80年代以前，美国的政策制定者都始终与自由贸易主义者保持一致口径，将中国贸易说成是美国繁荣的源泉和美国"复兴"（Regenerating）的首要动力。见韩德《中美特殊关系的形成：1914年前的美国与中国（1784—1914）》，第421页注释72。

美国对华贸易的重要性；直到 90 年代中期，美国本土的排华情绪在大量限制性措施的作用下逐渐平息后，美国对外政策制定者才有机会大力宣扬对华贸易的可观利益。复次，除去缺乏广泛民意支持外，美国在 80 年代末以前的对华政策也受到孤立主义传统的影响。这一点突出表现在美国国务院对驻华使馆的约束上。彼时因美国既鼓吹"不结盟"，又反对欧洲列强举国家之力干预并控制经济的重商主义，故常训令驻京公使馆在中国维持一个居间调停的中立、公正形象。因而美国驻京公使馆虽在 90 年代便极力参与列强在华势力范围的斡旋，但华盛顿方面却对此采取了限制政策。[①] 最后，美西战争前美国在远东的军事措置有限，也是美政府在 19 世纪末以前未能积极参与瓜分中国竞赛的重要原因。美国亚洲舰队最早由时任海军部长马伦·迪克森（Mahlon Dickerson）于 1835 年下令成立，初名"东印度舰队"（East India Squadron）。该舰队草创之际，只有 2—3 艘军舰；至 1860 年一度增加到 31 艘；此后因南北战争，在 1862 年解散；至 1865 年，复由时任海军部长吉迪恩·韦尔斯（Gideon Welles）重建，并在 1866 年正式命名为"亚洲舰队"（Asiatic Squadron）。1867 年，该舰队舰只仅有 13 艘，至 1889 年又骤减至 3 艘，到 1896 年前后始得复兴。[②]

　　鉴于上述原因，尽管美商自开展对华贸易起便持续要求美

---

① 如甲午战争中日谈判期间，美国国务卿葛礼山（Walter Q. Gresham）就提醒美使田贝"不要在帮助中国时走得太远"。转引自韩德《中美特殊关系的形成：1914 年前的美国与中国（1784—1914）》，第 189 页注释 71。

② John Quentin Feller, "The China Trade and the Asiatic Squadron," *Winterthur Portfolio*, 18(4), 1983: 292 – 293; James M. Merrill, "The Asiatic Squadron: 1835 – 1907,"*American Neptune*, 29 (2), 1969: 115.

国政府采取积极措施保护其在华利益，但华盛顿方面常常对此类要求漠然视之。[①] 伴随 19 世纪 90 年代上半叶美国的政治经济危机与美国在华商业利益的迅速壮大，中国市场的地位在美商心目中日益提高。相应地，他们对美国国务院消极对华政策的不满也有所加深。1893 年，围绕当时金融危机所带来的"大恐慌"，美国"边疆学说"代表人物弗雷得里克·J. 特纳（Frederick J. Turner）在《边疆在美国历史上的重要性》（The Significance of the Frontier in American History）一文中提出应对之策。该文指出，西部拓殖是美国历史发展的核心动力，而当前美国经济政治不景气正是因为拓边活动的停滞；鉴于目前国内边疆已开发到尽头，美国有必要向海外扩张。这一观点迎合了美国商业利益的扩张需要，并成为美商要求政府改变对华政策的重要依据。此后，人口密集且尚有大片内地市场未被开发的中国成为越来越多的美国企业心目中能够无限吸收美国过剩商品、帮助美国解决本土市场饱和危机的应许之地。[②] 纽约各大商业媒体，如《纺织世界》（Textile World）、《铁路时代》（Railway Age）、《钢铁时代》（Iron Age）以及《纽约时报》等刊物均纷纷鼓吹中国市场的潜力不可估量。[③]

[①] 如 1839 年 5 月，广州的美国商人就要求国会派专员来中国谈判商约并派军舰以迫使当地居民对美国人持友好态度。国会听取美国国内熟悉中国国情的人的忠告，没有采取行动，只派遣海军准将加尼（L. Kearny）率东印度分舰队开到广州附近。加尼发现美国商人在华处境并无危险后，便没有介入中英战争。孔华润：《美国对中国的反应》，第 13 页。

[②] John Eperjesi, "The American Asiatic Association and the Imperialist Imaginary of the American Pacific," pp. 195 – 219.

[③] Textile World, 13 (Dec., 1897), pp. 39 – 40; Railway Age, 24 (Dec. 3, 1897), p. 971; Iron Age, 60 (Dec. 23, 1897), p. 7; New York Times, (Dec. 11, 1897), p. 8.

　　不仅美国商人，19世纪末美国经济繁荣背后的危机，也同样加强了美国传教士对政府调整对华政策的期待。美国传教士自19世纪30年代在英国伦敦会（London Missionary Society）传教士马礼逊（Robert Morrison）的不断呼吁下陆续来华后，[①]在1860年援引中法《北京条约》的中文译本，从通商口岸进入内地传教。此后，得益于南北战争后美国本土经济的繁荣，美国教会对华传教热情高涨，资金投入规模加大，在华传教事业发展迅速。截至1889年，美国在华传教士已有近500人，另有1400名中国助手、1300余名信徒、9000名学生和价值将近500万美元的物质设备，其中末者几乎等于同期美国在华商业投资的1/4。此后到1894—1898年，美国在华传教士的数量增长了将近一倍，他们的在华传教站均得到较多的基金来从事扩张活动，而他们在中国的新教徒数量也增长了50%。[②] 总而言之，美国本土经济繁荣是19世纪90年代美国在华传教事业和教会企业发展的重要物质基础，而19世纪90年代末美国本土经济所面临的生产过剩危机也因此成为困扰美国教会的重要问题。早在19世纪80年代后期，美国公理会牧师约西亚·斯特朗（Josiah Strong）便结合特纳的"边疆学说"，将商业与教会企业、市场扩张与传教活动进行关联，形成一套传教扩张主义的理论，其中指出：工业生产过剩所要求的市场扩张必须建

---

① 1870年，英国传教士马礼逊受派于伦敦会来华传播新教。此后，他多次致信美部会（American Board of Commissioners for Foreign Missions），并在1821—1827年不断在美部会主办的《传教士先驱报》（*Missionary Herald*）上发文，呼吁美国传教士来此拯救中国。

② M. T. Stauffer, T. C. Wong, M. G. Tewksbury, & S. J. W. Clark, *Christian Occupation of China* (San Francisco: Chinese Materials Center, Inc. 1979), pp. 326 - 327.

立在基督教全球扩张的基础上。至此，在本土生产过剩危机与传教扩张主义理论的引导下，美国传教士在美国对华政策调整方面的态度与美商的态度出奇地一致。

然而，在被美国商界与教会的扩张主义者寄予厚望的中国，形势却并不像他们想象的那么乐观。1896 年，中俄密订《御敌互相援助条约》。不久，条约内容遭到泄露。在众多西方媒体中，以上海《字林西报》对该约攻毁最力，其所胪列的密约条款耸动视听，使得列强蠢蠢欲动。瓜分之先机，殆胎于此。1896 年 12 月，德国向总理衙门索借胶州湾遭拒后，复于次年 11 月借巨野教案派兵强占胶澳。俄方认为，德占胶澳将威胁其在东北之势力，同时听闻英国也有租借旅顺之议，于是迅即在 1897 年 12 月派遣舰队赴旅顺军港过冬。1898 年，俄使强索旅大，并派军舰南下示威；中国妥协，随后辽东半岛尽失。① 英国虽不满俄国所为，但因深陷南非布尔战争泥潭，无力对俄作战，其联合德、美、日三国又皆未果，于是只得强租威海卫港，以成对抗之局。② 除德、俄、英等国外，日本也以《马关条约》规定日军可在赔款偿清前驻守威海卫为由，借机使英国承认福建为其势力范围。随后，法国亦恃炮舰之威，强

---

① 1898 年 3 月中俄签订《旅大租地条约》，内容略为：1. 租借旅大 25 年于俄；2. 旅顺为军港，独准中俄船舶出入，而大连为商港，各国商船皆得往来；3. 允许东省铁路延长至大连湾，或由干路至营口鸭绿江中间沿海较便地区。5 月，租地续约签订。7 月，许景澄与东省铁路公司经理订成合同：东省铁路支路规定通至旅顺大连湾海口，名曰"南满洲支路"（1904 年正式开通）；俄得在辽东半岛租地自行酌定税则，中国设大连湾，而具体管理则委托东省铁路公司代办，直接归北京政府管辖。见陈恭禄《中国近代史》，《民国丛书》第二编第 75 卷，上海书店，1990，第 421 页。

② 1898 年 7 月 1 日，中英正式订立《订租威海卫专条》。

租广州湾为囤煤港。① 至此，北方良港，或租德、俄，或租于英国，而长江以南之舟山群岛、福建海岸，九龙半岛之深港，西南广州湾一带亦皆失去。列强在华势力范围基本确立；泱泱华夏，出入二十四朝，四千余载，几至豆分瓜剖。②

　　欧西列强在中国掀起的瓜分狂潮严重威胁着美国扩张主义者为美国海外殖民计划画下的蓝图；作为直接利害相关者，美国从事对华贸易的商人情绪反弹最为激烈。盖当列强逐步落实瓜分在华势力范围政策之际，美商对中国市场的期许得到了前所未有的积极反馈。根据美国财政部报告，1897 年，美中贸易第一次实现顺差；美国出口亚太地区的商品总值也从 1887 年的 35100000 美元增长到 61900000 美元，其中增长最多者为美国出口至中国内地及香港地区的商品总值，从 1887 年的 7380362 美元增长到 17984472 美元，而美国的主要竞争对手英国的对华贸易出口额则下跌了 14%。③ 到 1898 年，美国对华贸易额已经占中国进口额的 6.2%，高达 16952933 美元。④

---

① 1898 年 5 月，中法《广州湾租界条约》议成，内容略为：1. 租借广州湾为法国海军囤煤之港 99 年；2. 各国往来广州湾之船舶待遇与中国商港无异；3. 法国可自广州湾建筑铁路达于雷州。

② 德国以 1898 年"英德铁路范围协议"巩固其在山东及黄河流域的优越地位；俄国以 1899 年"司格特－莫拉维夫协定"得英国承认它在长城以北的势力范围；英国视长江流域为囊中之物；法国据云南和两广；日本则以福建为禁脔，不容他人染指。参见陈恭禄《中国近代史》，第 238—249 页。

③ United States Government, "Annual Review of the United States Treasury, Bureau of Statistics, 1902,"*Journal of the American Asiatic Association* (abbreviated as *JAAA* below), vol. 2, no. 8(Sept. , 1902) : 204; Charles S. Campbell, Jr. , *Special Business Interests and the Open Door Policy*, p. 20.

④ United States Government, "Annual Review of the United States Treasury, Bureau of Statistics, 1902,"*JAAA*, vol. 2, no. 8 (Sept. , 1902) : 204.

不仅对华贸易额的绝对数字在增长，美国对华贸易额在其外贸中所占比重也在逐年上升。据统计，1897—1901 年，美国对华贸易额在其外贸总额中所占的份额，相较于 1872—1876 年的统计结果足足增长了 4 倍之多。① 总而言之，19 世纪 90 年代末的中国已经成为美国诸多生产过剩商品的重要倾销地。② 这在鼓舞美国商人的同时，进一步加剧了他们对列强的瓜分政策以及美国政府消极的对华政策的忧虑和不满。列强瓜分政策对美国商人的影响在美国棉纺织工业生产上表现得最为突出：南北战争结束以后，美国本土的工业重心逐渐南移，南方工业发展迅速。1890 年，南方棉纺织工厂在全国所占比例由 1880 年的 5% 增长到 11%；1890—1899 年，南方的棉纺织品生产增长率已经远远超过了老牌棉纺织工业基地新英格兰地区和大西洋中部各州；至 1900 年，已占全国比例之 22.5%。③ 南方棉业生产的坯布有着低廉的价格和极高的产量，这意味着如果列强的瓜分行为造成美国在华市场萎缩，就会进一步导致南北各州棉纺织商品在美国本土的恶性竞争，最终造成美国本土灾难性的经济

---

① 此后仍在迅猛增长，1902—1906 年，这一份额所占的比重较 1897—1901 年的统计结果翻了一番。Peter Schran, "The Minor Significance of Commercial Relations between the United States and China, 1850 – 1931," in Ernest R. May & John L. Fairbank, eds., *America's China Trade in Historical Respective: The Chinese and American Performance* (Cambridge, Mass.: Harvard University Press, 1986), pp. 239 – 240.

② 当时的中国是美国南方棉纺织品最重要的倾销地，而且也是美国出口钢、铁、小麦、煤油的重要市场。如 1899 年的统计数据显示，当时美国生产的 55% 的棉制品均输往中国市场。*Baltimore Manufacturer's Record*, Jan., 1900, p. 410.

③ United States Bureau of Statistics, Treasury Department, *Monthly Summary of Commerce and Finance of the United States, 1900* (Washington D. C.: Government Print Office, 1900), p. 2556.

乃至政治、社会问题。以是之故，尽管美国北方各州棉纺织品
主要在美国本土销售，但无论南方还是北方棉纺织商人，均为
避免生产过剩和商品贬值而大力宣传开拓中国市场。① 出于同
样的理由，美国许多大企业，尤其是从事对华出口贸易的大企
业，更是十分强调中国市场的贸易机会均等，并极力要求本国
政府绝不能轻易被列强排挤出中国。

　　大约同时，中国长江流域持续激化的民教冲突也严重阻碍
了美国在华传教事业的扩张。1891 年，中国长江流域包括扬
州、芜湖、丹阳、无锡、江阴、阳湖、如皋、九江、武穴、宜
昌等多个地方爆发教案，至 1895—1896 年，反洋教运动愈演
愈烈，进而引发 19 世纪 90 年代最严重的两次教案，即 1895
年 5 月的成都教案②和 8 月的古田教案。美国在华传教士及其
本土教会为维护其在华利益，迫切要求本国政府采取积极对华
政策，遂于 1895 年 7 月在上海举行集会，讨论对策。在此后
美国来华传教士对其本土教会的报告中，中国教案的严重程度
常被渲染夸大；来华传教士的著作、传教士刊物、主要教会发

---

① 如 1897 年，新英格兰地区棉花制造商们在年会上特别指出本土市场已经
　饱和，除非拓展海外市场，否则必须减少产量；美国全国制造商协会主
　席西奥多·瑟奇（Theodore Search）也曾表示，由于南方工业的迅速发
　展，必须开拓新的海外市场。转引自 James J. Lorence, "Organized Business
　and the Myth of the China Market: The American Asiatic Association, 1898 –
　1937," *Transactions of the American Philosophical Society* 71(4), 1981:10。
② 关于成都教案的相关内容，参见 George E. Paulsen, "The Szechuan Riots of
　1895 and American 'Missionary Diplomacy'," *The Journal of Asian Studies*, 28
　(1969); Marilyn Blatt Young, *The Rhetoric of Empire: American China Policy,
　1895 – 1901*, pp. 76 – 87; Irwin Hyatt, "The Chengtu Riots (1895): Myth and
　Politics," *Papers on China*, 18 (1964); FRUS, 1895, part 1, pp. 95, 119,
　176。

言人的言论一致将中国人形容为一个毫无希望的、消极懦弱和缺乏道德的民族，必须通过基督教的救赎才能获得解放。① 他们坚定地认为，美国必须对中国的反洋教运动进行强有力的反制，否则不但美国在华权威有损，而且美国来华传教士此前的一切工作也将成为泡影。

总而言之，19 世纪 90 年代末，美国商业与传教利益共同的对华扩张目标以及他们在中国所面临的共同的严峻形势，为改善在华美商与传教士之间的游离关系提供了良好的条件。在美国本土巨头寻求维护并扩大在华既有份额的过程中，它们在中国的代理人逐渐加强了合作的内在趋向，而 19 世纪末寓居上海的美国商人与传教士正是众多代理人中最典型的代表。

三　19 世纪末联合的其他客观条件

1898 前后的联合契机，除了美国本土从事对华贸易的企业与传教的教会在对华扩张问题上的共同取向，也见诸美国本土的方方面面。其中，影响比较重大的是美国本土思想、军事、政治等领域出现的新变化，以及美亚协会的成立。

---

① 如 1865 年福州传教士卢公明出版的《华人的社会生活》[Justus Doolittle, *Social Life of the Chinese*（New York：Harper and Brothers, 1865）]；1890 年明恩溥在上海出版的《中国人的特性》[Arthur H. Smith, *Chinese Charac-teristics*（New York：Fleming H. Revell Company, 1894）]；同类著作还有 1895 年何天爵出版的《真正的中国佬》[Chester Holcombe, *The Real Chinaman*（New York, Dodd, Mead & Company, 1895）]。关于 19 世纪末 20 世纪初美国传教士对美国对华印象的影响，参见 Robert F. McClellan, "Missionary Influence on American Attitudes Toward China at the Turn of the Century,"*Church History*, 38（1969）。

　　首先，19 世纪 90 年代，美国国内高涨的"帝国主义思潮"不但在舆论方面有力地削减了传统"孤立主义"思想的影响力，而且也在美国知识分子和政界高层中风靡一时。该思潮的代表人物除前述之特纳和斯特朗外，还包括美国的社会达尔文主义者约翰·费斯克（John Fiske）、海军战略家马汉（Alfred Thayer Mahan）以及历史学家布鲁克斯·亚当斯（Brooks Adams）。其中，费斯克借用"物竞天择，适者生存"的原则为美国垄断资本及其扩张主义政策张目；马汉强调海外商业贸易活动作为国力基础的重要意义，主张发展海军力量来保障海外贸易，并判定太平洋海域为未来列强争夺的要冲；至于布鲁克斯·亚当斯则明确将中国视作美国在国际竞争中的重要筹码。"帝国主义思潮"的影响力十分强大，以至于亚当斯的《文明与衰败的规律》（*The Law of Civilization and Decay*）一书在美国多次脱销；而后来的美国国务卿海约翰（John Hay）、海军副部长西奥多·罗斯福（Theodore Roosevelt）、参议院外交委员会主席老亨利·卡伯特·洛奇（Henry Cabot Lodge）、参议员阿尔伯特·J. 贝弗里奇（Albert J. Beveridge）、前海军部长本杰明·F. 特雷西（Benjamin F. Tracy）等，均成为扩张主义的拥趸。受"帝国主义思潮"高涨的影响，美国政府在 1891 年巴尔的摩号巡航舰事件和 1894—1896 年的委内瑞拉边境纠纷事件等多次对外交涉中，态度也逐渐趋于激进。

　　其次，美军在 1898 年与西班牙争夺美洲、亚洲殖民地的战争中获得的胜利为美国国务院调整对外政策制造了具有突破性的客观条件。一方面，亚洲舰队的力量在此次战争中得到有力的加强：早在 1896 年，亚洲舰队便在中国海军基地配有 4 艘巡洋舰（其中 3 艘有护卫舰）和 3 艘炮舰；经美西、美菲两次战争洗礼后，亚洲舰队舰只进一步增加；[1] 另一方面，美国在菲律宾群岛建立的海军基地为美国要求太平洋控制权和中国问题话语权提供了坚实后盾。

复次，对美国国务院而言，美西战后奠定的新格局使其原先跟随列强分赃的消极政策难以继续满足美国政府在远东的野心。为获得远东国际竞争中的有利地位，美国国务院必须改变旧有"孤立"态度。当时的麦金莱政府对此有清晰认知，唯在扩张尺度上存在意见分歧。当时，美使康格[2]和美国国务院多数人欲效德、俄、法诸国故智，采取瓜分政策；而总统麦金莱与时任国务卿海约翰则主张克制。最后，麦金莱在 1898 年12 月公开宣布，美国广泛的贸易利益使得美国没有参与瓜分的必要，但与此同时，美国保留它向中国要求土地的权力。[3]

---

[1]　John Quentin Feller, "The China Trade and the Asiatic Squadron," pp. 292 – 293; James M. Merrill, "The Asiatic Squadron: 1835 – 1907", p. 115.

[2]　到任不到一个月，康格已力劝华盛顿至少要保持马尼拉及其物资供应地区，以作为"获得和保护"美国在东亚的"势力范围"的准备。康格认为，占据这样一个基地有利于"美国人在中国应当完成的贸易占领"，并且，如果中国政府响应他们的"合理要求"、不惧怕欧洲列强出于自身利益的反对或官方干涉，中国一定也会支持美国海军的到来。在 1899 年早期，康格竭力劝说美国政府在中国取得一个沿海的落脚点，以表明美国的"势力范围"并"从那里有力地维护我们的权利、施加我们的影响"。在康格担任驻京公使以后，他将注意力集中在围绕天津和北京的直隶，因为在这里，美国不但可以保护它在华北的棉纺织品市场，也能够掌握中国的政治动向。见韩德《中美特殊关系的形成：1914 年前的美国与中国 (1784—1914)》，第 185 页。

[3]　如 1899 年 3 月，当日本人要求厦门租界时，海约翰对此密切关注，并期望美国获得与日本一样的让渡权；至同年 11 月，中国因美国将发布"门户开放"政策照会之传闻而遣使访美后，海约翰对伍廷芳坦率承认，美国保留它要求"在中国沿海地区的方便或便利"的权利。转引自韩德《中美特殊关系的形成：1914 年前的美国与中国 (1784—1914)》，第 187页注释 78。

最后，美亚协会的成立，促使在华美商与传教士在联合的道路上迈出了实质性的一步。该会由纽约华尔街一批从事对华贸易的企业家领导，由华尔街重要喉舌《纽约商报》的主编约翰·富尔德（John Foord）担任干事，不但拥有动员美国各州商会的能力，而且还与麦金莱政府保持着比较紧密的联系，因此能够在推动美国政府采取积极的对华扩张政策上发挥切实作用。

如在 1898 年初，该会便有力地打击了麦金莱政府内部反对扩张的倾向。[①] 美亚协会的雏形是"美国在华利益委员会"（the Conference Committee on American Interests in China）。1898年 1 月 4 日，肩负制定对外政策之责的美国国务卿谢尔曼（John Sherman）在接受《费城报》（*Philadelphia Press*）采访时公开发言称：列强在华之瓜分政策不但不会损害美国商业利益，而且还有可能扩大此种利益；并且，他的言论还得到了诸如众议院筹款委员会主席纳尔逊·丁利（Nelson Dingley）和美国参议院外交委员会主席库什曼·K.戴维斯（Cushman K. Davis）等政府要员的支持。[②] 为遏止麦金莱政府内部反对华扩张的倾向，纽约华尔街的一批商人率先采取行动。1 月 5 日，《纽约商报》刊文呼吁整个商界立刻组织起来敦促政府改变远东政策，使其采取强硬有力的外交手段来抵制列强的瓜分政策。[③]

---

① 见 1898 年 10 月 20 日美亚协会年会上会长福莱泽的发言，载 *JAAA*，vol. 1, no. 3（Oct. 31, 1898）: 14 – 15。

② 转引自 Charles S. Campbell, Jr., *Special Business Interests and the Open Door Policy*, pp. 28 – 30。

③ *New York Journal of Commerce and Commercial Bulletin*（abbreviated as *NYJC* below）（Jan. 5, 1898）: 6。

次日，纽约市 20 名从事美国对华出口贸易的大商人便在华尔街举行会议，决定由丰泰洋行（Frazar & Co.）创始人艾福莱特·福莱泽（Everett Frazar）领衔，成立"美国在华利益委员会"，组织纽约等各州商人联名签署请愿书递交各州商会，以动员各州商会与他们一起敦促国务院采取保护美国在华贸易权益的政策。该委员会在请愿书中指出，鉴于法国在取得与中国接壤的部分越南领土后便立刻在河内和安南地区设置关税壁垒、排挤美国的商品，国务卿谢尔曼有关列强瓜分政策对美国在华商业利益有利的判断显然是错误的。同一时期《纽约商报》也配合在华利益委员会的行动，陆续在 1 月 6 日、8 日、14 日、24 日和 27 日发文，强调中国市场的潜力和失去该市场的危害，并抨击国务院在本年 1 月的不作为，认为麦金莱政府必须向其他列强要求美国商品在中国乃至亚洲任何地区的平等贸易特权；如果政府继续保持沉默，它将因为阻碍工业繁荣发展而犯下美国外交政策历史上最大的错误。[1] 随后，纽约、费城、波士顿和旧金山等地商会迅速响应美国在华利益委员会的请愿，纷纷向美国国务院递交与《纽约商报》论调一致的调查报告和备忘录初稿。最终，美国国务院向这些商会做出了令它们满意的答复，而谢尔曼本人也很快辞去了国务卿一职。因初战告捷，商人们决定将临时组织发展扩大为常设机构，[2] 并于 1898 年 6 月召集第一批加入该会的 55 名个人和企业代表召

---

[1]　*NYJC*(Jan. 6, 1898): 6; *NYJC*(Jan. 8, 1898): 6; *NYJC*(Jan. 14, 1898): 6; *NYJC*(Jan. 21, 1898): 6; *NYJC*(Jan. 24, 1898): 6; *NYJC*(Jan. 27, 1898): 6.

[2]　见 1898 年 10 月 20 日美亚协会年会上会长福莱泽的发言，载 *JAAA*, vol. 1, no. 3（Oct. 31, 1898）: 14 - 15。

开会议，通过"美亚协会"（American Asiatic Association）① 的会议章程，并选举产生了协会的干部和执行委员会成员。②

又如美西战争进入尾声阶段，美国国内的反扩张主义者和帝国主义者围绕是否占领菲律宾群岛一事发生重大意见分歧之际，美亚协会又动员其商界关系，积极扫除反扩张主义造成的阻碍，大力支持美国政府侵略菲律宾群岛。在该会 1898 年 8 月 9 日的会议上，执行委员会以保护并扩大美国在远东的商业利益、增加美国在东亚及大洋洲的影响力并捍卫各国在该群岛进行国际贸易的平等权利等为由，郑重要求政府必须保证在菲律宾群岛保留一军事基地。③ 美国远征军总司令梅里特（Wesley Merrit）在马尼拉成立军政府后，麦金莱政府的扩张行为进一步引起美国本土舆论的非议。对此，美亚协会和《纽约商报》随即发表文章抨击孤立政策，并宣扬美国在菲律宾行动的正当性。④ 10 月 11 日，该会会议进一步决定，鉴于菲律宾群岛毗邻中国，拥有良好的深水港和仓储设施，是美国进入中国市场的一个非常重要的门户，美国必须实现对菲律宾群岛的完全控制；这一决议后来被递交美国总统和国务卿，以示商界对他们的扩

---

① 该会最初定名为"美国中日协会"，后来更改为"美亚协会"。1899 年 2 月 23 日，福莱泽曾对更名的原因进行了解释：时美国海军获得马尼拉海战胜利，协会认为，美国既已占有菲律宾群岛，而远东除了中、日两国外还有朝鲜等地区，因此决定更名为美亚协会，以囊括美国在中国、日本、朝鲜和菲律宾群岛等地的商业利益。*JAAA*, vol. 1, no. 5（Mar. 11, 1899）: 3.
② 关于美亚协会的成立，三位创始人在不同场合发表的言论存在不少出入。笔者在本节主要结合富尔德、克莱伦斯·凯瑞（Clarence Cary）和艾福莱特·福莱泽这三位重要创始人对创建过程的回忆的共同点梳理美亚协会的创办缘起，以求尽可能准确地回溯这段历史。
③ *JAAA*, vol. 1, no. 2（Aug. 25, 1898）: 5.
④ *JAAA*, vol. 1, no. 2（Aug. 25, 1898）: 8.

张政策的支持。① 最终，"扩张主义"的声浪压过了"反帝国主义"，菲律宾群岛这一西班牙的殖民地转而落入美国之手。

　　除去在影响美国对外政策方面发挥的切实作用，美亚协会对美华协会的重要意义还在于它直接催生了美华协会的成立。在推动美国政府彻底占领菲律宾后，美亚协会执行委员会开始筹划在远东各商业中心建立分会，② 以匹配其对整个远东地区的商业野心。其中，上海作为中国大陆的商业枢纽，成为他们的重要目标。由于美亚协会主席由丰泰洋行美国总部的大老板福莱泽担任，同孚、茂生、丰裕（China and Japan Trading Co.）三家洋行的美国总部领导者也均为美亚协会的重要成员，所以，富尔德在 1898 年 10 月 7 日分别致信上海丰泰洋行的马克米（J. H. McMichael）③、同孚洋行的希孟、茂生洋行的易孟士和丰

---

①　*JAAA*, vol. 1, no. 3（Oct. 31, 1898）: 13 – 14.

②　美亚协会曾拟在上海、香港、天津、横滨、神户等地开设分会，但最终只得上海与神户两地美商响应。日本分会系由富尔德在 1899 年 6 月向日本神户美商提出倡议，五个月后，该地美商在神户组建美国日本协会（American Association of Japan）。见 1898 年 10 月 20 日美亚协会年会上会长福莱泽的发言、1899 年 10 月 25 日及 1900 年 10 月 16 日两次年会上干事富尔德的报告，载 *JAAA*, vol. 1, no. 3（Oct. 31, 1898）: 15; *JAAA*, vol. 1, no. 7（Nov. 13, 1899）: 59; *JAAA*, vol. 1, no. 11（Nov. 26, 1900）: 110。

③　马克米是上海丰泰洋行资深合伙人（Senior Partner）。马氏曾担任丰泰洋行经理，至 1887 年，以执行合伙人的身份与威廉·滑摩（W. S. Wetmore）一起来到上海，后买下丰泰洋行和滑摩（又译为"哗地玛"）洋行的股份。直到 1905 年易孟士入股之前，他都是上海丰泰洋行的唯一拥有者。[Arnold Wright, *Twentieth century impressions of Hongkong, Shanghai, and other treaty ports of China: their history, people, commerce, industries, and resources*. vol. 1（London: Lloyds Greater Britain Publishing Company, 1908），p. 634] 1898 年 10 月 7 日富尔德致信请其协助成立上海分会；1898 年，马克米成为美华协会五人临时委员会成员之一，12 月 16 日，复被美华协会筹备大会委为负责起草会章和守则的临时委员会成员之一；1899 年，马氏担任美华协会执行委员会成员。

裕洋行的海思凯（F. E. Haskell）[1]，请其在上海建立美亚协会的分会。[2]

美亚协会现成的章程、架构，为上海的美商与传教士建立联合组织提供了极大的便利；而该会在动员美国本土商界以及麦金莱政府方面的手段和影响力对于上海美商与传教士而言更是有着巨大的吸引力。于是，这一邀请直接推动了美国中华协会这一联合组织的诞生。

---

[1] 海思凯，丰裕洋行驻上海地区总代办，1898 年 10 月 7 日富尔德致信请其协助成立上海分会；1898 年，海思凯成为美华协会五人临时委员会成员之一；12 月 16 日美华协会筹备大会又委任海思凯为负责起草会章和守则的临时委员会成员之一；1899 年，海氏当选美华协会会长，次年入选执行委员会。*The Directory & Chronicle for China, Japan, Corea, Indo-China, Straits Settlements, Malay States, Siam, Netherlands India, Borneo, the Philippines, Etc., for the Year of 1896* (Hong Kong: "Daily Press" Office, 1896), pp. 114, 125.

[2] *JAAA*, vol. 1, no. 3 (Oct. 31, 1898): 16.

第二章 联合机构的诞生

一 合作建会

19 世纪下半叶，旗昌（Russell & Co.）、琼记（Augustine Heard & Co.）、同孚（Olyphant & Co.）、同珍（Bull, Purdon & Co.）、滑摩（Wetmore & Co.）等美国老牌在华洋行因贸易额不断下跌，陆续歇业；此后，丰泰、丰裕、茂生、协隆（Fearon, Daniel & Co.）、同孚（Wisner & Co.）等新兴的洋行取代它们成为新的巨头。接到富尔德 1898 年 10 月 7 日邀请信的易孟士、海思凯、马克米、希孟，分别执掌其中四家，他们不仅在上海美商中地位显赫，而且是上海美侨群体中的上层人物，具有相当大的号召力。

在富尔德的提议下，易孟士、海思凯、马克米、希孟四人很快便采取行动。由于易孟士即将调往天津，所以茂生洋行方面的执行委员改由该洋行的包尔（Frank P. Ball）① 出任；在

---

① 包尔，上海茂生洋行大班。包尔是 1898 年美华协会五人临时委员会成员之一；12 月 16 日美华协会筹备大会又委任包尔为负责起草会章和守则的临时委员会成员之一。其后，包氏于 1901—1902 年当选美华协会会长，并在 1899—1900 年担任该会财务。载 *JAAA*, vol. 1, no. 1（Jan. 14, 1899）: 26。

包尔之外，四位大班又物色了一名新的临时委员会人选，也即协隆洋行的斐伦（J. S. Fearon）[1]。[2] 斐伦名下的协隆洋行是当时上海滩的美国洋行新巨头之一，且与丰泰、丰裕、茂生、同孚四洋行同为美亚协会成员；[3] 不仅如此，斐伦本人在上海公共租界也享有颇高人望，如美华协会开始筹备前不久，他就作为上海公共租界的官方代表，为英美扩展上海租界一事前往北京面见美国公使。[4] 四位大班邀请斐伦加入临时委员会，既是出于商业合作方面的考虑，也是为了借重其在上海租界的影响

---

[1] 斐伦，英国殖民澳大利亚新南威尔士时期生于悉尼。[*Freemasons, Proceedings of the Grand Lodge of the most ancient and honorable fraternity of Free and Accepted Masons of the Commonwealth of Massachusetts* (Boston: The Grand Lodge, 1895), p. 284; *Freemasons, Proceedings of the Grand Lodge of the most ancient and honorable fraternity of Free and Accepted Masons of the Commonwealth of Massachusetts, 1900 & 1901* (Boston: The Grand Lodge, 1901), p. 210]1898 年前后转入美国国籍。[*JAAC*, vol. 1, no. 1 (Jan. , 1899): 1 - 2] 根据 1920 年 10 月 30 日《字林西报》刊登的讣告对斐伦生平的记载，斐伦大约在 1870 年来沪，供职于琼记洋行。该公司倒闭后，斐伦与罗威（E. G. Lowe）组建协隆洋行（Fearon, Lowe & Co.）。至罗威去世，斐伦又在 1880 年与人合伙继续协隆洋行（Fearon, Daniel & Co.）的业务。斐伦曾在上海跑马总会工作，后于 1879 年 1—12 月担任工部局董事，1896 年 3 月至 1897 年 3 月担任董事，1897 年 3 月至 1898 年 3 月担任副总董，1898 年 3 月担任总董。1899 年 8 月，斐伦辞去工部局职务，并当选美华协会副会长。1900 年，斐伦曾一度离开上海到纽约经营协隆洋行业务，不久复以美华合兴公司人员身份出任粤汉铁路监事会的美方委员。1900—1902 年，斐伦连续三年入选美华协会执行委员会；1910 年又入选美亚协会执行委员会。不久，斐伦自美返华，定居天津，于 1920 年在天津逝世。参见 *The North China Herald*, October 30, 1920, p. 326。

[2] "Minutes of the American Association of China," *Journal of American Association of China* (abbreviated as *JAAC* below), vol. 1, no. 1 (Jan. , 1899): 1.

[3] "The Association Record," *JAAA*, vol. 1, no. 3 (Oct. 31, 1898): 13.

[4] 1898 年 7 月 17 日，斐伦曾为英美扩展上海租界一事前往北京面见美国公使。参见 *The North China Herald*, October 30, 1920, p. 326。

力；而斐伦加入后，也在筹备过程中发挥了重要的作用。

1898 年 12 月 8 日，包尔、斐伦、海思凯、马克米以及希孟举行五人会议，组成临时委员会，并决定召开美国中华协会成立大会。根据五人会议结果，临时委员会在 12 月 9 日从上海总领事馆登记档案中精心挑选了 60 名"主要"美国公民，[①] 向他们发出美华协会成立大会邀请函。该邀请函内容大要如下：

> 亲爱的先生：我们诚邀您参加 1898 年 12 月 16 日下午四时在工部局会议室召开的一个面向美国公民的预备会议。此次会议的目的是讨论是否成立一个美国中华协会以及成立的具体办法。该协会的首要目标是促进美国在华贸易利益及其他利益的发展，捍卫美国人在华权益；该协会招收的会员仅限于美国公民，但并不局限在上海一地，所有居住在远东的美国公民只要有意愿均可入会。[②]

12 月 16 日，预备大会如期召开。丰裕洋行大班海思凯在斐伦的动议下被选为大会主席；而前美以美会传教士暨江南制造局美国译员卫理（E. T. Williams）[③] 被斐伦推荐为临时秘书。

---

① 大班们判断是否"主要"的标准，基本是该公民的资产与地位。

② JAAC, vol. 1, no. 1（Jan., 1899）: 2. 按：虽然如此，事实上，只有居沪美侨才能入选干部和执委，后来这一限制还被纳入会章。

③ 卫理，美国美以美会传教士，外交官，共济会成员。卫理于 1887 年来华，在南京传教；1896 年辞去教会职务，后于 1897 年出任上海总领事馆副总领事；1898—1901 年被江南制造局聘用为译员；1901—1902 年连任中国共济会总会上海庐会长；1901—1908 年他在美国驻京使馆担任美国驻京使馆参赞；1908 年调任美国驻天津领事；1909—1911 年，他在美国国务院担任远东司副司长；1911—1913 年回北京担任美国驻京公使馆参赞，并在此期间两次代理馆务；1914—1918 年 9 月担任国务院（转下页注）

根据该会的记载，邀请卫理加入是该会第一次吸纳非商人成员。斐伦此举主要是看中卫理对中国事务的了解，以及卫理所在职位提供的获取中国各方面新情况的信息渠道。[①]

　　大会的第一项议程是由海思凯向参会者解释五人临时委员会发出 12 月 9 日邀请函的来龙去脉，并请与会者对是否按邀请函精神成立新协会进行表决。在参会者表决之前，斐伦做了补充发言。他首先重点强调了成立新协会的重大意义。其一，根据他最近在美国的经历，他发现尽管所有对美中贸易感兴趣的人都十分关心中国发生的事情，但这些人对中国发生的许多事情一无所知。新协会的成立，能够为这些人提供充足的信息，改变美国本土对中国的无知。其二，如果新协会按英国中国协会（British China Association）的模式建立，那么它将有机会成为一个像英国中国协会那样在商业和政治上均具有真正影响力的组织，这样，它不仅能大大增加与会者在商业方面的利益，而且对其他各方面的利益也能发挥巨大的积极作用。其

（接上页注③）远东司司长，此后从国务院退休，时年 63 岁。退休后他在加利福尼亚大学担任阿加西基金会东方语言和文学教授，至 1927 年退休。在加州大学担任教职期间，他曾先后应国务院之召，在 1919 年凡尔赛会议以及 1921—1922 年的华盛顿会议期间任美国代表团远东事务顾问。代表作有《中国的昨天和今天》（*China: Yesterday and Today*, 1923）、《中国简史》（*A Short History of China*, 1928）等书。见《近代来华外国人名辞典》，第 512 页；Dimitri D. Lazo, "The Making of a Multicultural Man: The Missionary Experiences of ET Williams," *Pacific Historical Review*, 51 (4), 1982: 357 – 383; *Freemasons, Proceedings of the Grand Lodge of the most ancient and honorable fraternity of Free and Accepted Masons of the Commonwealth of Massachusetts, 1900 & 1901*, pp. xlv & 210; United States Congressional serial set. No. 3858, Senate, 56th Congress, 1st Session, D。

① 在预备大会上，斐伦曾表示：新协会的秘书不仅要有充沛的时间与精力处理协会事务，而且须能及时获得各方面信息。

三，通过在租界举办庆祝或纪念美国独有的公共节日的活动，新协会有助于加强美侨内部的交往与凝聚力。接着，斐伦还对邀请函中"其他利益"的具体所指以及新组织与美亚协会之间的关系做了进一步阐释。他指出，美国在华传教事业关涉的利益在很多时候都十分重大，因此新组织的工作不应局限于商业利益；对于新组织作为美亚协会的上海分会一事，他持保留态度，不过，鉴于美亚协会聚集了一批在美国对华贸易方面最具影响力的人物，因而新组织在运行过程中有必要与它建立"或多或少的联系"，以便借助它的力量去推动美国政府行事。斐伦的发言结束后，与会者一致同意按 12 月 9 日邀请函精神成立新组织。①

接着，海思凯请赞成组建新协会的与会者就是否认缴会费一事进行表决。在开始讨论之前，海思凯对会费的三个用途进行了说明：其一，支付协会干事的薪酬；其二，支付协会联络外界的电报费用；其三，支付会刊的印刷出版费用。考虑到百余名会员规模的美亚协会，其人均会费是每年 10 美元；而远超百人规模的英国中国协会的人均会费是每年 3 英镑，所以五人委员会决定，新协会会员的会费应在 15—20 美元之间。对此，圣经会上海负责人海格思 （John Reside Hykes）② 表示积

---

① 以上内容参见 "Minutes of the American Association of China," *JAAC*, vol. 1, no. 1 (Jan. , 1899) : 3。

② 海格思（1852—1921），美国美以美会传教士，共济会员，1873 年来华，1893 年以前一直在九江传教。嗣任美华圣经会上海代办处代办人。1899—1900 年及 1909—1910 年两度入选美华协会执行委员会。著有《美华圣经会八十二年史》（*The American Bible Society in China*, *The Story of Eighty-two Years'*, 1915）等书。见《近代来华外国人名辞典》，第 225 页；*Freemasons, Proceedings of the Grand Lodge of the most ancient and honorable fraternity of Free and Accepted Masons of the Commonwealth of Massachusetts, 1896* (Boston: The Grand Lodge, 1896) p. xlvi。

极支持。他指出，新协会的成立是及时且必要的；自长江教案以来，美国传教士向美国本土各部门发去无数电报，但一无所获，这说明美侨缺的不是发电报的资金，而是一个代表全体在华美侨声音的权威组织。鉴于此，他认为，对于这样一个将惠及每个人的新协会，"所有在场的美国人以及那些没有在场的美国人都会有极大的忠诚和爱国主义精神，为其各项开支贡献自己的一份力量"。①

在海格思热情洋溢的发言结束后，40 名与会者签字入会并认缴会费。除最初的五位大班外，主要有：江南制造总局的卫理，宝源洋行（Sylva & Co.）的欧文（P. W. Irvine），美国圣公会的卜舫济，验船师罗伯特（John P. Roberts），老晋隆洋行（Mustard & Co.）的贝内特（C. C. Bennett）和霍斯贝里（E. Hjousbery），祥利洋行（Cushny & Smith）的史密斯，两江总督刘坤一幕僚福开森②（Rev. J. C. Ferguson），邓宁洋行（Dunning & Co.）的邓宁（E. H. Dunning），茂生洋行的罗奇（C. E. Roach），美国纺织工程师丹科（Albert. W. Danforth）③、

---

① "Minutes of the American Association of China," *JAAC*, vol. 1, no. 1（Jan., 1899）: 4.
② 福开森，生于加拿大，后入美籍，1887 年以传教士身份赴华，先后在镇江、南京工作，创办汇文书院。1896 年应盛宣怀之聘，参与创建南洋公学，任监院。其在南京佐刘坤一派办交涉事件得力，而获奏荐。见中国科学院历史研究所第三所主编《刘坤一遗集》第 3 册，中华书局，1959，第 1117 页。
③ 丹科，美国纺织工程师，共济会成员。1881 年 8 月受李鸿章之聘任上海织布局首席工程师，参与该局筹划工作。随后丹科带着中国的棉花赴英美，在各种纺织机器上进行试验以便购买到最合适的设备。1882 年秋天他回到中国。1883 年夏秋之间，为新织布局购置的设备运抵上海。其中轧汽机和纺布机购自英国，蒸汽机和新式环锭纺纱机购自美国。因上海金融危机，织布局计划搁置 4 年，至 1887 年始由李鸿章重启。1888 年 4 月，织布局筹建工作重新开始，丹科仍然担任首席工程师职（转下页注）

海格斯，美孚煤油公司（Standard Oil Co.）的韩德[①]，马立师洋行（Morris & Co.）[②]的布罗德赫斯特（J. C. Brodhurst），美南浸信会（Southern Baptist Convention）传教士万应远（Rev. Robert T. Bryan），美国圣公会传教士慕高文（Gouverneur Frank Mosher），老晋隆洋行的马斯塔德，美孚煤油公司的兰牧，美国浸礼会（American Baptist Churches）传教士白保罗（S. P. Barchet）、尼科尔斯（Rev. D. W. Nichols）、本特利（Rev. William Preston Bentley），美时洋行（Macy & Co., Geo. H.）的贾米森（J. N. Jamieson），上海牙科医生霍罗（J. Ward Hall）[③]，美华合兴公司的巴时（A. W. Bash）等。其中，

（接上页注③）务。1889 年 12 月 28 日，上海机器织布局开始投产。在机器织布局的建设过程中，所有技术性问题均由丹科解决。（孙毓棠：《中国近代工业史资料：1840—1895》第一辑下册，科学出版社，1957，第 1052—1069 页）1895 年 4 月 8 日，丹科就任麻省共济会中国大陆分会会长，其后一直连任至 1902 年。另外，该分会设置在上海的古地标庐（Ancient Landmark Lodge）在 1901 年和 1902 年有如下主要成员：该庐会长（Master）卫理，督导（Wardens）古纳（John Goodnow）和兰牧，而此四人皆是美华协会的重要成员。（*Freemasons, Proceedings of the Grand Lodge of the most ancient and honorable fraternity of Free and Accepted Masons of the Commonwealth of Massachusetts, 1895*, p. 284; *Freemasons, Proceedings of the Grand Lodge of the most ancient and honorable fraternity of Free and Accepted Masons of the Commonwealth of Massachusetts, 1900 & 1901*, p. 210.）1898 年 12 月 16 日美华协会筹备大会委任丹科为负责起草会章和守则的临时委员会成员之一；1903 年，丹科担任美华协会干事。

① 韩德（Robert H. Hunt），美孚石油公司经理人，1901—1902 年入选美华协会执委，1903 年担任尚贤堂委员会（General Committee）成员。见尚贤堂第 11 次报告，尚贤堂，1903，第 5 页。

② 经营船务代理和中介。

③ 霍罗，上海牙科医生（*The Directory & Chronicle for China, Japan, Corea, Indo-China, Straits Settlements, Malay States, Siam, Netherlands India, Borneo, the Philippines, Etc., for the Year of 1895*, p. 1520.），同时是（转下页注）

包尔、斐伦、海思凯、马克米、希孟、海格斯、卫理、韩德、丹科、霍罗、马斯塔德、卜舫济、罗伯茨等 13 人经史密斯提名组成新委员会，以取代五人临时委员会，并负责起草协会的章程和细则，供会员们在美华协会正式成立大会上讨论。[①] 从第一批会员以及新委员会的人员构成来看，美国现任或前任传教士在该会的基本人员与领导集团中均占据了约三分之一的席位。

1899 年 1 月 31 日，上海美国人在工部局董事会会议室召开美华协会成立大会，并在会上通过了协会章程、选举了协会干部及执行委员会成员。至此，美华协会正式宣告成立。[②] 纵观美华协会筹办的过程可以发现，从临时委员会五人会议开始，大班们对新组织的设想与美亚协会方面出现了较大的出入。美亚协会的本意是使美华协会成为其在中国上海的分支机构，为其搜集传递与中国商业贸易相关的情报；其核心领导层应由美国人及在远东和美国有相同商业利益的他国人构成。然而，从前述内容来看，五人临时委员会对美亚协会的计划做出了较大的调整。首先，五人临时委员会对美华协会作为美亚协会分会一事持保留态度，只同意与美亚协会建立"或多或少的联系"，以便利用美亚协会的人脉和影响力，提高新协会活动的成效。其次，虽然模仿美亚协会，在本部所在地之外广泛

（接上页注③）福利公司（Hall & Holtz Ltd.）股东。["Hall and Holtz Limited," *The North-China Herald and Supreme Court & Consular Gazette* (*1870 - 1941*), Apr. 25, 1900, p. 732.] 1898 年 12 月 16 日，霍罗被美华协会筹备大会委任为负责起草会章和守则的临时委员会成员之一。

① *JAAC*, vol. 1, no. 1, (Jan., 1899):4.
② *JAAC*, vol. 1, no. 1, (Jan., 1899):9.

接纳来自中国其他口岸乃至在韩国、菲律宾等地居住的会员，但五人临时委员会严格规定入会者必须为美国公民，并未延用美亚协会的多国会员模式。最后，该委员会还将奋斗目标从美亚协会的"发展美国与其他国家①在中国乃至远东的贸易利益"修改为"促进美国在华贸易利益及其他利益的发展"和"捍卫美国人在华权益"。

五人临时委员会做出的这些调整，一方面缩小了新协会在商业上所维护的对象范围，另一方面扩大了新协会所致力于保护的利益范畴。如果说美亚协会是一个以美国商人为主、由不同国籍的商人构成，旨在促进美国等国家在华贸易利益的商业组织，那么美华协会则变成一个着重保护美国在华贸易及其他利益并捍卫美国在华一切条约特权的侨民联合组织。对此，五人临时委员会的解释是：维护并扩张美国在中国乃至远东地区的贸易与商业利益，不仅事关贸易和商业问题，还将涉及宪法、政治乃至国际关系问题；假使美华协会接纳美国之外的其他国家公民入会，那么在处理上述问题时，必将产生严重的内部分歧。鉴于此，为了美华协会长远发展，该会选择了严格限制会员的国籍。②

上述解释并未完全切入要害，驱动五人临时委员会做出上述调整的还有更深层次的原因。近代以来，作为远东重要的原材料产地与商品倾销市场，中国被英、美、德、法、俄等多国

---

① 美亚协会所说的除美国之外的其他国家，主要指英国等贸易发达的欧洲国家。当时欧西列强大多在华实行瓜分政策，严重威胁英、美等国在华商业利益，因此，美、英两国商人在1898年前后曾有推动英美两国政府联盟之议。

② "Minutes of the American Association of China," *JAAC*, vol. 1, no. 1 (Jan., 1899) : 2.

商人觊觎已久。19 世纪 90 年代末，伴随列强的瓜分狂潮，各国在华商人均希望得到本国政府的支持，以便倾轧他国商人，挤占更多的市场份额。这一方面导致了美商在中国面临着他国同行的激烈竞争。以在华美商最为亲近的英商为例，即便二者在反对"瓜分政策"上存在共识，但他们在对华贸易中仍存在十分激烈的竞争关系。如 19 世纪 90 年代初，美国的棉纺织品商人和煤油商人便成功地将英国产品踢出了中国东北市场，为此，在华英商不得不积极巩固自身对长江流域的贸易垄断地位。① 在这种情况下，上海美商很难有美国本土商人那样超然的态度，在新协会中接纳其他国家商人与其共事。另一方面，各国在华商人之间激烈的贸易竞争也促使美商同样多方寻求政府对商业扩张的支持。由于客观条件不允许他们效仿能够直接得到政府武力扩张支持的俄、法商人，美国大班们将视线落到了代表英国在华商业利益的英国中国协会上。这一成立于 19 世纪 80 年代的组织，通过十年来不断对英国外交部与参众两院施加影响，已成为一个在英国商业和政治上均有影响力的机构。大班们希望新组织能够取得英国中国协会那样的影响力，以便其在美中之间一些关涉自身利益的事务上发挥作用，因此不甘于成立一个单纯从属于美亚协会、负责情报搜集等零碎工作的附庸机构。②

---

① C. B. 戈列里克：《1898—1903 年美国对满洲的政策与"门户开放"主义》，高鸿志译，黑龙江教育出版社，1991，第 18 页。
② 参见斐伦的发言："有必要按照英国中国协会的方式成立一个美国协会……英国中国协会已经成为一个不论是在商业方面，还是在政治方面都真正有影响力的协会，我认为没有理由不使这项决议所提议的美国协会成为一个相当有影响力的机构。""Minutes of the American Association of China," *JAAC*, vol. 1, no. 1 (Jan., 1899): 2 - 3.

大班们既拒绝通过吸纳其他国家商人来扩大影响力，又野心勃勃想要借新组织大展拳脚，遂只能在定居中国的美国公民中寻找合伙人。美国在华传教士随之映入他们的眼帘。一方面，新组织要成长为像英国中国协会那样受政府重视、且在中国问题上具有一定权威的组织，就必须对中国实际情况有全面的了解与掌握。然而，美商长期不愿走出租界去同除仆人、买办之外的中国人交往，了解中国情况的渠道屈指可数，对中国的实际情况更是知之甚少；相较之下，美国传教士遍布中国内地以及各大通商口岸，[1] 有探查中国的意向、能力与渠道，他们中的"中国通"可以有效弥补美商在这方面的不足。另一方面，从增加新组织的分量与影响力的角度来说，吸收美国在华传教士不仅能大大扩充新组织的规模，而且可借重"居华美侨"的名义，提高新组织的意见对美国政府的影响力。除上述两方面外，美商与传教士当时在中国问题上的一致利益也是凝聚美商与传教士的重要因素。与商人们一样，传教士既对中国抱有巨大的期待，也在中国面临相似的困境，而摆脱困境、实现这类期待的途径也唯有推动美国政府采取积极的对华扩张政策一途。在"想象中的共同利益"的驱动下，商人与传教士旧有的松散联系被激活并凝聚，与传教士合作建会遂成为大班们的不二选择。

---

[1] 19世纪90年代，根据美国驻中国领事的统计，除上海一地美侨以商人居多数外，其他地区的美侨普遍以美国传教士为主。参见朱峰、吴旭东《侨务与外交：庚子前后美国驻华使领对在华美侨的管理与互动》，《福建论坛》（人文社会科学版）2022年第2期。

二 机构概况

最终成立的美华协会，除了在会员国籍和协会目标方面有
所差别，全面继承了美亚协会的运行模式。

从组织架构来看，美华协会与美亚协会一样，均是在会员
之上建立一执行委员会作为核心决策部门。委员会一般由 7 名
定居上海的会员组成，负责管理协会的资产，联络各地的会
员，搜集各种事关美国在华利益的情报，并就如何保护这些利
益提供有益的建议。① 在上述委员会的成员中，又选举产生会
长、副会长、干事和财务各 1 名，与执行委员会一起构成该会
的领导层。其中，协会会长一般由在上海租界有声望者担任，
负责主持所有会议、与会外人员进行合作，并周旋于上海中外
各方当权者之间；② 副会长负责协助会长，并在会长缺席时代
理会长职能；干事负责协会会议的通知和记录工作、协会与外
界的通信联系与信件存档工作等；财务负责收取会费、缴付账
单并向执行委员会提交财务报表等财政工作。每届执行委员会
和干部的任期一般为一年，允许连任。

以决策制定过程而言，美华协会也与美亚协会基本一致：
先由执行委员会汇总情报，提出相关议案并召集会议；接着召
集会员对执委会提交的决议案进行表决；最后由执委会执行决

---

① 根据 1900 年 12 月 14 日的美华协会年会通过的决议案规定，执行委员会
必须从居沪会员中选举产生。见"Amendments to the constitution adopted at
the annual meeting," *JAAC*, vol. 1, no. 7 (Jan. , 1901) : 5。

② "By-laws adopted at the 'Annual Meeting'," *JAAC*, vol. 2, no. 1 (Jan. , 1906) :
1 – 2.

议。该会的会议分两种，分别是每年年底召开的美华协会年度大会和为特殊目的而召开的执行委员会特别会议。其中，前者为一年一度的面向全体会员的年终总结大会，主要列述该年度的活动与成绩；后者则是根据具体需要随时召开的会议。特别会议一般由会长召集；当会长缺席时可由副会长召集；如有超过 3 名会员向协会干事提交召开会议的书面申请，则干事可召集会议。该会规定此类会议的主持人有表决权，且当执行委员会的表决出现平局时，主持人的一票将成为决定票。①

此外，如同美亚协会积极与麦金莱政府维持亲密关系一样，美华协会也尝试拉拢许多在中美两国官方具有影响力的美国人。除此前已介绍过的美国外交官和远东事务专家卫理外，美国驻沪总领事古纳②、上海工部局总董费信惇（Stirling Fessenden）③、税务司马士（Hosea Ballou Morse）④、圣约翰大学校长卜舫济、

① "By-laws adopted at the 'Annual Meeting'," *JAAC*, vol. 2, no. 1（Jan.，1906）:5.

② 古纳，1897—1905 年担任美国驻沪总领事，于 1899 年 3 月 28 日加入美华协会。古氏在任期间，参与了扩张上海公共租界、东南互保、中美新商约谈判等重大历史事件。由于这些事件与在华美侨利益密切相关，所以古纳在其任上与美华协会保持了非常亲密友好的合作关系。二者常常采取相互配合的行动支持对方向美国国务院提出的要求。

③ 费信惇（1875—1944），1903 年来沪，后与佑尼干（T. R. Jernigan）合伙经营佑尼干律师事务所。费氏分别在 1904—1907 年、1908 年下半年至 1909 年和 1911 年入选美华协会执行委员会，并在 1913 年当选该会副主席。1920 年，费信惇当选上海公共租界工部局董事会成员。三年后，费信惇开始担任工部局总董一职。1929 年，费信惇辞去工部局总董一职转任工部局总裁，直至 1939 年因眼疾从总裁任上退休。1941 年太平洋战争爆发后，费信惇被日军拘禁。两年后，他卒于上海的外侨集中营。见《近代来华外国人名辞典》，第 141 页。

④ 马士，在哈佛学院肄业期间获得校友兼中国海关税务司杜德维（Edward Bangs Drew，1843—1924）的赏识，遂于 1874 年经其引荐，（转下页注）

南洋公学监院福开森（J. C. Ferguson）、圣公会主教郭斐蔚
（Frederick Rogers Graves）^①、尚贤堂会长李佳白、上海中西书
院院长潘慎文（Alvin Pierson Parker）^②、美国驻沪前总领事及
美孚石油公司法律顾问佑尼干^③等，皆在该会中扮演非常重要

（接上页注④）加入中国海关。1877 年，马士出任天津海关帮办，翌年调
往北京总税务司任职，并兼任京师同文馆英文教习；1887 年任上海副税务
司，此后分别于北海、淡水、龙州、汉口、广州等海关任职；1898 年升迁
为税务司；1903—1907 年任海关总税务司的统计干事。1907 年下半年，马
士当选美华协会主席。1909 年，他定居英国，成为英国公民，专注于外交
和贸易方面的史学研究。其代表作为《中华帝国对外关系史》（*The Inter-
national Relations of the Chinese Empire*）和《东印度公司对华贸易编年史
（1635 年—1834 年）》（*The Chronicles of the East India Company Trading to
China: 1635 - 1834*）。见《近代来华外国人名辞典》，第 342 页。

① 郭斐蔚（1858—1940），美国圣公会传教士，1881 年来华在武昌传教。1885—
1887 年任上海圣约翰书院圣道馆教习。1893—1940 年任圣公会上海教区主教，
参与创建了中华圣公会，并在 1915—1926 年担任主教院主席。1901—1902 年
入选美华协会执行委员会。卒于上海。著有《1881—1893 年会议录》（*Re-
collections, 1881 - 1893*, 1928）。见《近代来华外国人名辞典》，第 178 页。

② 潘慎文，美国监理公会传教士，1875 年来华，初在苏州传教，1896 年调任上
海中西书院（The Anglo-Chinese College）院长。1903 年，潘慎文当选美华协
会主席；1905 年下半年，出任该会副主席；在 1904 至下半年至 1905 年上半
年、1906 年至 1908 年上半年入选该会执行委员会。1906 年，潘慎文辞去中西
书院教职。潘氏曾与几位监理会传教士合作，将圣经译成苏州和上海方言，
还翻译过基本代数和机械学的教科书。最早的《兴华报》（*The Christian Advo-
cate*）亦由其主办。晚年，他还为广学会编写中文书。潘氏最终卒于美国，后
其家属遵其遗嘱将骨灰葬在上海。见《近代来华外国人名辞典》，第 373 页。

③ 佑尼干，美国领事官，律师。佑尼干是民主党成员，在 1885 年克利夫兰
（Gloven Cleveland）当选总统后，他便被派为驻日本神户总领事。1889 年
克利夫兰寻求连任失败，佑尼干随之失去总领事职位。1893 年，克利夫
兰再度当选总统，佑尼干亦再度被派为驻上海总领事，直至 1897 年。佑
尼干辞去总领事职后，在上海执律师业，为当时著名的外国律师之一。
他研究中国商法，著有《中国商务的规律和方针》（*China's Business Meth-
ods and Policy*, 1904），《中国的法律与商务》（*China in Law and Com-
merce*, 1905）等书，并经常为上海的《字林西报》撰稿。见《近代来华
外国人名辞典》，第 240—241 页。

的角色。此外，美国驻华公使柔克义（W. W. Rockhill）[①] 和美国"会议货币专使"精琪（Jeremiah W. Jenks）[②] 也分别在1901年和1904年当选为该会的荣誉会员。[③]

在模仿美亚协会的同时，为了满足自己对新组织的抱负，同时也为了争取传教士等其他美侨对新组织的支持，上海美商十分注重强调美华协会的侨民联合组织的特质。首先，该会制定的三个独立服务宗旨均围绕美侨利益。其一，使居华美侨能够有一个对远东事务发表看法的平台，并借此令美国政府了解

---

① 柔克义，美国外交官，汉学家。1871年毕业于法国陆军学校，曾于法军中服役。1884年来华，任北京美使馆二等参赞，1885—1888年任头等参赞，1886—1887年兼驻朝鲜汉城代办。1888—1889年及1891—1892年两次率领"科学考察队"到蒙古、西藏"探险"。1893年回美，任国务院秘书长，1894年升为第三代理国务卿，1896年任第一代理国务卿。1901年9月代表美国签订《辛丑条约》。1905年再度来华，继康格为公使。1909年调任驻俄大使。1911—1913年任驻土耳其大使。1913年回美，1914年被袁世凯聘为私人顾问，来华途中病死于檀香山。著有《释迦牟尼的生平及其教派的早期历史》（*The Life of Buddha and the Early History of his Order*，1884）、《喇嘛之国》（*The Land of Lamas*，1891）、《1891、1892年蒙藏旅行日记》（*Diary of a Journey through Mongolia and Tibet in 1891 and 1892*，1894）、《藏族人类学笔记》（*Notes on the Ethnology of Tibet*，1895）等书，编有《中朝约章》（*Trea-ties and Conventions with or concerning China and Korea*，1894 – 1904）；此外，译拉丁文《罗伯鲁游记》为英文，名 *The Journey of William of Rubruck to the Eastern Parts of the World*，1253 – 1255（1900），还与夏德合译赵汝适《诸蕃志》为英文，名 *Chau Ju-kua: His work on the Chinese and Arab trade in the twelfth and thirteenth centuries*（1912）。见《近代来华外国人名辞典》，第414—415页。
② 精琪，康奈尔大学政治经济学教授。1904年应清政府之请来华，在各地调查币制情况，写成有关中国币制改革的报告，建议中国设立金汇兑制度。见《近代来华外国人名辞典》，第240页。
③ 按照美亚协会会章规定，成为荣誉会员需"在保护或促进美国亚洲商业贸易或在政治、外交及军事上有杰出贡献"，荣誉会员无须缴纳会费。*JAAA*，vol. 13，no. 1（Feb.，1913）：22 – 24.

他们对远东问题的看法；其二，促进居华美侨的利益；其三，团结旅居远东的美国侨民，增强他们的集体精神。①

其次，在 1899 年 5 月发行的第二期会刊中，该会以《团结就是力量》一文开篇，将美华协会的成立誉为美国人在远东构建共同体道路上取得的第一个成果，并指出，对于长期以来渴望有一个共同发声渠道的远东美国人来说，美华协会能够有序协调并统筹美侨的行动，体面且有力地处理一切相关问题，因此必定为远东地区的广大美国公民带来深刻而持久的利益。

最后，该会还十分强调其在政治上的中立立场，要求执行委员和干部不得有包括美国和中国在内的任何国家官方背景。如在建会之初，该会便明文规定："本协会不以任何方式参加美国的党派政治。"② 在 1900 年 12 月 14 日通过的会章修订案中，该会再次强调："为本协会的工作效率计，本协会必须独立于任何外界影响。鉴于此，任何正在美国政府中担任职务，或者受聘于中国政府、中国官员的美华协会成员都不得成为协会执行委员会的候选人。"对此，创始人们的解释是，新协会可能会面临批评本国政府政策的情况，在处理美国在华利益时更有可能"与中国政府尤其是保守派官员的利益"发生冲突，为了使该会的存在具有切实价值，必须保证执行委员会成员在任何时候都能自由地发表自己的意见，而不是需要在发表意见前先考虑他们所服务的政府的意愿。③

---

① *JAAA*, vol. 13, no. 1 (Feb., 1913): 22 – 24.
② *JAAC*, vol. 1, no. 7 (Jan., 1901): 5.
③ *JAAC*, vol. 1, no. 7 (Jan., 1901): 4.

　　美华协会的最终成立反映出 19 世纪末上海美商与传教士的协作意向大大加强，一时之间盖过了此前的矛盾分歧。然而这并不意味着美商与传教士原有利益分歧的消弭。作为一个自诩代表全体旅华美侨利益的组织，该会会内商人与传教士的地位并不完全对等，两方势力的合作也并非无间。

　　其一，其核心决策机构执行委员会中，传教士席位总维持在 1/3，而商人的数量则一直超过 1/2。除了最初的五人临时委员会全部由美国大班组成，十三人临时委员会以及第一批入会会员中商人与传教士的占比基本维持在 2∶1。1899 年 1 月至 1913 年 10 月，美华协会执行委员会共有 44 名委员，其中有 11 名传教士和 30 名商人；[①] 共有 11 位会长，其中 6 人为商人，半数担任会长职务超过一年，另有 4 人为传教士，除李佳白外，任期均不超过一年；[②] 十任副会长中有 7 名商人和 3 名传教士，其中传教士任期均不超过一年，而商人中则有 3 人担任副主席超过一年，任期最长者累计任职达三年之久。[③] 由此可见，该会历届主席基本由传教士与商人轮流担任，不过副主席和执行委员会总以商人占绝大多数：如传教士在美华协会十位副主席中只占其三；传教士入选执行委员会者只占总数的 1/4；虽然在 1898 年到 1913 年间，传教士在该会历届执行委员会中始终占据一席之地，但其所占票数，最高不超过 3/7，最低至 1/7，平均约为 2/7，远远不及半数。[④] 因该会会章规定，协会副主席有权在主席缺席的情况下代行主席职能；而执

---

①　此外还有 1 名工程师、1 名船长和 1 名律师。详见附录部分附表 3。
②　除商人和传教士外，还有 1 名前海关人员马士。详见附录部分附表 1。
③　详见附录部分附表 2。
④　详见附录部分附表 4。

行委员会成员更是协会活动的核心决策层。由此可知，美华协会的决策层虽重视保障传教士的必要地位，但总体来说始终以商人占主导地位。这是会内美商与传教士地位的第一重不平等。

其二，该会将会员分为本地会员（Resident Member）和外地会员（Non-resident Member）两种，其中，外地会员以传教士居多，如 1902 年 1 月，该会的 34 名外地会员几乎全部为美国传教士；[①] 本地会员则以美国在华主要洋行的股东和大班占多数，如该会第一批会员多数由丰泰洋行、丰裕洋行、协隆洋行、茂生洋行、同孚洋行、老晋隆洋行、宝源洋行、祥利洋行、邓宁洋行、美孚煤油公司、马立师洋行、美时洋行、美华合兴公司等十余家上海美国洋行的股东和大班组成，此后英美烟公司创始人托马斯（James Augustus Thomas）[②]、太平洋商务电报公司大班科思（Daniel Coath）[③]、上海纸业公司（Pulp &

---

① *JAAC*, vol. 1, no. 9(Jan., 1902): 9 – 10.

② 托马斯（1862—1940），美国商人，初在日本经营烟草业，后于1900年联合英美的几大烟草托拉斯组成英美烟公司（British-American Tobacco Co. [China], Ld.），垄断中国的卷烟制造和销售，并染指中国的烟草种植业。托氏著有《一个在东方的先驱烟草商》（*A Pioneer Tobacco Merchant in the Orient*, 1928）和《万里经商》（*Trailing Trade a Million Miles*）等书，并在1908年担任美华协会副主席，1906—1907年出任该会财务。见《近代来华外国人名辞典》，第474页。

③ 科思，太平洋商务电报公司经纪人（Superintendent, Commercial Pacific Cable Co.）。1906年来到上海，协助成立太平洋商务电报公司并被任命为该公司在上海的代办。1907—1909年入选美华协会执委；曾任尚贤堂（中国国际学会）执行委员会干事。
关于太平洋商务电报公司和太平洋电缆的简单介绍：1904年太平洋商务电报公司敷设太平洋线路，自旧金山经火奴鲁鲁（夏威夷）和中途岛至关岛、关岛至小笠原群岛（日本）、关岛至马尼拉，及马尼拉至上海各敷设海底电线一条，成为北太平洋通信的唯一海底电线系统。这条海底电线对于日益重要的太平洋通信显然不足，因此美国国会多次 （转下页注）

Paper, Co. Ltd.）的帕特森（J. R. Patterson）[1]等也陆续加盟，并在执行委员会中担任职务。而本地会员中的传教士，则仅限于在上海有声望和地位的人，人数相对较少，仅占 1/3 左右。除此前介绍过的圣经会负责人海格思、卫理、卜舫济、福开森、万应远、慕高文、白保罗、尼科尔斯、本特利外，还有上海基督教青年会（The Shanghai Young Men's Christian Association）的两任干事路义思（R. E. Lewis）[2]和宾利（Rev. William

---

（接上页注③）倡导增设太平洋线路的必要性。第一次世界大战期间，美国新闻界、金融界、外交家、法律家、资本家等组织一私人团体，定名"外交协会"（Council of Foreign Relation），曾通过该会联合请求美国政府增设太平洋海线，称此举在商业上有莫大利益，较诸添造多艘商船尤为重要。见罗罗《美人增设太平洋海底电线之计划》，《东方杂志》第16 卷第 8 号，1917 年 8 月。转引自吴翎君《美国大企业与近代中国的国际化》，第 221 页。

① 帕特森，上海纸业公司股东，1910—1911 年担任美华协会副主席，1908—1909 年、1912 年 1—4 月入选美华协会执行委员会；1916 年入选美亚协会执行委员会。"THE SHANGHAI PULP AND PAPER COMPANY, LD."*The North-China Herald and Supreme Court & Consular Gazette（1870 – 1941）*, Feb. 27, 1909, p. 512.

② 路义思，中国教育会成员、上海基督教青年会干事。1902 年，路氏入选美华协会执行委员会，后参加 1906 年中国教育会美国会员关于美国排华问题召开的会议，反对美国排华法案并负责起草相应的决议案。*JAAC*, vol. 2, no. 1（Jan., 1906）: 17。
关于上海基督教青年会的介绍："1898 年，上海 7 名传教士联名上书北美协会，请求在上海成立青年会，随后派出路义思到上海筹办青年会。路义思抵达上海后，首先请在监理会中西书院任教的曹雪庚为助手，并邀请黄佐庭（黄光彩之子）、颜惠庆及宋嘉树等十多名社会名人参与青年会创办工作。1900 年 1 月 6 日，上海基督教中国青年会成立，黄佐庭为会正，颜惠庆为会副等职，曹雪庚任总干事。董事多为留学日美归国后从事文教工作的饱学之士，初无入会章程，只规定以不吸烟、不打牌、不酗酒为入会条件。黄佐庭任会长的五年里，会员日渐增加……"见罗元旭《东成西就：七个华人基督教家族与中西交流百年》，第 40 页。

p. Bentley）①，以及在公共租界行医的美国医学传教士斐尧臣
（J. B. Fearn）②、杰弗瑞（W. H. Jefferys）③、林肯（Dr. C. S. F.
Lincoln）④ 被吸纳入会并担任执行委员。在此后的岁月里，美
华协会本地会员的阵容也基本维持了这一特点。商人与传教士
分别在本地会员与外地会员中占据多数，看似平分秋色，但由
于只有本地会员能列席美华协会大会并直接发表意见，也只有
本地会员有资格竞选协会干部、执委，所以外地会员只有建议
的权利而没有参与决策的权利。这是会内商人与传教士地位的

---

① 宾利，中国圣教书会（The Chinese Religious Tract Society）董事会成员，
上海基督教青年会干事，共济会员。宾利在1899—1902年、1905年下半
年入选美华协会执行委员会。见 Mr. Goodnow to Mr. Conger, No. 389,
Feb. 22, 1902, Despatches from U. S. Consuls in Shanghai, Microcopies of Re-
cords of the Department Staes, Washington D. C. : The National Archives,
1946, FM 112, Roll 48; "THE CHINESE RELIGIOUS TRACT SOCIETY, "*The
North-China Herald and Supreme Court & Consular Gazette (1870 – 1941)*,
Jan. 20, 1893, p. 9; "THE SHANGHAI YOUNG MEN'S CHRISTIAN ASSOCIA-
TION,"*The North-China Herald and Supreme Court & Consular Gazette (1870 –
1941)*, Sep. 19, 1898, p. 539。

② 斐尧臣，美国监理会传教医师，共济会员。1895年来华，在苏州博习医
院（Soo-chow Hospital）任职，1907—1919年在上海工作。1910—1912年
入选美华协会执行委员会。1919年脱离监理会，任上海公济医院（Gen-
eral Hospital）院长。见《近代来华外国人名辞典》，第136页。

③ 杰弗瑞，美国长老会医学传教士，著有《上海涂北（音译，Thoo-Bak）
医院对话录》（*Hospital Dialogue in Shanghai Thoo-Bak*）。1910年任美华协
会主席，1902年任副主席。见"Recent Periodicals,"*The North-China Herald
and Supreme Court & Consular Gazette (1870 – 1941)*, May 25, 1906, p. 451;
"Books, etc. , Received. "*The North-China Herald and Supreme Court & Consu-
lar Gazette (1870 – 1941)*, Jan. 25, 1907, p. 177。

④ 林肯，圣约翰大学教员，医学传教士，共济会员。林肯于1903年1月至
1906年7月、1910年1月至1911年12月、1913年1月至10月入选美华
协会执行委员会；1912年担任美华协会副主席。"Dr. Lincoln Pens a Fare-
well Song,"*The China Weekly Review (1923 – 1950)*, Aug. 2, 1924, p. 305.

第二重不平等。

上述两重不平等，固然受到客观历史原因的一定影响：盖自美侨来华之日始，美商因有买办，不需频繁到中国各地经商，故多定居在各大通商口岸，其中上海作为当时中外进出口贸易的最大港口，聚集的美商最多；而传教士为传教事业的发展，常需前往各地招徕教徒，因此广泛分布在中国各省，尽管总人数较美商为多，但定居上海的数量却不如美商。

然而，从另一个角度来说，这种不平等也是美华协会相关规定所造成的。该会设置的入会门槛对传教士不友好：按照规定，申请加入美华协会者，不但需要会内成员的推荐信，而且还要支付高昂的会费，其中本地会员的会费在 1899 年 12 月 20 日前高达 20 美元，1899 年 12 月以后，才在卫理和古纳的主张下降至 10 美元;[①] 这笔会费对于上海美国洋行的大班们来说不成问题，但对收入相对微薄的美国传教士来说却是他们加入该会的巨大障碍。相较于本地会员会费的居高不下，外地会员的会费却调整了数次。上海以外地区的美国公民申请入会，最初需要支付 10 美元，1899 年 5 月降至 5 美元，[②] 此后到 1904 年又进一步降低到 2.5 美元。[③] 屡屡降低外地会员会费而不降本地会员会费，侧面反映出外地会员和本地会员身份在协会中的不同含金量。通过限制上海传教士在本地会员中的人数，并削减外地传教士对协会决策的影响，美国大班们将美华协会的决策层牢牢掌握在自己手中。

---

① "Annual Meeting," *JAAC*, vol. 1, no. 4 (Mar. , 1900) : 17 - 18.

② *JAAC*, vol. 1, no. 2 (May, 1899) : 12 - 13.

③ *JAAC*, vol. 1, no. 14 (Jan. , 1905) : 50 - 51; *JAAC*, vol. 1, no. 15 (Jul. , 1905) : 54 - 55.

那么美商为何能够成功实现上述设计，易而言之，同为建会元老的上海美国传教士为何会放任美商做出上述设计？这便要说到美华协会在客观上依附美亚协会的需要。

在 19 世纪 90 年代末之前，上海美商与传教士主要通过美国驻华使领反馈意见，对美国本土造成的影响有限。美亚协会成立后，因其有能力动员起华尔街的资本、新英格兰地区的各大商会、南部棉纺织业州的广大棉纺织业制造商和州议员代表，而这些都是国务院和国会所不能无视的庞大力量，所以成为美国在华商业利益向美国政府直接发声的重要渠道。于是，美亚协会的出现不但推动美商与传教士迈出联合的实质性一步，同时也将联合的主导权交到了美商手中。为了换取使用美亚协会游说政府的渠道和影响力的权利，美华协会在贯彻其独立的服务宗旨的同时，也需要协助美亚协会贯彻落实美亚协会的宗旨，即在"关注亚洲贸易及其他方面的法律、条约；推动美国在远东的领事服务改革；为在远东贸易利益方面的共同获益者提供信息和联络平台"这三个方面为美亚协会提供支持。相应地，在会内商人把持与美亚协会沟通渠道的情况下，会内传教士为了获取商人对其意见的支持，也不得不容许商人将其利益置于传教士之上。在双方后续的联合行动中，传教士只有在商人愿意合作的时候才能利用他们的影响力，而商人只有在和传教士利益一致的时候才会和传教士合作，一旦出现利益冲突，商人就会立刻放弃传教士的利益而维护自身利益。

美商与传教士在美华协会内部的地位不对等严重影响了该会规模的扩大。尽管上海美侨仍有比较强烈的加入该会的意向，该会在 1898—1905 年也因上海本地会员数量的逐年上涨而处于盈利状态，但该会外地会员的数量却长期没有起色。

　　盖美华协会的主要支出项目是干事、财务的薪酬，会刊出版费以及与纽约等地的往来电报费；在协会决策权被上海会员把持的情况下，会费主要用于满足上海本地会员的愿望，至于外地会员所能得到的，除了几期免费的会刊外便只剩下极为有限的建议权。意识到美华协会内部本地会员和外地会员地位的不对等后，上海以外地区美侨对于加入该会的积极性很快减弱。于是，尽管在上海以外地区的美侨数量远远超过上海美侨的总数，但美华协会的外地会员数量却长期不如本地会员数量。1898 年 12 月，该会第一批会员皆为定居上海的成年男性美国公民，共 40 人。1899 年 3 月底，该会新增的美国驻沪总领事古纳和恒丰洋行（Fobes & Co., Ld.）的福布斯（A. S. Fobes）等 7 名会员亦多定居上海。① 此后美华协会屡次降低外地会员会费，但截止到 1901 年 12 月 18 日，该会的本地会员和外地会员的数量分别为 76 和 32；② 1901 年 12 月至 1902 年 1 月，虽新增荣誉会员柔克义③与巴雷特（John Barrett）2 人，本地会员 3 名，但外地会员却仅增加 1 名；④ 及至 1904 年底，该会已有会员 136 人，其中本地会员 86 人，约占同时期上海公共租界成年男性美国公民的 1/4；而外地会员仅 48 人，相

---

① "本协会于 3 月 28 日举行了会员大会……以下人员当选为本协会会员：古纳、恒丰洋行的福布斯、爱德华（Charles A. Edwards）、格雷西（Spencer Gracey）、卡里（W. F. Cary）、西摩（J. Seymour）和贝塞特（T. Bassett）。" 参见 *JAAC*, vol. 1, no. 2（May, 1899）: 12 – 13。

② "Annual Meeting," *JAAC*, vol. 1, no. 9（Jan., 1902）: 1.

③ 1901 年 9 月 28 日吸收柔克义。参见 "V. G. Lyman to W. W. Rockhill," *JAAC*, vol. 1, no. 9（Jan., 1902）: 5 – 6。

④ *JAAC*, vol. 1, no. 9（Jan., 1902）: 9 – 10.

对于当时数以千计的在华美侨而言相当有限。[1]

上海以外地区美侨积极性的减弱还体现在欠缴会费上。根据美华协会收录的书信记载，1899 年春，福州、广州、天津、车城、南京和芜湖等地美侨均对加入该会产生极大兴趣，其中福州以传教士麦因纳（Geo. S. Miner）为首的十多名美侨还曾有在福州建立分支机构的意向。[2] 对此，美华协会曾十分乐观地设想，该会将"注定拥有大量有影响力的外地会员"。[3] 然而到 1904 年下半年，美华协会却不得不向多名外地会员催缴会费，并且指出，虽然外地会员与本地会员"平等地享受杂志和协会其他活动等好处"，但只有本地会员积极缴费，外地会员则大多迟迟不履行这一义务。[4] 外地美侨这种消极态度与其在美华协会刚成立时的热情大相径庭。

美华协会在筹备阶段的定位是代表全体远东美侨的组织，至正式建立后，因缺少中国以外地区的美侨加入而不得不将目标降格为代表全体在华美侨的利益。此后，由于该会对美商与传教士进行差别对待，导致美华协会行事常以上海美侨的利益为指归，较少满足上海以外地区美侨的诉求。鉴于美商多集中在上海，而传教士多集中在上海以外地区，所以严格来说，该

---

① *JAAC*, vol. 1, no. 14（Jan.，1905）: 22 – 23; *JAAC*, vol. 2, no. 1（Jan.，1906）: 42.

② "今天在我家举行了一个由 15 名美国人组成的会议，还有六七个不能和我们在一起的人表示很有兴趣且可以参加。我们都是忠诚的美国公民。我奉命通过你通知贵协会，有一些人准备立即加入协会，其他的人则想知道是否能组建一个分会或设置当地的秘书和财务。他们似乎更倾向于后者……我们愿意尽自己的一份力量，并希望与我们的同胞合作……"参见"Letter From Rev. Geo. S. Miner,"*JAAC*, vol. 1, no. 2（May, 1899）: 18。

③ "In Union there is Strength," *JAAC*, vol. 1, no. 2（May, 1899）: 11.

④ *JAAC*, vol. 1, no. 14（Jan.，1905）: 50 – 51.

会实际上难以代表全体居华美侨的广泛利益，至多只能代表美国在华主要商人以及美国在沪传教士的利益。

三 活动分类

美华协会内部商人与传教士的有限合作关系，以及美华协会对美亚协会的依附，对美华协会后续历史活动产生了深远的影响。这种影响在该会会刊记载的历史活动中有着清晰的表现。

美华协会会刊全名《美国中华协会杂志》，主要记录协会近期的活动、汇总有关中国的最新情报并刊登与美国在华利益相关的议论文章，一般由协会干事汇集整理，然后交付印厂印刷出版，最后无偿分发给美华协会各地会员。[①] 会刊不仅是记录美华协会活动的重要载体，同时也是目前仅存的关于美华协会的系统资料，现存 27 期，散见于美国纽约市立图书馆、波士顿菲利普斯图书馆和耶鲁大学图书馆等机构。其中，第 1 期发行于 1899 年 1 月，第 27 期发行于 1913 年 10 月，时间跨度长达 15 年。总的来说，该会会刊分卷比较混乱；发行时间不固定；甚至一度中断发行。存世的 27 期会刊中，总第 1 期至总第 15 期为第 1 卷，总第 16 期至总第 21 期为第 2 卷，总第 22 至总第 23 期为第 3 卷，自总第 24 期以后不分卷。1899—1900 年每年发行 3 期，发行时间并不固定；1901—1907 年成为半年刊，每年在 1 月和 7 月固定发行 1 期[②]；1908 年仅在 7

---

① "Non-resident American and the Association," *JAAC*, vol. 1, no. 15 (Jul. , 1905) : 54 – 55.

② 其中，1903 年 1 月曾中断一期，而 1907 年则因塔夫脱（William H. Taft）访华，在当年 11 月增发一期。

月发行 1 期；1909 年在 1 月和 9 月各发行 1 期。1910 年，该会一度中止发行会刊，至次年 3 月恢复发行，但不再使用卷名，而仅冠以总期号。恢复发行会刊以后，除 1911 年在 3 月和 8 月发行两期会刊外，1912 年和 1913 年都只发行一期会刊。①

　　会刊的内容大致分为三类。第一类是美华协会会议记录，包括协会年会、执行委员会会议和特别大会会议记录三种，多发布在该次会议结束后发行的第一期会刊上。其中，年会记录主要报告过去一年执行委员会的工作总结、干部及执委变动情况、财务报表、会员增加情况等；执行委员会会议记录多是说明执行委员会针对协会会员提出的提案进行的会议和决议情况；特别大会会议则记录美华协会执行委员会为听取所有会员就某一事件的综合意见而召开的会议及最终决议情况。第二类是通信，主要刊登会内会外人士来信、协会就最近所关心的问题与会外人士的来往信件等。由于美华协会与驻京公使馆相距千里，与美国本土更是远隔重洋，所以该会展开游说活动的主要手段就是借助电报和信件。加之刊登信件内容便于读者自由解读通信双方的意志，因此该会在每期会刊上都会通过公布其与各界展开的可公开的通信内容来向会员说明协会为捍卫并扩大他们的利益展开了何种活动并取得了怎样的成果。第三类是社论，主要刊载会员或会外人士就美华协会目前所关注或应关注的问题发表的议论，内容泰半与美国在华商业或传教利益紧密相关，既涵盖中国时局，有时也涉及美国时务。

　　在会议记录、通信和社论的三种形式下，美华协会 27 期杂志讨论的内容除本会会务大致可划分为四大类内容：其一，

---

　　①　详见附录部分附表 5。

单纯基于商业利益而刊登的文章和通信，共202篇；其二，单纯基于传教利益而刊登的文章和通信，共47篇；其三，反映商人与传教士合作的文章和通信，共152篇；其四，建设美侨共同体的文章和通信，共95篇。篇幅的统计结果可以直接反映出该会作为一个以商业利益为主导的侨民联合组织的特质，一方面，该会兼顾传教等其他在华利益，贯彻其服务全体居华美侨的宗旨；另一方面，该会也有其侧重和偏爱，将大半精力投入在捍卫美商在华之商业利益上。

1. 维护商业利益的活动

《美华协会杂志》四类内容所占篇幅的统计结果凸显出商业利益对该会活动的主导作用。综观该会基于商业利益而刊登的202篇文章和通信，大致分三方面内容：传播在华贸易信息、改善在华贸易条件和推动领事改革。

其中，述及中国贸易现状者22篇，既有对中外贸易情况尤其是中美贸易数据的统计，也有对中国各地区资源条件的介绍，意在鼓吹中国市场广阔，借此呼吁美国本土各界不可对列强瓜分行径作壁上观。寻求改善在华贸易条件者113篇，其中，涉及中国水利交通、电报通信的有34篇，分别论及黄浦江水利、中美航运、地峡运河、太平洋电缆、美国在华邮政代办所等内容；有关海关报关表问题的有11篇，意在敦促中方简化海关报关程序，同时涉及厘金等问题；有关中外新商约谈判者26篇，主要围绕裁厘加税等商约具体条款展开；介绍清政府新出采矿章程、商标章程者13篇，主要为指出其中不利于外国干涉的条目，引导外国人抵制此类章程的出台；有关中国的币制改革者20篇，主要是鼓吹美国代表精琪所提出的币制改革方案，并呼吁中国政府尽快落实币制改革，以便促进中外贸易；另有涉及中国铁路借款者 9 篇，主要围绕中国内地粤汉等铁路的营建以及外国借款展开。有关领事改革的文章与通信共计 67 篇，主要涉及牛庄置领、改善上海总领事馆条件和分离领事司法职能 3 项活动。在美华协会存在期间，该会对推动领事改革非常重视，曾将这一目标写入协会章程；分离领事司法职能则是该会在 1905 年以后主要的努力方向，最终以设立美国驻华法院的形式实现。造成这一现象的原因是美国政府主张自由主义而反对重商主义，这使得美商无法从政府处得到直接的政治、军事等帮助，只能借助中外不平等条约的相关条款来攫取在华贸易特权，而要在中外不平等条约谈判过程中加入有利于自身利益的条款，便须仰赖美国驻华领事这一重要渠道。该会与领事之间的合作是双向的，即该会为提高驻华领事地位和待遇而奋斗；作为回报，美国驻华领事也在中外商约谈判或其他该会需要的场合提供对该会活动的有力支持。由于两者之间的这一重关系，该会与美国驻上海总领事和驻东三省地区领事保持着亲密的互动，并在后续活动中得到了他们的有力支持。

2. 维护传教利益的活动

美华协会的活动虽受商业利益的主导，但传教士在协会决策层中的存在使该会不得不兼顾商业之外的传教权益。①

---

① 这一点是美华协会自始至终都在不断强调的。该会在筹备阶段就明确表示："该协会的首要目标是促进美国在华贸易及其他利益的发展，并捍卫美国人的在华权利。"在成立的第二年，该会再次重申其创会目标是"维护美国人在远东的利益，并高效地解决一切与此相关的问题"。1899 年 5 月，该会进一步表示：本会虽设立于沪上，却代表了全体居华美侨的利益；本会之设不但促进了远东美侨之间的紧密联系，而且使该群体有了一个为自身利益发声的渠道，使之能够团结力量，对美国政府造成更加集中、可观的影响。成立满一周年之际，时任协会会长（转下页注）

72

该会会刊单纯基于传教利益而刊登的文章和通信所占篇幅达47篇。其中，有关中国教育事业者11篇，具体包括处理中国学生祭孔问题、中国政府对教会学校的认可问题以及鼓励和帮助中国学生留学美国；有关美国传教士在华慈善救济活动者19篇，主要宣传美国传教士在20世纪初对在华美侨的救济以及针对中国华中等地区的饥荒、瘟疫和洪灾的赈济活动；有关清末禁烟运动者15篇，内容主要是宣传鸦片对人体的危害性、敦促中国开展禁烟运动、将菲律宾"东方鸦片"委员会的工作经验引介到中国、介绍万国禁烟会的情况并进一步推进禁烟运动等，另有2篇涉及其他内容。从篇幅分布情况看，该会对教育事业、在华慈善事业和禁烟运动的关注兴起于1905年以后。除去当时中国长江流域因饥荒和洪灾而涌现大量灾民这一重因素，义和团运动以后，在华传教士的传教方式从福音传教转向较温和的教育、慈善等是造成这一趋势的大背景。此外，1905年前后美国的排华运动也是一个重要诱因。为了推动美国在华教育事业的发展、缓和中美之间的紧张关系，美国在华传教士不得不做出努力，除了他们各自的教会外，美华协会也

（接上页注①）卜舫济在1899年12月22日的对外公开大会上，又向上海租界详细阐述该会的三个目标：其一，使在华美人能够有一个对远东事务发表看法的平台，并借此令美国政府了解他们对远东问题的看法；其二，促进美国在华居民的利益；其三，团结旅居远东的美国人，增强他们的民族认同感和集体精神。1905年6月10日，美华协会为招徕更多非居沪会员，向美国在中国其他地区的侨民发出公开信，其中一再强调该会的目标和宗旨是维护和促进在华美国公民的所有合法利益。见"Minutes of American Association of China," *JAAC*, vol. 1, no. 1 (Jan., 1899): 1 – 2; "The First Year," *JAAC*, vol. 1, no. 4 (Mar., 1900): 1; "In Union There Is Strength," *JAAC*, vol. 1, no. 2 (May, 1899): 11; "Non-resident American and the Association," *JAAC*, vol. 1, no. 15(July, 1905): 54 – 55。

是他们利用的工具之一。

值得注意的是，虽该会视维护传教利益为活动内容之一，但在利用传教士扩大组织基础和增加对美国政府的影响力外，协会内部的商人不但不太重视传教士所关注的诸多问题，还会因为传教士的某些行为不利于商业利益而采取消极甚至反对态度。譬如关于山东高等学堂要求学生祭孔一事，美华协会在答复海雅西（J. B. Hartwell）[1] 时表示，该会认为"这件事并不是外国人可以强硬干涉的，只能委婉劝说"。[2] 在庚子事变后，该会内部也存在对传教士在庚子事变期间的激进行为的不满情绪。

3. 商人与传教士合作的活动

在协会存在期间，会刊中反映商人与传教士合作的内容共有 152 篇，大致分两类内容，一类是推动中国的"门户开放"，另一类则是共同因应晚清几大政治事件。

其中，第一类有 55 篇，主要集中在海约翰发布"门户开放"宣言和日俄战争前后，大多为美商主持筹划，传教士适时提供支持。55 篇之中，抗议法国拓展租界者 4 篇。该会在这一项活动中，一方面呼吁海约翰等美国政府首脑向清廷施压抵制法国拓展上海租界，另一方面则与英国商界合作，选派代表前往北京游说美国驻京公使向清廷提出扩展上海公共租界的请求。有关该会力促英美结盟的相关活动记载有 11 篇。在这项活动中，促成英国上议院议员贝思福（Charles Beresford）

---

[1]　海雅西，美华协会成员、基督教美南浸信会传教士。

[2]　"Lyman to Rev. J. B. Hartwell, May 14, 1902," *JAAC*, vol. 1, no. 10 (July, 1902): 15.

访美是重要内容。戊戌政变后不久，英国曾派贝思福以商会联合会（The Associated Chambers of Commerce of Great Britain）代表的身份访华考察，而贝思福本人是"门户开放"思想的拥趸。所以，当 1899 年贝思福抵达上海以后，美华协会曾积极支持贝思福赴美进行巡回演说，鼓吹英美联盟，抵制列强"势力范围"政策，维护中国"门户开放"；同时，该会还重视在各种场合与英国商界政界保持友好而密切的关系。① 呼吁美国政府转变原有消极"跟随"的对华政策，积极干预中国事务的占 8 篇；另有 32 篇抗议沙俄对中国东北的侵略，并要求美国国务院对沙俄这一行为进行抵制。这两项内容均针对列强瓜分中国北方的活动而发，其中，俄国是该会重点攻击的对象，而日本则是该会在英国以外重点亲近的对象，这一点在庚子事变至日俄战争期间表现得尤为突出。盖美国在华既无势力范围，又少武力支持，所以无论是美商扩张商利，抑或是传教士扩大传教利益，均须以中国的"门户开放"为前提。因美国商人在中国的主要市场集中在华北和东北一带，因此，该会自然对俄国在中国东北的侵略行为采取抵制态度。为最大限度地抵制俄国，该会着力拉拢英、日这两个能够牵制俄国在中国东北扩张的国家。在这样的导向下，该会一方面极力向本土示警俄国对东北的野心，另一方面则积极推动英美结盟、与英国中国协会保持密切合作，并在日俄战争中明确支持日本、赞美英日同盟。

属于对晚清几大政治事件的观察与因应的有 97 篇。其中，

---

① 杨国伦：《英国对华政策（1895—1902）》，中国社会科学出版社，1992，第 99 页。

有关义和团运动和庚辛和谈者多达 48 篇，主要集中在 1900 年发行的第 5—7 期会刊中，除了向国内预警庚子事变的动向、要求美国政府派兵舰保护居华美侨，该会还在庚子事变后期的中外和谈过程中，向美国政府提出许多基于自身利益的具体要求。评述清末新政的内容有 14 篇，具体涉及对新政部分措施的观感、在光绪与慈禧死后对二人的评价、对庆王政治政策的评价等，反映出的态度是喜忧参半，即一方面认为中国国内的守旧派仍占居要职，新政将无法改革彻底，并质疑中国履行庚子条约以来的一系列条约义务的诚意；另一方面则认为，总的来说，清政府仍在向冲破旧樊篱的方向努力。记载该会如何因应抵制美货运动的文章有 29 篇，既涉及该会为抵制运动而采取的居间协调工作，还涉及该会联合纽约的美亚协会在美国国会抵制排华法案的活动，以及要求移民局公平对待中国旅客尤其是中国留学生的呼声，此外，该会对后期出现的连州教案和大闹会审公廨事件也做出积极因应。介绍辛亥革命以后的中国局势者 6 篇，大体内容是在对辛亥革命进行一段时间观望后，对中国的新政权表示友好，并支持美国政府率先承认民国政府的合法性。

上述活动内容之所以能反映会内商人与传教士的合作，并与前两类单纯基于商业或传教利益的活动进行区分，主要是因为在这类活动中，传教士或商人的诉求能够引起另一方的共鸣，进而促使会内商人与传教士配合，推动事情的进一步发展。如该会对中国"门户开放"的呼吁，最初是因为列强瓜分中国领土对美国在华贸易造成了威胁，同时列强瓜分行为对美国在华传教同样不利，故传教士也鼓吹在华实行"门户开放"政策；又如该会对庚子事变前后中国政局的观察与因应，最初系在传教士对山东民教冲突的关注下开启，但在后续发展过程中，美国在华商业利益乃至上海美侨人身安全亦受影响，因此该会才会倾全会之力采取一系列举措。

通过统计会刊所记载的美华协会的活动可以发现，这种合作主要集中在门户开放政策出台前对中国"门户开放"的鼓吹、庚子事变和抵制美货运动前后对美国政府的游说，在其余场合，双方虽有联合，但活动内容十分琐碎，规模亦不大。

4. 建设美侨共同体的活动

在前述以美华协会内部两种不同的职业属性来区分的三类活动之外，该会还基于全体成员共同的居华侨民身份，开展了一系列构建美侨共同体的活动。值得注意的是，该会的目标虽是建立一个凝聚起全体居华美侨的组织，但因其活动范围几乎完全集中在上海，所以该会实际上构建的只是一个上海美侨共同体。

会刊中记载这类活动的内容共有 95 篇，既包括美华协会每年在上海租界主持的林肯诞辰纪念日、华盛顿诞辰纪念日、阵亡将士纪念日、独立日和感恩节等美国国家节日及其他庆典仪式，也包括该会接待一系列英美名流政要的活动。这一系列活动的目的除了培养美侨的国家认同，增强团体凝聚力外，从另一个角度说，也是为了确立美华协会作为居华美侨权威组织的地位和影响力。美华协会总部设于上海，此地既是中国南北交通要衢，也是美人赴华的必经之地，得益于这一地理位置的优势和该会在庚子年以后影响力的增长，该会在 1899—1913 年曾多次接待经沪来华或离华的菲律宾总督、美国驻华公使、美国驻华总领事、美国谈判专使和美国驻华法院大法官等，其中不乏后来担任美国总统的塔夫脱、美国代理国务卿皮尔斯

（Herbert H. D. Peirce）、美国驻华公使康格、美国驻华公使柔克义、美国驻奉天总领事哲士（F. D. Cheshire）、美国驻安东领事达飞声（James W. Davidson）、美国"会议货币专使"精琪等政府要员。1907 年，塔夫脱访华行抵上海期间，由美华协会一力承担接待事务。美华协会对此事十分重视，以该年发行的会刊为"塔夫脱访华"专刊，专门记录塔夫脱访华期间中外媒体的评论、塔夫脱的言论和在华美侨向塔夫脱提出的建议等内容。

　　第四类文章基本出现于每期会刊，但主要集中在庚子以后至1910 年以前，可视为该会活跃程度和影响力消长的标识之一。

* * *

　　由于 1913 年以后的会刊湮灭难寻，所以很难系统了解美华协会在 1913 年以后的发展走向，但从上海西文报刊的记载来看，该会至少存续到 20 世纪 20 年代中后期。其间，该会曾几次尝试扩大成员规模，挽回颓势，但未见成效，最终于1926 年 12 月被并入美国总商会（American Chamber of Commerce）。[①]

---

① 参见 "Proposed Merger of American Association and Chamber of Commerce at Shanghai," *The China Weekly Review*（*1923 – 1950*），Dec. 4，1926。

第三章　对义和团运动的反应

　　美华协会成立后数月，美国国务卿海约翰分别训令美驻英、俄、德、法、日、意等国使臣，向各驻在国政府提出关于中国"门户开放"的照会。至此，由美国在华利益集团参与建构并极力推动的"门户开放"政策正式出台。① 尽管该政策没能为美国商界与教会扩张在华利益提供其理想中的军事后盾，但与从前的政策相比做出了更加积极进取的姿态，因此美商与传教士均欢欣鼓舞。恰在这时，中国爆发了义和团运动。此后，如何在应对义和团运动的过程中继续推行"门户开放"政策成为美国政府面临的挑战，而如何借"门户开放"政策保护和扩张美国在华的商业和传教利益，也成为美华协会要解决的一个重要问题。

---

① 关于美国特殊利益集团与美国政府决策的关系，以及美国在华利益集团对美国"门户开放"政策发挥的作用，美国学界相关研究颇多。其中，与本书所探讨的议题相近且较具代表性的论著有 Charles S. Campbell, Jr. , *Special Interests and Open Door Policy* (New Haven: Yale University Press, 1951) ; James J. Lorence, "Organized Business and the Myth of the China Market: The American Asiatic Association, 1898 – 1937, " *Transactions of the American Philosophical Society* 71(4) , 1981, pp. 1 – 112。

一　关注北方义和团

1899 年秋，上海的外文报刊开始密集报道义和团在直鲁
一带的活动；① 次年 1 月，肥城教案的消息传到上海。② 美华
协会对外宣称以捍卫全体在华美侨利益为宗旨，在义和团运动
蓬勃发展的态势下，于 1900 年发行的第一期会刊中，将"山
东的排外暴乱"列为该会当下密切关注的事。③ 此后，该会又
在 1 月 23 日致信山东省的美国传教士，询问义和团运动对他
们的工作造成的影响，并向他们表示可以用美华协会的名义帮
他们致信美国驻华公使康格（Edwin H. Conger），呼吁后者采
取果决行动来敦促中国政府平定这场动乱。④

不过，彼时山东的美国传教士与美使的沟通比美华协会
与美使的沟通更为频繁：自 1899 年 11 月起，山东教会的美

---

① 见"The Boxing Society Giving Trouble，"*The North-China Herald and Supreme
Court & Consular Gazette（1870 – 1941）*，Oct. 2, 1899；"Our Own Correspond-
ent, Oct. 9, 1899, Lingchingchou, Shantung，"*The North-China Herald and Su-
preme Court & Consular Gazette（1870 – 1941）*；"Our Own Correspondent,
Oct. 23, 1899. Tientsin，"*The North-China Herald and Supreme Court & Consular
Gazette（1870 –1941）*等。

② 1899 年 12 月 30 日，肥城县张家店乡民与基督教传教士卜克斯
（S. M. Brooks）发生冲突，导致后者伤重不治，在次日死亡，是为肥城教
案。1900 年 1 月，上海英文报刊对此事进行了关注。如 1900 年 1 月 17
日的《北华捷报》转载《京津泰晤士报》于同年 1 月 6 日关于卜克斯之
死的报道，内称卜克斯系为拳民所杀。"The Murder of Mr. S. M. Brooks，"
The North-China Herald and Supreme Court & Consular Gazette（1870 –1941），
Jan. 17, 1900.

③ *JAAC*, vol. 1, no. 4（Mar. , 1900）: 19.

④ "Annual Meeting，"*JAAC*, vol. 1 no. 7（Jan. , 1901）: 2.

国传教士便频频就义和团及大刀会的活动向美国公使馆提出
直接或间接控诉；正是在山东与直隶两地美国传教士密集报
告的影响下，康格才在 12 月 4 日连夜造访总署，提出撤换
山东巡抚毓贤的要求。① 在这种情况下，美华协会的提议被暂时
搁置。

此后，上海租界有关北方形势的报道逐渐增加，并掺杂着
形形色色的谣言。在 2 月 14 日《北华捷报》一篇题为《北方的
危机》的社论中，有人甚至断言：外侨今春必将见证一场前所
未有的起义；这场席卷黄河以北乃至关外地区的动乱，不但会
消灭外侨在中国内地的所有既得利益，还会将所有外国人逐出
京津地区；为此，人们必须采取强有力的联合行动。② 3 月 9
日，美华协会致信康格，对义和团运动表示严重关切。原文
如下：

> 山东地区发生的民教冲突不但严重威胁到美国传教士
> 的生命，同时也摧毁了他们辛勤传教的成果。美华协会既
> 以捍卫美国人的在华利益和权利为己任，当此之际，便不

---

① 参见"Mr. Squiers to the Tsungli Yamen, November 11, 1899; Mr. Squiers to the
Tsungli Yamen, November 16, 1899; Mr. Conger to Tsungli Yamen, November
25, 1899; Mr. Ragsdale to Mr. Conger, Telegram, November 25, 1899;
Mr. Conger to the Tsungli Yamen, November 26, 1899; Mr. Conger to the Tsungli
Yamen, November 27, 1899; Fowler to Mr. Conger, Telegram, November
27, 1899; Mr. Conger to the Tsungli Yamen, December 2, 1899; Mr. Fowler
to Mr. Conger, Telegram, December 4, 1899; Mr. Fowler to Mr. Conger, Tel-
egram, December 4, 1899," *FRUS, 1900*, pp. 78 - 82; "Mr. Conger to the
Tsungli Yamen, December 5, 1899," *FRUS, 1900*, p. 84。
② "The Crisis in the North," *The North-China Herald and Supreme Court & Consu-
lar Gazette (1870 - 1941)*, Feb. 14, 1900.

得不对此事密切关注。该会愿为康格提供任何支持和帮助。①

此后，长江流域因庚子勤王而起的骚动也被该会误认为义和团运动的分支，于是在美侨安全之外，该会又增加一重"门户开放"政策受到威胁的忧虑，遂于3月15日，先后以电报、信件的形式警示国务卿海约翰，如不尽速镇压义和团，中国将陷入全面混乱，并面临列强瓜分，届时"门户开放"政策岌岌可危；同时，该会还附上《字林西报》关于拳民活动的一切报道以及直鲁等地美国传教士来信以佐证其说。②

美华协会的陈情信电不可谓不动人，然而美国公使和美国国务院都没有听从它的建议。从美国驻京公使馆方面来说，上海来信抵达之际，恰逢义和团运动步步逼向京城。康格一面忙于联合英、法、德三国公使照会总署镇压拳民，③ 一面致电海约翰，请求派舰至渤海游弋，以武力胁迫清廷就范。④ 然而，不仅清廷方面给出的答复难以令其满意，海约翰方面也迟迟没

---

① "Lyman to Conger, Mar. 9, 1900," *JAAC*, vol. 1, no. 5(Jun. , 1900): 2.

② The Committee of American Association to the Secretary of State, Telegram (Mar. 15, 1900); "Lyman to the Secretary of State, Mar. 15, 1900," *JAAC*, vol. 1, no. 5(Jun. , 1900): 3 - 4.

③ 公使团曾在1900年1月27日、2月21日、3月2日和3月10日，接连四次向总理衙门发出联合照会，参见 "Mr. Conger to Mr. Hay, No. 316, January 29, 1900," *FRUS*, *1900*, pp. 93 - 94.

④ 该电文称："闹教问题仍在继续蔓延，情况日渐严重；今日已会同英、法、德、意四国公使向中国发布同文照会，如中国政府断然拒绝这一要求，且形势没有任何好转，我建议各国政府向中国北方海域派遣军舰。我的同事已向其本国政府发出同样的电报。" "Mr. Conger to Mr. Hay, Telegram, March 9, 1900," *FRUS*, *1900*, p. 102.

有满足他的军事援助要求。新成立的美华协会在上述两方面均难提供切实帮助，因此他无暇理会其上海同胞微薄的善意，没有立刻做出回复。

美国国务院方面，海约翰在这一阶段对美侨尤其是传教士传来的消息持一定保留态度，这一点在他给康格的训令中有所体现：

> 在你一开始发来的报告中，曾提及拳会有可能受到一些中国基督教徒的攻击。① 虽然你近期的牒文中未再提到更多与此相关的内容，但国务院仍担心传教士报告的这些事件可能会由于缺乏充分调查而难以被准确地判定是非曲直。鉴于此，基于你目前发来的报告，国务院无法对你的下一步行动给出明确的指示……②

因此，他决定对太平洋彼岸的美国公民来信持保留态度，并倾向于将此次事件视同此前发生过的其他教案进行处理。一方面，他允准派军舰来华，③ 但向康格强调这一军事行动仅限于保护美国在华之公民和利权，是一项独立的而非与其他国家联合的行动；④ 另一方面，他认同要镇压义和团，但严格辖制

---

① 1899 年 12 月 7 日，康格曾向海约翰报告：是年 10 月 18 日，山东天主教徒伏击拳民，致拳民死伤五十余人；此后山东一处天主教堂被摧毁。"Mr. Conger to Mr. Hay, No. 289, December 7, 1899," *FRUS, 1900*, p. 77.

② "Mr. Hay to Mr. Conger, No. 246, March 22, 1900," *FRUS, 1900*, pp. 110 – 112.

③ 根据康格在 1900 年 4 月 12 日发给海约翰的牒文中的记载，后来派到大沽的军舰为 Wheeling 号。"Mr. Conger to Mr. Hay, No. 356, April 12, 1900," *FRUS, 1900*, p. 114.

④ "Mr. Hay to Mr. Conger, Telegrams, March 15, 1900," *FRUS, 1900*, p. 110.

康格的活动，主张仍要由清政府履行镇压义和团和保护美国公民的职责。① 在 3 月 22 日的信中，海约翰还训令康格知会清廷1899 年 12 月"门户开放"宣言所获得的成果，以便加强中方对中美之间存在一种有别于其他列强的"特殊关系"的印象：

> 在你向总理衙门提出以上要求时，应抓住一切机会使对方认识到以下这点，即：最近，美国通过从各个在中国拥有租借地和势力范围的国家那里得到他们对维持中国主权和在上述租借地、势力范围内的自由贸易权利方面的肯定，获得了各缔约国在不干涉中国完整上的新承诺。②

通过对比美国国务院与美华协会的行动可以发现，尽管美华协会与美国政府在维护和巩固"门户开放"政策方面是一致的，但因二者不同的着眼点以及对清朝中央政府的不同态度，双方采取的应对措施大相径庭。海约翰不但需要避免列强通过扩张在华军事力量来削弱美国的地位，加强清廷对中美"特殊关系"的印象，而且还要防止麦金莱政府在美西、美菲两次战争后再开战衅，从而假国内反对派以扩张主义的口实。鉴于此，他主张由清政府出面料理局面，同时严格限制美国的军事行动。而美华协会否定清政府对料理当前局面的意愿与能

---

① 原文译文为："不过，既然这些山东的不法组织干涉了基督教信仰自由，并宣布他们的目标是消灭外国人，那么你应当以最有力的方式提请中国政府，立刻采取办法来彻底镇压上述组织、保护这些地区的美国公民，并且通过条约和上谕来保证中国教徒可以自由、和平地进行宗教行为。""Mr. Hay to Mr. Conger, No. 246, March 22, 1900," *FRUS, 1900*, pp. 111 -112.

② "Mr. Hay to Mr. Conger, No. 246, March 22, 1900," *FRUS, 1900*, pp. 110 - 112.

力，同时又有保障自身人身与财产安全的需求，因此它维护
"门户开放"政策的措施便倾向于美国军队的实力保护和撤换
清朝当前的执政集团。

此后到 1900 年 4—5 月，驻京公使与清政府之间关于义和
团运动的交涉一度缓和，美华协会呼吁美国本土对华用兵的活
动也随之沉寂。

造成北京方面交涉缓和的原因，一方面是各国军舰在 4 月
里陆续抵达大沽，假驻京公使以底气。根据明恩溥（Arthur
H. Smith）的记载，英国外交大臣索尔兹伯里勋爵（Robert Ar-
thur Talbot Gascoyne-Cecil，Marquess of Salisbury）满足了窦纳
乐两艘舰船的要求；法国外交部长则在巴黎对英国驻法公使表
示，如果五个国家的驻华公使都认为这样一个示威是必要的，
那么他们的政府就没有理由拒绝；意大利公使有两艘舰船可供
使用；德国公使则得到了胶州的海军舰队。① 3 月 30 日从上海
起锚北上的美国军舰惠灵号（Wheeling）亦于 4 月 7 日到位。②
另一方面则是中方做出的镇压义和团姿态。当时袁世凯在山东
发布了一道符合各国公使要求（既包括大刀会也包括义和团）
的告示并广泛张贴；一批官员遭撤职；肥城教案的相关人员遭
到惩罚且中国方面也给出了相应的赔偿，公使们也逐渐认为关
于公布上谕或各国公使进一步合作的活动可以告一段落。③ 4
月 14 日和 4 月 17 日，清政府又分别在《京报》上刊登直隶总

---

① 明恩溥：《动乱中的中国》，载路遥主编《义和团运动文献资料汇编·英
　　译文卷》（上），第 81—82 页。
② "Mr. Conger to Mr. Hay, No. 367, May 3, 1900," *FRUS, 1900*, p. 119.
③ "Mr. Conger to Mr. Hay, No. 356, April 12, 1900," *FRUS, 1900*, p. 114.

督裕禄的奏片和一道上谕。①前者报告了直督镇压起义和在有
教堂地区驻军的情况；后者则在肯定乡民设团自卫系出于守望
相助之谊的同时，命各地方官"剀切晓谕"民众，使其各循
本业，以免有人借机欺压教民，发生不必要的民教冲突。尽管
此时义和团仍在京津周围操练并招募新团民，但各国公使对清
廷的表现较为满意。如英使窦纳乐便表示，"有理由认为，中
央政府最终开始表明它镇压这一反基督教组织的真诚愿望
了"。②各国公使认为中国形势已经得到了很大的改善。不过他
们仍坚持留驻这些军舰到拳民被镇压以后。③

　　至于导致美华协会沉寂的原因，除去该会3月活动受挫
的打击，也受上海媒体对北方形势的乐观报道影响。4月初
至5月上旬，尽管义和团活动范围仍在扩大，但上海租界英
文媒体普遍认为北方局面基本稳定并有逐渐好转的迹象，本
地的生活可以重回正轨。如1900年4月4日，上海方面收
到义和团仍在山东、直隶迅速蔓延甚至扩散到天津地区的消
息，但访事员同时报称直隶总督裕禄在直省全境发出打击义
和团的告示（proclamation），要求地方官积极对此类秘密会
社采取措施、切实保护传教士和布道所，并据此深信北方的

---

①　该上谕内容为："谕内阁、各省：各省乡民设团自卫，保护身家，本古人
守望相助之谊，果能安分守法，原可听其自便。但恐其间良莠不齐，或
借端与教民为难，不知朝廷一视同仁，本无畛域。该民人等所当仰体此
意，无得怀私逞忿，致启衅端，自干咎戾。着各该抚严饬地方官随时
剀切晓谕，务使各循本业，永久相安，庶无负谆谆诰诫之意。"见《清实
录·光绪实录》卷461，第44页。
②　明恩溥：《动乱中的中国》，载路遥主编《义和团运动文献资料汇编·英
译文卷》（上），第82页。
③　"Mr. Conger to Mr. Hay, No. 356, April 12, 1900," *FRUS, 1900*, p. 114.

情况总体在好转。① 5 月 8 日《北华捷报》刊登北京方面在 4 月 26 日发来的通信，其中一则记载了 4 月下旬在保定府以南五十里的地方拳民与中国罗马天主教徒之间的冲突，但末尾注明总理衙门被提请注意此事后，便立刻派出一支骑兵团前去镇压拳民并确保此类事情不再发生；另一则称山东省已经逐渐恢复平静，当地的传教士和铁路工程师也没有再受到拳民的骚扰；通州地区虽有外国人向美国公使馆发来消息称当地有拳民在操练，使外国人受到一定威胁，但由于总理衙门昨日已向该地区派出一队骑兵，且当地道台又素来与外国人友好，所以应不至于有危险。②

然而，事情并不像人们希望的那么乐观，北方的中外关系很快便再次紧张。1900 年 5 月下旬，山东、直隶两省的局势发展已超出清廷的控制；京畿一带村庄或毁或弃，铁路线被切断，丰台站也遭焚毁；③ 在京外侨和教民开始大规模进入东交民巷使馆区和西什库教堂避难，④ 并纷纷要求各使馆分派卫队保护。⑤

---

① "The Present Situation, A Supprise," *The North-China Herald and Supreme Court & Consular Gazette (1870 – 1941)*, Apr. 4, 1900.

② "Our Own Correspondent, Peking," *The North-China Herald and Supreme Court & Consular Gazette (1870 – 1941)*, May 9, 1900.

③ "Dairy of Events in the Far East," *The Chinese Recorder and Missionary Journal (1868 – 1912)*, Jul. 1, 1900.

④ 董佳贝：《庚子之役中总理衙门交涉补证》，《史林》2016 年第 5 期。

⑤ 如 5 月 19 日，法国主教樊国梁（Favier）曾致信法国公使毕盛（Pichon），称义和团将攻陷北京使馆和教堂，消灭一切外国人，鉴于此，公使馆应派出至少 40 至 50 名水兵前往北堂保护该处侨民的人身和财产安全。参见 "Bishop Favier to Mr. Pichon, May 19, 1900," *FRUS, 1900*, p. 130；另见《樊国梁神父致毕盛先生函》，载《英国蓝皮书有关义和团运动资料选译》（以下简称《蓝皮书选译》），胡滨译，丁名楠、余绳武校，中华书局，1980，第 72—73 页。

于是，各国公使开始着手调使馆卫队入京。因北京坊间传闻拳民在庚子年端午也即公历 1900 年 6 月 1 日将举行大规模行动，所以德、英、奥、法、俄、美、意、日八国公使于 5 月 28 日星夜召集会议，不待本国政府批准，就电令大沽外兵入京保卫使馆。① 5 月 31 日晚 8 时许，一支由三百余名英、俄、法、日、意、美六国水兵组成的使馆卫队抵达北京；② 旬日之内，公使团又召西摩尔（E. H. Seymour）率领八国联军两千之众进京。两次调兵入卫固然为总署所不容，但八国公使一意孤行，③ 由是，清廷与公使团的关系急转直下。

6 月，外舰群集大沽口外，外兵涌入京津一带，战事一触即发。6 月 16 日，因西摩尔联军北上途中为清军和义和团所困，与大沽口外联军失去联系，联军会商后决定在当日向驻守

---

① 其中，法国公使在 5 月 28 日会议之前便已电调卫队入京。法国驻津总领事杜士兰亦于 5 月 29 日代表天津领事团致函直督裕禄，要求他在各国军队抵达天津时"竭力帮助登岸"，同时立刻饬令相关部门尽快向各国军队提供火车，以确保这些军队能及时赶赴北京保护使馆。见马勇《所谓"宣战诏书"：缘起、逻辑与诉求》，《安徽大学学报》（哲学社会科学版）2018 年第 5 期。关于 5 月底京津领围绕调兵入卫一事展开的活动，马勇在前文中依据《蓝皮书选译》以及故宫博物院明清档案部所编之《义和团档案史料》等资料进行了详细论述，但有些微细节与美国驻华公使康格及驻津领事杜士兰的报告有出入。因本章内容主要反映美国在华外交代表对此事的因应，本书在此处主要参考美国方面的外交档案。

② 其中美国 50 名，俄国 75 名，英国 75 名，法国 75 名，意大利 40 名，日本 25 名；同时，德国和澳大利亚的警卫刚登陆大沽。

③ "The Dean of the Diplomatic Crops to the Tsungli Yamen, May 28, 1900," *FRUS, 1900*, p. 137；另见《窦纳乐爵士致索尔兹伯里侯爵电》（1900 年 5 月 30 日发），《蓝皮书选译》，第 21 页。"Memorandum of An Interview Between the Ministers of Grant Britain, Rissian, France, and the United States and Messrs. Hsu Yung-i, Hs Ching-cheng, Yuan Chang, Liao Shou-heng, and Lien Yuan, Ministers of the Tsungli Yamen, on the 30th of May, 1900," *FRUS, 1900*, pp. 138 – 139.

沽台的清军发出最后通牒；17 日，裕禄将天津领事团发来的最后通牒奏报清廷，同日联军攻占大沽炮台；① 19 日下午，清廷将八国联军攻占大沽炮台视同列强公开宣战，照会各国使馆，称中国不能再保护使馆，并要求"公使及眷属人等""带同护馆弁兵等"24 小时内起行赴天津，② 对此，公使团同意撤离，但要求清政府保证安全、延长时限；③ 20 日，就在公使团开会讨论是否前往总署而未决之际，德国公使克林德在前往总署途中遭到枪杀，至此，公使团完全打消离京之想，开始囤积粮食并在使馆区周围加固防御工事，以备未来长期守卫使馆。20 日下午，清军开始攻击使馆，北京使馆攻防战随

---

① 《直隶总督裕禄折》（光绪二十六年五月二十一日，1900 年 6 月 17 日），载故宫博物院明清档案部编《义和团档案史料》（上），中华书局，1956，第 147 页。

② 照会原文为："为照会事：现据直隶总督奏报，称本月二十一日（6 月 17 日），法国总领事杜士兰照会内称，各国水师提督统领，限至明日早两点钟，将大沽口各炮台交给伊等收管，逾此时刻，即当以力占据，等语。闻之殊为骇异。中国与各国向来和好，乃各水师提督遽有占据炮台之说，显系各国有意失和，首先开衅。现在京城拳会纷起，人情浮动，贵使臣及眷属人等在此使馆情形危险，中国实有保护难周之势，应请于二十四点钟之内，带同护馆弁兵等，妥为约束，速即起行前赴天津，以免疏虞。除派拨队伍沿途保护并知照地方官放行外，相应照会贵大臣查照可也。"见《照会》（光绪二十六年五月二十三日，1900 年 6 月 19 日），载故宫博物院明清档案部编《义和团档案史料》（上），第 152 页。档案编者按："此照会原档不著发文机关，当为总理各国事务衙门给驻中国各使的。"对此，马勇指出：中国方面几百年来一直认为大沽炮台是北京的门户，和平移交给各国海军是中方无论如何不能接受的，因此清廷这个照会其实只是为了表现一种强硬的外交姿态，并不意味着对外断交和开战。见马勇《所谓"宣战诏书"：缘起、逻辑与诉求》，《安徽大学学报》（哲学社会科学版）2018 年第 5 期。

③ Roland Allen, *The Siege of the Peking Legations: Being the Diary of the Rev. Roland Allen* (London: Smith, Elder, & Co., 1901), p. 101.

之拉开帷幕。

北京如此，天津地区也在 6 月中旬陷入战乱。紫竹林租界在 6 月 15 日前后开始遭到清军围攻，该地外侨在大沽沦陷二日后，得以对外派出一艘汽艇向大沽联军求援。6 月 22 日，大约 200 名美国水兵在 300 名沙俄士兵的陪同下，由大沽经铁路来天津，但在距天津城外不到 2 英里处遭到伏击，被迫撤退；在得到 1500 名新士兵的增援后，这支美俄联军于 24 日折返并强行攻入天津。随后，天津与大沽之间恢复畅通。6 月 25 日，天津方面续派 1700 多人前往救援北京，同时继续在天津城与中国军队进行作战。一直到 7 月 14 日天津地区的战斗才宣告结束。

二 呼吁美舰入江

受北方形势牵动，华中、华南地区民教也冲突不断。南方各省外侨对此极为敏感，而他们身边的外国军舰不断北上离去，又使他们倍添恐慌。列强在中国沿海沿江一带的驻军数量本为定数，在没有新的增援军队的情况下，各处外国海军在 4 月、5 月间奉本国公使之命纷纷北上大沽集结，意味着定居中国其他沿江沿海地区的各国外侨失去了相当一部分可以依靠的军事力量。于是，一时之间人心惶惶，各国领事纷纷请求本国政府增派军队保护侨民，其中，英侨与英国领事霍必澜等皆汲汲于调派英舰入江，伺机攫取长江宗主权，由此引发后来英、德、法、日等国相继派兵登陆上海的事件。既有研究较少深入探讨美国在上海的势力对英军进入长江做出的因应，① 实际上，同一时期上海美侨与美国领事也努力吁舰入江，并赋予此举对维持中国"门户开放"的重要意义。

当时，在上海租界众多外侨之中，美侨面临的情况颇为窘迫。彼时美国在华海军数量较少，5 月底驻泊上海保护周边美侨的大型炮舰，只有一艘破旧的莫诺卡西号（Monocacy）。② 当莫诺卡西号可能调往大沽的消息传开之后，镇江出现海盗袭击库图号（Kutwo）汽船的事件。于是，美国驻镇江领事马墩（Wm. Martin）在 5 月 30 日致电古纳，要求在镇江派驻炮舰，③ 上海总领事古纳收到电报后，立即联络身在大沽的美国海军少将肯姆夫（Louis Kempff），一面向其确认莫诺卡西号调往大沽一事是否属实，一面请求保留该炮舰在原地不动。他在信中特

① 关于义和团运动期间列强在上海的派军与撤军问题，既有研究如杨国伦的《英国对华政策（1895—1902）》和戴海斌的《"东南互保"之另面——1900 年英军登陆上海事件考释》（《史林》2010 年第 4 期）均对英国的决策以及东南督抚对此的反应做出详尽剖析，但对其他相关国家则较少涉及；葛夫平在《义和团运动时期列强在上海的驻军与撤军》（《史林》2018 年第 3 期）中将视野拓展到英国以外的其他列强，利用英、法、德、美多国外交文件和台北"中研院"近代史研究所档案馆所藏外务部档案，对各国在上海驻军一事的反应以及撤军问题的来龙去脉做出细致考察，揭示了列强在长江流域的激烈竞争及其对各国在华政策和彼此关系所造成的深刻影响。上述研究为了解 1900 年夏外军登陆上海事件提供了丰富的参考，但总的来说，较少探讨美国在上海的外交代表和侨民组织对此事的态度。
② 古纳在 1900 年 6 月 14 日写给美国代理国务卿的信中曾指出：美国在上海只有一艘莫诺卡西号，这件事已经是多年的笑柄。参见 Goodnow to Department of State, No. 263, June 14, 1900, Despatches from U. S. Consuls in Shanghai, 1847–1906, FM 112, Roll 46。
③ Martin to Goodnow, Telegram, May 30, 1900, Despatches from U. S. Consuls in Shanghai, 1847–1906, FM 112, Roll 46.

别强调：作为长江与京杭大运河的交点，镇江在北方骚乱蔓延后势必首当其冲，因此，如果莫诺卡西号离开长江，美国在长江流域的公民和贸易利益将失去仅有的保护。① 然而，他的请求未能如愿。

在这样的背景下，上海美侨与公共租界的其他外侨一样益发恐惧义和团运动即将波及中国南部各省。当人们达成有备无患的共识后，② 沉寂两个多月的美华协会再次围绕义和团运动积极地展开活动。

应当注意到，在6月上旬，美华协会尚不敢提议美军派舰入江。1900年6月7日，美华协会吸取之前徒劳无功的教训，没有直接联络美国政府，而是转向美亚协会发出了庚子事变以来第一封电报。因美华协会视美亚协会为沟通美国政府的渠道，所以该会的这封电报乃至它之后发给美亚协会的其他信、电，在与美亚协会交流意见的同时，也是在试图向美国政府进言。在这封急电中，美华协会这样写道：

> 美国人的生命和利益正受到严重威胁。中国北方正面临严重威胁。希望政府能迅速积极地适当使用武力。③

同日写给美亚协会的解释信中，该会进一步论证了自己的

---

① Goodnow to U. S. Admiral Kempff, Telegram, May 30, 1900; Goodnow to U. S. Admiral Kempff, May 30, 1900, Despatches from U. S. Consuls in Shanghai, 1847 – 1906, FM 112, Roll 46.

② 上海公共租界当时多主张："虽然目前上海局势平静，但保护租界的各国军队仍有必要做好防御准备。" "The Crisis in the North," *The North-China Herald and Supreme Court & Consular Gazette (1870 – 1941)*, Jun. 20, 1900.

③ "Lyman to Foord, Jun. 7, 1900," *JAAC*, vol. 1, no. 5(Jun. , 1900) : 7 – 8.

上述观点，重申中国北方尖锐的民教冲突，并严厉指责清政府内部的排外倾向及对义和团的煽动：

> 目前关于中国北方严峻形势的报道绝无任何夸大。已经有很多外国传教士在中国被杀。前信①已介绍了拳民在本年年初的一些活动，此后，中国政府非但不对其进行镇压，反而还出现了一些官员和士兵暗中纵容、煽动这类活动。于是，这一运动很快就以惊人的速度从直鲁蔓延至京畿，使这些地区陷入无政府状态。清廷还发布了一道消灭所有洋人和中国教民的上谕，该上谕正在全国传播并执行……我们那些不幸被困在内地传教站的同胞们……能拯救他们的只有中国政府，但中国政府此时却袖手旁观，并秘密地与那些加害他们的人沆瀣一气。

为使美亚协会和美国政府进一步重视义和团运动，美华协会还特别强调了义和团运动对美国在华商业利益的破坏：

> 一个有序且良好的政府是保证商业利益能够长久扩大的重要条件。目前天津地区的骚乱已经使得该地区的所有商业订单被迫取消，当这种骚乱蔓延得更广阔时这种情况会变得更加普遍。②

从上述内容可以看出，在 6 月 7 日之前，美华协会请求美

---

① 笔者注：指 3 月 15 日函。
② "Lyman to Foord, Jun. 7, 1900," *JAAC*, vol. 1, no. 5(Jun. , 1900) : 7 – 8.

国增派军队的理由仍是镇压义和团；该会提议美国派军保护长江流域，要到 6 月中旬以后。

1900 年 6 月 10 日，英国律师担文（W. V. Drummond）在《字林西报》刊文指责英国政府因南非的布尔战争而忽视对长江流域的控制，并公，开发起英军增兵入江的倡议。原文大要如下：

> 目前长江上英国舰船仅丘鹬号（Woodcock）、云雀号（Woodlark）、鹬号（Snipe）和埃斯克号（Esk）这几艘小型炮艇，没有任何威慑作用……至于本应常驻一艘与博纳旺蒂尔号（Bonaventure）或赫敏号（Hermione）吨位相当的军舰的上海，如今也即将面临无舰可用的情况。赫敏号即将在下周二起锚前往威海卫，届时她的位置将由一艘航速只有 7 节的老破小炮舰红雀号（Linnet）取代。虽然埃斯克号也正从汉口赶来上海，但这需要 8 天的时间，而且这同样也是一艘很小的炮艇，对于英国在该地区的利益保护，作用微乎其微。北方的起义理所当然地会引起南方爆发同类事件，更何况长江地区早就蠢蠢欲动了。鉴于英国在该地区具有如此巨大的利益，有必要预为之警，提前措置。俄国军舰近日已由旅顺抵达汉口，因为俄国在该地区有利益需要保护。如果英国在长江流域的利益需要由俄国军队来保护，那这对于英国来说不啻为极大的羞辱……英国政府对长江流域问题的轻视将会导致巨大的危险。①

---

① W. V. Drummond, "British Neglect of the Yangtze Valley," *The North-China Herald and Supreme Court & Consular Gazette (1870 – 1941)*, Jun. 13, 1900.

英国素来将长江流域视为禁脔。担文的文章一经刊登，英国中国协会上海分会（the Shanghai Branch of the British China Association）便在旬日之内向伦敦总委员会迭发五封电报，要求政府采取相应行动。① 与此同时，英国驻上海代理总领事霍必澜（P. L. Warren）也致电英国首相兼外交大臣索尔兹伯里，建议政府与张之洞和刘坤一"达成谅解"，以便英国向他们的辖区提供军事支持。②

美侨不能坐视，亦由美国圣公会主教、美华协会执行委员郭斐蔚在 6 月 13 日分别致信《字林西报》和美华协会，对担文有关各国政府向长江流域增派兵舰的主张表示强烈支持。

郭斐蔚在信中指出：根据他与内地传教士的联络结果，长江流域目前的"排外情绪"虽不十分严重，但很有可能会恶化。因此，他认为各国必须向该地区增派军队。郭斐蔚将此次事件与长江教案相提并论。他指出，1891 年长江教案爆发时，长江流域各口岸都泊有英法两国舰船，各租界亦得英法两国合作保护；但眼下，长江上唯丘鹬号等寥寥几艘小型炮艇，既不足以从外地运来足够的武装力量保卫租界，也无法运载当地所有外国居民逃离该地区。虽然江鄂两督已做出维持东南秩序的姿态，其中前者还在湖北等地颁布一系列打击造谣闹教者的公告并落实了一系列预防措施，但郭斐蔚并不以此为万全之策："在中国目前的情况下，单指望他们是不牢靠的。中国政府已然是名存实亡……如果长江流域居住的外国人要得到保护，他

---

① 《中国通与英国外交部》，第 323 页。
② 《霍必澜代总领事致索尔兹伯里侯爵电》（1900 年 6 月 14 日），载《蓝皮书选译》，第 41 页。

们能指望的只有他们的母国。"

为使他的主张赢得更多人的支持，郭斐蔚又为"炮舰主义"做辩护："人们常常指责传教士主张'炮舰政策'……但是，当一个来自有政府的国家并被其他各文明国度平等对待的传教士，来到一个没有政府为他提供他所期望的保护的国度时，他就有权利根据法律和条约，要求为他的学校和教堂提供保护。"他认为"中国官员只有在外国人表现出强硬的立场、坚持这些暴乱必须被马上镇压的情况下才会被迫去镇压此类骚乱"，并举1891年武昌教案时英国射手号炮艇的作用为例，称当年正是因为该炮艇在武昌地区的出现和船长菲利斯（Ferris）的坚定立场才使得外国人在未发一炮的情况下，使武昌所有的传教所得以免于毁灭："在菲利斯船长去总督衙门之前，我们在武昌的日子十分艰苦，而在那之后，我们的境遇截然相反。"

针对当时反对外国干涉中国内政的舆论，郭斐蔚也做出反驳。他表示向长江流域派军不但是为了所有在华外侨的福祉，而且也是为了保护长江流域的中国人。"因为一旦动乱发生，那些遵纪守法的无辜中国人也会面临烧杀掠夺，类似情形在太平天国运动时已经发生过。"最后，这位主教对美国海军染指长江流域跃跃欲试："作为一个美国人，我将很乐意看到美国海军能够担负起保卫长江流域的责任。"郭斐蔚认为，只需要很少量的炮舰就足以防止长江各口爆发起义，而目前美国在太平洋地区的海军力量充足，这一要求是可以轻易达成的。鉴于此，他希望美华协会能敦促美国政府向长江流域派遣足够的舰队，并强调：美国传教士和他们的中国信徒在长江流域数量颇巨，且长江地区还有属于美国教会的大量学校、教堂和医院。鉴于中国政府目前名存实亡，如果美国政府不派出舰队来捍卫这些生命和财产的安全，那么他们将危在旦夕。[1]

作为对郭斐蔚的回应，美华协会迅速做了两件事。其一，该会在接信当天迅即致电美国本土的美亚协会和大沽美国海军少将肯姆夫，电文内容是："长江流域的美国人面临极大威胁，强烈建议立即派炮艇保护。"[2] 6月15日，该会又再次向美亚协会发出急电，要求"美国尽速派出尽可能多的军队"。[3]

其二，该会坚决挽留美国总领事古纳。[4] 其实，早在6月7日，美华协会就因古纳将返美休假而致信挽留，表示当此危急之际，"必须有人为在华美侨的利益发声"。对此，古纳表示，总统已任命海格思为美国驻沪副总领事。[5] 因海格思也是该会成员，而且还是当时的执行委员会委员，这一人事变动对美华协会并无坏处，因此美华协会暂将此事搁置。6月13日，当该会决定它所要求的美国增援军队不仅要帮助镇压北方义和团运动，而且还要将保护长江流域作为重要目标后，该会再次

① F. R. Graves, "The Neglect of The Yangtze Valley, "*The North-China Herald and Supreme Court & Consular Gazette（1870 – 1941）*, Jun. 13, 1900, p. 1074; "F. R. Graves to F. L. H. Pott, Jun. 12, 1900, "*JAAC*, vol. 1, no. 5（Jun. , 1900）: 8 – 9.

② "The American Association to The American Asiatic Association, Telegram, Jun. 12, 1900, " *JAAC*, vol. 1, no. 5（Jun. , 1900）: 9; "Lyman to Rear Admiral Louis Kempff, Jun. 13, 1900, " *JAAC*, vol. 1, no. 5（Jun. , 1900）: 9.

③ Foord to Hay, June 15, 1900, National Archives, Record Group 59: Miscellaneous Letters to the Department of State, M 179/Roll 1074, 转引自 James J. Lorence in "Organized Business and the Myth of the China Market: The American Asiatic Association, 1898 – 1937, "*Transactions of the American Philosophical Society* 71（4）, 1981: 26。

④ 美华协会对古纳的挽留有其战略考虑。此后，在京津使领馆失联期间，古纳为华盛顿传递了大量中国资讯与情报，并为美华协会的活动提供了比较有力的支持。

⑤ "V. G. Lyman to John Goodnow, June 7, 1900; John Goodnow to V. G. Lyman, June 7, 1900, " *JAAC*, vol. 1, no. 5 （Jun. , 1900）: 6.

致信古纳，称：考虑到目前在中国面临的严峻外交关系，以及
该会所代表的美国在华侨民利益，该会希望上海总领事继续由
古纳这样的职业外交人员担任。

　　美华协会对古纳的挽留有其战略考虑。该会欲使美国政府
相信它是代表美侨发声的权威组织，就必须尽量保持中立避免
参与政治；该会欲增强美国国务院对上海总领事报告的信赖，
就必须保证上海总领事与该会乃至其他传教或商业利益的相对
独立关系。因此，对美华协会而言，古纳的职业外交人员身份
使他留下继任总领事比改由海格思代理上海领事馆更为有利。

　　古纳对是否在这个当口去休假也有所犹疑，于是在美华协
会的挽留下彻底取消返美计划。此后，当他的英国同行霍必澜
积极联络伦敦外交部时，他也在 6 月 13 日和 14 日两次请求美
国国务院在南京或镇江留驻炮舰。在 6 月 14 日信中，他给出
了自认为十分充分的三个理由。其一，镇江地处长江与京杭大
运河的枢纽，原本秩序便比较混乱，加之眼下各地骚乱不断，
清政府又软弱无能，所以宵小之徒蠢蠢欲动，亟欲趁火打劫。
其二，目前上海至宜昌之间所有的外国防御力量均十分有限。
在三艘分属英、日、美三国的小型炮舰之中，美国的卡斯汀号
（Castine）还在距离上海 5 英里外的地方维修。其三，要使中
国地方政府保护外侨实难指望。一方面，只要可以避免，没有
中国官员愿意主动承担保护外侨的责任。另一方面，即便中国
官员愿意承担这项责任，中国新军也完全靠不住。他以此前在
松江看到的一场新军演习为例，称新军不仅装备老旧，而且训
练也十分落后："这些武器对持有者的威胁大过对其他人的威
胁……当我带着相机进入操场时，所有军官都转头盯着相机，
而士兵们则一动不动。为了避免浪费火药，每个士兵在听到开

火的命令后都会用大叫来代替开火……"鉴于上述三个方面，古纳认为，美国很应该在南京留驻一艘炮艇，或派一艘炮艇在南京和汉口之间的江段巡逻；而在上海则应常驻一艘炮艇，以便在必要时随时遣往镇江。①

　　庚子年6月中旬，上海租界的英美两国侨民、领事均向本国政府发出了向中国长江流域增派军舰的请求，但彼此意图各不相同。为攫取长江流域宗主权，英国中国协会上海分会与霍必澜等此后进一步要求英国派出更强大的军队来上海。② 该上海分会甚至建议将支持他们主张的霍必澜升格为代理公使级的外交官，以便其能以更平等的地位与总督们交涉。③ 反观上海美侨，却是希望维持长江流域均势。在其他国家外侨尚未要求本国军队派舰入江之时，该会对于美军来华的要求止于镇压义和团；而当英侨率先发出英舰入江的呼吁后，该会随即也向本国政府发出类似的请求。这说明美华协会请求美舰入江，是针对英舰入江而来，暗含维持美国在长江地位的用意。此外，中外在大沽口交火后，英方借口列强可能攻占吴淞炮台，曾要求江督将该炮台交其代管；对此，福开森曾面禀盛宣怀，称各国领事并无占领吴淞之意。④ 因得到这一信息，东南督抚才没有接受英国代管吴淞炮台的要求，并开始谋求"自任保护"。由

---

① Goodnow to Department of State, Telegram, June 30, 1900; Goodnow to Department of State, No. 263, June 14, 1900, Despatches from U. S. Consuls in Shanghai, 1847 – 1906, FM 112, Roll 46.

② 《中国通与英国外交部》，第 324 页；《代总领事霍必澜致索尔兹伯里侯爵电》（1900 年 7 月 14 日），载《蓝皮书选译》，第 130 页。

③ 《中国通与英国外交部》，第 325 页。

④ 参见金家瑞等辑《有关"东南互保"资料》，载中国史学会主编《义和团》第 3 册，上海人民出版社、上海书店出版社，2000，第 329 页。

于福开森当时也担任美华协会执行委员，所以他的这一举动也反映出美华协会的态度。以该会所看重的美国在华商业和传教利益而言，只有中国"门户开放"才符合其利益发展，因此该会有关美舰入江的要求既是为了自保，也是为了维持长江流域的"门户开放"，避免该地区被英国所垄断。

6月下旬，华中、华南等地的民教冲突继续高涨：西南方面，云南早在1900年初便因受片马事件①影响而中外关系紧张，此时又发生法国领事馆、传教士、传教站受到攻击事件；② 四川则由大邑县唐厂人民首先发难，其后川省二十三州县人民纷起响应，掀起打教堂、逐教士、惩教民、起"勤王之师"的斗争。③ 由于川省反洋教活动多以"顺清灭洋"为旗号，外国人受冲击严重，如成都地区的摩根洋行（Morgan & Co.）代办就电告上海地区负责人普理查德（W. Pritchard），称因四川"爆发革命"，他和他的同事都遭围困。④ 以是之故，

---

① 英国长期窥伺我国西南边境，自1885年吞并缅甸后，对与缅甸接壤的云南更是蠢蠢欲动。1900年1月，一支英国侵略军从密支那向云南开进，并利用威胁、利诱的手段对沿途村寨实行"招安"。同年2月，该军进入我腾越厅所属甘稗地，引发当地各族人民强烈反抗。腾越厅得报后，即派人前往劝阻，而英军阳奉阴违，于14日晚发动偷袭，将滚马、派赖、茨竹、官寨、痴戛等地村寨掠烧一空，并威逼附近村寨居民投降。时左孝臣、杨体荣驻扎甘稗地，率领所部土练500余人浴血奋战，至次日下午，终因英军众多、武器精良而不能敌，是为片马事件。

② 6月20日，法国领事弗朗西斯科（Francois）来电称："我们在6月10日离开云南时遭遇攻击，并被迫退回镇子里。我们所有的行李被劫，传教站和铁路亦被焚毁……" 见 "Special Cablegram to The Post," *The Washington Post* (*1877 - 1922*)，Jun. 21, 1900, p. 1。

③ 张力：《四川义和团运动》，四川人民出版社，1982，第49—50页。

④ "The Peking Government Changing Front," *The North-China Herald and Supreme Court & Consular Gazette (1870 - 1941)*, Jun. 20, 1900, p. 1100.

外侨多将其误认为是义和团运动之分支。沿江地区的汉口、武昌等口岸，也有传教士纷纷传信上海，称教堂、医院遭焚，传教士和中国教徒也多被杀害；[1] 有关外国人拐卖小孩的谣言继续广泛流传，[2] 并因此发生民众焚烧教堂事件。[3]

　　上海在 6 月下旬的气氛更加紧张。先是 6 月 20 日，清廷突发上谕，令各省督抚就本省情形通盘筹划，保疆土、御外敌、救京师：

> 近日京城内外，拳民仇教，与洋人为敌，教堂教民连日焚杀，蔓延太甚，剿抚两难；洋兵麇聚津沽，中外衅端已成，将来如何收拾，殊难逆料。各省督抚均受国厚恩，谊同休戚，事局至此，当无不竭力图报者。应各就本省情形，通盘筹画，于选将、练兵、筹饷三大端，如何保守疆土，不使外人逞志，如何接济京师，不使朝廷坐困，事事均求实际。沿江沿海各省，彼族觊觎已久，尤关紧要。若再迟疑观望，坐误事机，必至国势日蹙，大局何堪设想。

---

① "Dairy of Events in the Far East," *The Chinese Recorder and Missionary Journal (1868 – 1912)*, Jul. 1, 1900; "Hanyang," *The North-China Herald and Supreme Court & Consular Gazette (1870 – 1941)*, Jun. 20, 1900, p. 1111; D. S. Murray, "The Escape from Tsangchou," *The Chinese Recorder and Missionary Journal (1868 – 1912)*, Jul. 1, 1900, p. 374.

② 报道称："谣言已经在武昌、汉口和汉阳三地广为流传，至少有一名以上的无辜人士受到私刑。"见 "Wuchang," *The North-China Herald and Supreme Court & Consular Gazette (1870 – 1941)*, Jun. 27, 1900, p. 1157。

③ 湖北某地（Chaoshih）出现一起民众火烧伦敦会教堂的事件；同文 6 月 22 日发的通讯则称汉口地区的汉江口附近在 21 日晚燃起一场大火，无数房屋被焚毁。见 "Wuchang," *The North-China Herald and Supreme Court & Consular Gazette (1870 – 1941)*, Jun. 27, 1900, p. 1157。

是在各督抚互相劝勉，联络一气，共挽危局。事势紧迫，企盼之至。将此由六百里加紧通谕知之。钦此。[1]

次日，清廷又颁布所谓"宣战上谕"，称义和团为"义兵"，且呼吁全国上下"大张挞伐"、一致对外决战：

我朝二百数十年，深仁厚泽，凡远人来中国者，列祖列宗罔不待以怀柔。迨道光、咸丰年间，俯准彼等互市，并乞在我国传教；朝廷以其劝人为善，勉允所请，初亦就我范围，遵我约束。讵三十年来，恃我国仁厚，一意拊循，彼乃益肆枭张，欺陵我国家，侵占我土地，蹂躏我民人，勒索我财物，朝廷稍加迁就，彼等负其凶横，日甚一日，无所不至，小则欺压平民，大则侮慢神圣。我国赤子仇怨郁结，人人欲得而甘心，此义勇焚毁教堂、屠杀教民所由来也。朝廷仍不肯开衅，如前保护者，恐伤吾人民耳。故一再降旨申禁，保卫使馆，加恤教民。故前日有拳民、教民皆吾赤子之谕，原为民教解释凤嫌。朝廷柔服远人，至矣尽矣！然彼等不知感激，反肆要挟。昨日公然有杜士兰照会，令我退出大沽口炮台，归彼看管，否则以力袭取。危词恫吓，意在肆其披猖，震动畿辅。平日交邻之道，我未尝失礼于彼，彼自称教化之国，乃无礼横行，专恃兵坚器利，自取决裂如此乎。朕临御将三十年，待百姓

---

① 《军机处寄各省督抚上谕》，光绪二十六年五月二十四日（1900年6月20日），载故宫博物院明清档案部编《义和团档案史料》上册，中华书局，1959，第156—157页。

如子孙，百姓亦戴朕如天帝。况慈圣中兴宇宙，恩德所被，浃髓沦肌，祖宗凭依，神祇感格。人人忠愤，旷代无所。朕今涕泣以告先庙，慷慨以誓师徒，与其苟且图存，贻羞万古，孰若大张挞伐，一决雌雄。连日召见大小臣工，询谋金同。近畿及山东等省义兵，同日不期而集者，不下数十万人，下至五尺童子，亦能执干戈以卫社稷。彼仗诈谋，我恃天理，彼凭悍力，我恃人心，无论我国忠信甲胄，礼义干橹，人人敢死，即土地广有二十余省，人民多至四百余兆，何难翦彼凶焰，张我国威。其有同仇敌忾，陷阵冲锋，抑或尚义捐赀，助益饷项，朝廷不惜破格懋赏，奖励忠勋。苟其自外生成，临阵退缩，甘心从逆，竟作汉奸，朕即刻严诛，绝无宽贷。尔普天臣庶，其各怀忠义之心，共泄神人之愤。朕实有厚望焉！①

外侨和各国本土民众在得知上述两道上谕后一片哗然，后以讹传讹，竟称端王"令长江以南各督抚集合水师攻击外舰"。②受上述两道上谕影响，长江沿线的清军加强部署。截止到6月22日，驻泊长江的清军舰艇已经达到7艘；③与此同

---

① 《上谕》（光绪二十六年五月二十五日），载《义和团档案史料》上册，第162—163页。

② "Article 1 – no title," *New York Times (1857 – 1922)*, Jul. 2, 1900; "A Kading Proclamation," *The North-China Herald and Supreme Court & Consular Gazette (1870 – 1941)*, Jul. 4, 1900.

③ List of Chinese War-vessels on the Yang-tsse (Latest Reports to June 22), Further Correspondence Respecting the Affairs of China. Film S830, F. O. 405/92, p. 172. 转引自戴海斌《"东南互保"之另面——1900年英军登陆上海事件考释》，《史林》2010年第4期。

时，北洋舰队在大沽失守后也转舵南下。不仅清军在长江沿线集结，外国军舰也在不断驶入吴淞港口。截止到 6 月 29 日，上海港口已泊有 8 艘外国兵舰。随着联军占取大沽炮台的消息传至上海，关于列强将夺吴淞炮台和上海制造局的谣言因势而起。长江口驻泊的中外舰队虽暂无启衅之意，但仍使租界人心惶惶，担忧大沽之覆辙不日便要重演于沪上。①

在这样的局势下，上海地区的中国居民开始大规模外逃。古纳在给华盛顿的报告中称，每天都有成千上万的中国人离开上海；② 外媒亦报道：数以千计的中国人携家带口从上海逃向宁波、苏州、广州、汕头乃至香港等地；而其他从北方逃来的中国人则纷纷涌入上海。黄浦江上下游的各个码头都挤满了船只。船票价格飞涨，几乎是平时票价的十倍甚至更多。几日前还人满为患的街道到这两天已经变得十分萧条。③ 这一迁移现象直到 7 月上旬仍维持着相当的规模。④ 租界居民的大量流动，以及上海汽船航线停运、纺织厂关闭所产生的大量失业劳工，使上海租界外侨开始猜测中国人是否要趁机寻衅滋事，在上海掀起一场大骚乱。⑤

---

① "Mr. Goodnow to Mr. Cridler, No. 267, June 29," *FRUS, 1900*, pp, 249 – 250.

② "Mr. Goodnow to Mr. Cridler, No. 267, June 29," *FRUS, 1900*, pp, 249 – 250.

③ "Dairy of Events in The Far East," *The Chinese Recorder and Missionary Journal (1868 – 1912)*, Jul. 1, 1900; "The Crisis in the North," *The North-China Herald and Supreme Court & Consular Gazette (1870 – 1941)*, Jul. 4, 1900, p. 27.

④ 7 月 5 日，中国人大批离开上海的现象仍在持续，但规模较上周减小。外媒认为可能是最近各领事馆发布的公告起到了一定安抚作用；7 月 10 日，中国人大批离开上海的现象仍维持了相当的规模。见 "The Crisis in the North," *The North-China Herald and Supreme Court & Consular Gazette (1870 – 1941)*, Jul. 11, 1900, p. 77。

⑤ "Mr. Goodnow to Mr. Cridler, No. 267, June 29," *FRUS, 1900*, pp. 249 – 250.

当外侨普遍认为长江流域战事一触即发时,上海领事团举行会议,认为"一旦时局所迫,兵队、军舰及劳工出现异常举动,当地安全将彻底无望",一致决定致电在大沽各国舰队司令官,请求增派军舰,确保侨民生命及财产安全。① 6 月 24 日,美国驻上海总领事古纳致电国务卿,称中外将有在长江开战的风险:

> 中国督抚疑英国将占吴淞炮台,已下令清军准备抵抗。此举将在上海造成极端严重的麻烦……大量士兵沿运河南下;许多传教士从外地逃回。请电告是否能派舰入江。②

两日后,与古纳同声应和的美华协会致电美亚协会,称目前美国必须向中国北方和长江流域派遣更多的海陆军队:

> 危机已经严重到极点。排外运动如不能被立刻镇压,势必进一步蔓延;强烈要求政府向中国北方派遣更多的陆军,并往中部派遣更多的舰队。③

同一天,古纳也在发给国务院的电文中强调:"美华协会今天的电报也反映了总领事馆的意见。"④

---

① 戴海斌:《"东南互保"之另面——1900 年英军登陆上海事件考释》,《史林》2014 年第 4 期。
② Goodnow to Secretary of State, Telegram, June 24, 1900, Despatches from U. S. Consuls in Shanghai, 1847 – 1906, FM 112, Roll 46. p. 375.
③ "The American Association to The American Asiatic Association, Telegram, Jun. 12, 1900, " *JAAC*, vol. 1, No. 5(Jun. , 1900):9.
④ "Mr. Goodnow to Mr. Hay, Telegram, June 26, 1900, " *FRUS, 1900*, p. 248.

综观整个 6 月，英美两国在沪侨民与领事大约在同一时间向本国发出了派舰入江的请求，但得到的结果却大相径庭。6月 15 日，英国外交大臣索尔兹伯里对霍必澜做出答复，充分满足了他的请求。① 次日，英国上海舰队便派出两艘军舰分别开赴南京和汉口，而原先驻泊香港的英舰无畏号则被派往吴淞口待命。② 相比之下，美国本土的商界、政府以及在华海军对上海方面迭次发来的信电就显得十分克制。

纽约方面，针对美华协会 6 月 7 日电报中有关增派军队镇压义和团一节，美亚协会曾召集会内一百多名纽约及其他地区的大企业代理人签署联名说帖，与美华协会电文一道寄呈总统麦金莱。说帖译文如下：

> 目前美国在中国北方部分省份的公民，其生命和利益正面临危险，迫切需要政府迅速且有力地派出一支足够的军事力量……我们赞成美国和其他拥有共同目的和利益的大国采取一致行动，以便最稳妥有效地恢复中国动乱省份的秩序，并使北京的中国政府停止逃避它与各国的现有条约所赋予它的责任。③

---

① 《索尔兹伯里侯爵致霍必澜代总领事电》（1900 年 6 月 15 日），《蓝皮书选译》，第 42 页。

② 《外交部致海军部函》（1900 年 6 月 15 日）；《海军部致驻上海高级军官电》（1900 年 6 月 16 日），《蓝皮书选译》，第 42—43 页。

③ Foord to Hay, June 15, 1900; American Asiatic Association to McKinley, June 18, 1900, Miscellaneous Letters, M179/Roll107, as quoted by James J. Lorence in "Organized Business and the Myth of the China Market: The American Asiatic Association, 1898 – 1937," *Transaction of the American Philosophical Society* 71 (4), 1981: 26. 另见 *Journal of the American Asiatic Association*, vol. 1, no. 11 (Nov. , 1900): 109.

然而，在面对美华协会有关派舰入江的要求时，美亚协会却没有对美国国务院施加太多压力。该会先是在回信中多次安抚上海美侨，暗示他们自行向驻华公使和亚洲舰队司令施压；[①] 此后经美华协会再三请求，才在 6 月 27 日派干事富尔德（John Foord）携上海来电与柔克义、海约翰和代理国务卿希尔（David J. Hill）会面，向他们表示该会对上海吁电的支持态度。

美国本土和大沽美军也没有太多理会美华协会与古纳的请求。美国政府仅对北京使馆安危表示严重重视，没有对美华协会与美亚协会的请求做出正面答复；[②] 大沽方面迟至 7 月 2 日才复电上海，称除非有更多的军舰来华，否则在事态进一步恶化之前，长江流域最多只能得到一艘军舰。[③]

这一阶段美华协会活动的继续失利，除了美国政府仍不愿贸然对华增兵，而大沽美军则忙于向京津进兵、无暇南顾的因素，也受到东南督抚与美国国务院之间的交涉进展的影响。正

---

① "The American Association to The American Asiatic Association, Telegram, Jun. 15, 1900," *JAAC*, vol. 1, no. 5 (Jun., 1900): 9. 按：1900 年 6 月 6 日，海约翰授权康格与海军配合，为保护公使馆和美国的利益，采取任何可行且谨慎的措施。见 "Mr. Conger to Secretary of State, Telegram, June 6, 1900," *FRUS, 1900*, p. 142。

② 在美亚协会发出联名说帖前，当时担任远东事务司中国顾问的柔克义作为美亚协会成员，也收到联名署名的请求。柔克义以自己的身份不适合在这样一份涉及外交问题的文件上签名而婉拒，但同时也向富尔德表示，他衷心赞同美亚协会的这一请求。Rockhill to Foord, June 11, 1900, Rockhill MSS, as quoted by James J. Lorence in "Organized Business and the Myth of the China Market: The American Asiatic Association, 1898 – 1937," *Transactions of the American Philosophical Society* 71(4), 1981: 26; Goodnow to Department of State, Telegram, June 30, 1900; Goodnow to Department of State, No. 263, June 14, 1900, Despatches from U. S. Consuls in Shanghai, 1847 – 1906, FM 112, Roll 46.

③ *JAAC*, vol. 1, no. 6(Oct., 1900): 3.

当美华协会千方百计要求美国政府向长江流域派出更多炮舰之际，东南督抚已经通过伍廷芳得到了海约翰对"东南互保"的支持。

早在沽台启衅之前，东南督抚便积极维持东南稳定、安抚外国人情绪。6月中旬，两江总督刘坤一与湖广总督张之洞继续在各自辖境内出示安民、严惩造谣闹教者并加强兵队的巡逻和对教产周边地区的警戒，同时电请总署代奏速剿义和团。① 清廷发布宣战上谕后，联军向各处催兵，京津战斗更加激烈。东南督抚急求弥缝之法，遂由张之洞、刘坤一等一面安排中外会议，"趁未奉旨之先"与列强达成互保协议以保东南半壁；一面则希图借重美国之力牵制其他列强。② 6月21日，张之洞急电伍廷芳，请美国出面稳住各国；③ 为进一步争取美国政府支持，刘坤一又在6月23日通过伍廷芳向美国政府保证，除德使克林德外，各国驻京公使皆无恙。④ 在稍后发给驻美、英、日公使的同文电报中，张、刘二人特别声明，此次中外开衅，实非朝廷之意，并要求三使请所驻国政府命驻华军队在李

① 见"Kiangyin,"*The North-China Herald and Supreme Court & Consular Gazette (1870–1941)*, Jun. 13, 1900, p. 1063; "Our Own Correspondent, Wuchang," *The North-China Herald and Supreme Court & Consular Gazette (1870–1941)*, Jun. 27, 1900, p. 1157;《刘坤一、张之洞寄总署电》，光绪二十六年五月十九日（1900年6月15日），载杨家骆主编《义和团文献汇编》第3册，世界书局，1962，第326—327页。

② 关于东南督抚请求美国调停一事，戴海斌已做详细研究。参见戴海斌《庚子事变时期中美关系若干问题补正》，《史学月刊》2011年第9期。

③ 《张之洞致华盛顿伍钦差（廷芳）电》，光绪二十六年五月二十五日未刻发（1900年6月21日），载杨家骆主编《义和团文献汇编》第3册，第330—331页。

④ "Mr. Wu Ting-fang to Mr. Hay, June 23, 1900," *FRUS, 1900*, p. 274.

鸿章抵达津门开启中外谈判之前暂时按兵停战。①

东南督抚挽回局面的努力在美国方面得到了时任驻美公使伍廷芳的有力配合。在接到张之洞 6 月 21 日电后，伍廷芳迅速前往美国国务院，请求美国政府电示美军司令，在东南和平尚未破裂之时，不要派遣任何军队进入长江；并请美国政府会议其他各国以便列强采取一致行动。② 海约翰既不愿扩大对华军事行动、又不愿坐视英国垄断长江流域，因此乐见其成。他在当天欣然作复：只要江鄂两督的保证被切实执行，美国就不会派舰入江。③ 至此，美国虽未承诺限制美军和其他列强在北方的军事活动，但已在不派舰入江这件事上与中方达成谅解。

6 月 26 日，中方以上海道余联沅、福开森和盛宣怀为代表，与领事团在会审公廨举行会议，讨论签署《中外互保章程》9 条和《保护上海城厢内外章程》10 条。④ 领事团在会议

---

①　《张之洞致伦敦罗（丰禄）钦差、华盛顿伍钦差、东京李（盛铎）钦差电》，光绪二十六年五月二十六日未刻发（1900 年 6 月 22 日），载杨家骆主编《义和团文献汇编》第 3 册，第 331—332 页。按：交美国政府的英文版末尾署有李鸿章（署理两广总督和内阁大学士）、刘坤一（两江总督）、张之洞（湖广总督）、袁世凯（山东巡抚）、王之春（安徽巡抚）、俞廉三（湖南巡抚）之名。见 *FRUS*, *1900*, p. 275.

②　美国国务院备忘录记称 6 月 22 日伍廷芳来访，转达同日收到的张之洞电并昨日收到的刘坤一电，二电内容十分相似。见 "Memoradum, June 22, 1900," *FRUS*, *1900*, p. 273。

③　"Mr. Hay to Mr. Wu Ting-fang, June 22, 1900," *FRUS*, *1900*, p. 274.

④　二章程明确反对外兵进驻上海及长江流域："上海租界归各国共同保护，长江及苏杭内地均归各督抚保护，两不相扰"；"各口岸已有兵轮者，仍照常停泊，惟须约束水手人等，不可登岸"；各国以后如不待中国督抚商允，"竟自多派兵轮驶入长江等处，以致百姓怀疑，借端启衅，毁坏洋商教士人命产业，事后中国不认赔偿"；各国兵轮不得靠近吴淞及长江各炮台停泊，水手不可在炮台附近练操；上海制造局、火药局一带，各国答应兵轮勿往游弋及派洋兵巡捕前往。原文见《盛京堂（宣怀）（转下页注）

结束时，虽拒绝签署文件以免受到掣肘，但以照会的形式做出
了相应承诺。①中外自此达成有关"东南互保"的共识。此举
在客观上否定了英国在长江流域的特殊地位，有利于该地区的
"门户开放"，因此获得海约翰的坚决支持与配合。6 月 28 日，
古纳在向海约翰汇报中外议定"东南互保"情况时，曾再次
重申其对美华协会增兵主张的支持。但海约翰在 29 日的答复
中对增兵一事只字未提，只是训令古纳通知各埠美国领事，与
各自所驻地的总督协商在本省内维持和平并保护美侨的具体措
施。②在发出这道训令的同时，海约翰还将这份电文知会伍廷
芳，以示美国政府支持"东南互保"之诚。③

　　"东南互保"的达成与海约翰的态度，一方面导致美华协
会 6 月下旬有关增兵的要求再次落空，另一方面也刺激美华协
会在 7 月实施了更大规模的请愿活动。

三　质疑"东南互保"

　　由于东南督抚的积极弥缝以及美、日等国的力赞其成，至
7 月上旬，"互保"的范围已扩展到山东以南绝大多数省

（接上页注④）电李鸿章并致江鄂督苏皖抚》，光绪二十六年六月初一日
亥刻到（1900 年 6 月 27 日）、《中西官议定保护上海租界城厢内外章
程》，载杨家骆主编《义和团文献汇编》第 3 册，第 338—339 页、第
339—340 页。

①　见"Mr. Goodnow to Mr. Cridler, No. 267, June 29, 1900,"*FRUS, 1900*, p. 249。
英国外交大臣曾明确表示，上述章程"只能作为条陈，不能作为约章，
因中有英国权利不便委弃"。见苑书义、孙华峰、李秉新主编《张之洞全
集》第 10 册，河北人民出版社，1998，第 8046 页。

②　"Mr. Goodnow to Mr. Hay, June 28, 1900," *FRUS, 1900*, p. 248.

③　"Mr. Hay to Mr. Wu Ting-fang, June 27, 1900," *FRUS, 1900*, p. 276.

份。① 这虽缓和了该地区的紧张局势,② 但因有关北方的消息越来越不乐观,已成惊弓之鸟的外侨很难相信督抚们有力维持"东南互保"。霍必澜在"东南互保"达成的次日便向英国外交部报告:"吴淞和上海周围驻有好几千名中国军队……他们可以在几小时内摧毁上海。"③ 外媒此后也敏感地注意到:"中国方面在庄严承诺完全放弃战争准备的同时,却在吴淞炮台上安装了几

---

① 山东巡抚袁世凯亦有意附约。古纳曾在 7 月 7 日和 8 日先后以电报、牒文的形式请示海约翰:"山东巡抚正式给出了同样的条件(指中方保护外国人、外国人克制进攻)。我们在那个省的公民已经遭受了许多损失。请给予全面指示。募集地方政府抵制拳民的蔓延很重要。"7 月 8 日,古纳致电海约翰,对昨日电进行解释:一段时间以来,山东巡抚一直持观望态度。他的驻地在北京附近,他承受着来自那里的巨大压力。几天前,他被命令率领一支新军前往南京取代刘坤一并执行端王的命令去攻打外国人。命令威胁,如果不这样做,他将受到惩罚。在与各总督及友人进行了多次往返电报后,巡抚在昨天致电刘坤一,称他将在明天(7 月 9 日)派一名代表到上海,在我们保证不攻击山东的前提下,正式承诺在山东境内保护外国人。鉴于此,我向您致电,请求详细的指示,因为那个省已经发生了骚乱,相当多的美国财产被毁。然而,我非常肯定,如果这位巡抚愿意的话,他可以保护我们的人民不受严重骚乱的进一步影响。无论如何,如果他发布保护外国人的公告,为了保住自己的脑袋,他必须抵制义和团的进一步蔓延和端王政府的影响,因为山东是直隶南部紧邻的省份。与其他总督相比,他的问题更加棘手,因为在山东以南的其他省份没有爆发义和团起义。见"Mr. Goodnow to Mr. Hay, No. 272, July 8, 1900," *FRUS, 1900*, p. 253。

② 如 7 月 2 日,武昌外国访事员向上海报告:"汉口的茶馆充斥着各种谣言。由于此前的经历,我们对于中国有一天会开始焚毁教堂、杀害外国人并全面陷入混乱并不感到新奇。"但因张之洞在武昌等地积极采取预防措施,该名访事员称:"我们相信地方官正决心会阻止,并有能力阻止骚乱的爆发。"见"Our Own Correspondent, Wuchang," *The North-China Herald and Supreme Court & Consular Gazette (1870 – 1941)*, Jul. 11, 1900, p. 65。

③《代总领事霍必澜致索尔兹伯里侯爵电函》(1900 年 6 月 27 日),《蓝皮书选译》,第 161 页。

门新的六英寸口径大炮。"①

彼时，京津外侨在与使馆彻底失联之前发出的消息已陆续被外界收到，② 其中，公使们在消息中特别强调他们面临着严重的生命威胁。外国媒体据此对北京的情况进行了大量耸人听闻的演绎，③ 不仅使"无数谣言在上海散播"，也影响了各国对中国北方局势的判断。④ 在众多民间小道消

---

① "Edictagainst Boxers,"*New York Times (1857 – 1922)*, Jun. 29, 1900, p. 2.

② 6 月 22 日，美国本土相继收到两封来自中国的非官方电报。它们分别是：6 月 15 日，烟台卫理公会传教士布朗（F. Brown）致纽约卫理公会差会干事莱昂纳德（Leonard）电，电称天津遭到炮击，北京形势严峻；霍普金斯（Hopkins）、布朗（Brown）和金（King）幸免于难；并称需要炮艇。其中，莱昂纳德指出，布朗来电只列三名传教士姓名，这意味着天津其余 21 名传教士皆已被拳民所杀。6 月 16 日，美华协会会员、茂生洋行天津地区代办易孟士也致电其父老易孟士（S. Walter Emens）称"局势日坏；北京被围，有屠杀之险"。见"Fear of a Massacre," *The Washington Post (1877 – 1922)*, Jun. 23, 1900, p. 1。6 月 23 日，巴黎《马丁报》（*Matin*）刊登一则从华盛顿传来的消息，称美国驻天津领事遇害，另有 40 名英美传教士被杀；纽约卫理公会亦在当天收到 2 名传教士及其家眷被杀的情报。参见"The Far East," *The Manchester Guardian (1828 – 1900)*, Jun. 25, 1900, p. 5。6 月 30 日，南京方面向上海传来消息，据驻北京法国牧师的信使来报，该地自 6 月 20 日起已经开始公开处决外国人，牧师们为那些被判死刑的人举行了最后的仪式。参见"Ketteler is dead,"*The Washington Post (1877 – 1922)*, Jul. 2, 1900, p. 1; "All Foreigners in Peking Dead?"*New York Times (1857 – 1922)*, Jul. 2, 1900, p. 7。

③ 6 月 21 日伍廷芳亦曾电告李鸿章："北线断，谣言多，各国震动。"见《华盛顿伍使（廷芳）致李鸿章电》，光绪二十六年五月二十九日未刻到（1900 年 6 月 25 日），载杨家骆主编《义和团文献汇编》第 3 册，第 335 页。另见"Nanking,"*The North-China Herald and Supreme Court & Consular Gazette (1870 – 1941)*, Jun. 27, 1900, p. 1154; "The Far East,"*The Manchester Guardian (1828 – 1900)*, Jun. 20, 1900, p. 7。

④ 如英国著名的《观察者》杂志（*The Spectator*）便认为，各国驻京公使即使没有被屠杀，也应已被挟持为人质。参见"The Powers Interested in China,"*The Spectator*, vol. 84, no. 3756, Jun. 23, 1900, p. 865; "The Immediate Situation in China,"*The Spectator*, vol. 84, no. 3756, Jun. 23, 1900, p. 864。

息之中，德使被戕的消息得到官方认证，对在华外侨造成了较大的冲击。早在 6 月中旬，便有德使被戕的传言在上海流播，但未被外侨采信。① 至 6 月底，德国方面得天津德国领事传电，称 6 月 29 日北京传来了如下消息："德国公使馆二等干事赫尔·冯·贝尔根（Herr von Bergen）致联军司令：'外国人被包围在使馆区。情况危急。快。'"该消息有海关总税务司赫德（Robert Hart）的署名，并注明发信时间为周日下午 4 时。② 由于该消息由德国使馆二等干事发出，因此大多数人判断，发信之际德国公使应当已经遇害，但因贝尔根在信中没有提到德国公使被杀的消息，所以仍有部分人对德国公使生还抱有一线希望。③ 6 月 30 日，大沽联军向英国海军部发去电报，称昨日有一名中国信使由京抵津，并带来北京外侨处境困顿、德国公使被清军杀害的消息；④ 7 月 1 日，德国政府收到烟台德国领事来电，报该国驻京公使遇害；⑤ 同日，上海领事团也得到官方消息，确认克林德公使

---

① 1900 年 6 月 17 日，《中国公报》（*China Gazette*）刊登一份来自伦敦的电报，称："德国公使遇难、德国公使馆亦遭焚毁。"但上海媒体并未完全采信。见 "The Crisis in the North," *The North-China Herald and Supreme Court & Consular Gazette*（1870 – 1941），Jun. 20, 1900, p. 1124；《华盛顿邮报》在 6 月 18 日也称德国外交部已经收到关于克林德遇害的电报，并求助于俄国政府在中国东北的电报渠道来确认这一消息。"CHINA'S DARK SECRET, "*The Washington Post*（1877 – 1922），Jun. 18, 1900, p. 1.

② "The Far East, "*The Manchester Guardian*（1828 – 1900），Jul. 3, 1900, p. 8.

③ "Second edition, "*The Manchester Guardian*（1828 – 1900），Jul. 3, 1900, p. 9.

④ "The Far East, "*The Manchester Guardian*（1828 – 1900），Jul. 3, 1900, p. 8.

⑤ "The Far East, "*The Manchester Guardian*（1828 – 1900），Jul. 3, 1900, p. 8；"Account received at Berlin, "*The Washington Post*（1877 – 1922），Jul. 3, 1900, p. 4.

遇难。① 至此，德使被戕一事再无任何悬念。

物伤其类，在确知克林德已死的当天，美华协会执委会紧急召开会议商议对策。其间，以美华协会会员身份列席会议的美国驻沪总领事古纳正式将中外议定"东南互保"的详情告知执委会。对此，执行委员会虽不怀疑中国南方各省督抚的诚意，② 但认为此举尚非万全之策，因此仍然坚持美国必须向上海派兵。

7月2日，该会致电美国本土，一面"强烈支持"东南督抚与领事团的互保协议，一面渲染中国形势，并继续敦促华盛顿对华增兵。③ 在7月9日的解释信中，美华协会提出了美国派军的两方面理由：其一，支持中南部总督顶住压力、巩固"东南互保"。该会认为：

> 清廷于6月20日发布的消灭一切外国人的上谕使事态发展到极端严重的地步，倘或各省督抚选择和北京清政府合作、遵循这一谕令，那么目前的这场排外运动很快就会波及全国，而外国人的血势必流遍中国。所幸，中南部各省总督毅然抗令，并与各国达成和平谅解。为鼓舞甚至

① "The Crisis in the North," *The North-China Herald and Supreme Court & Consular Gazette (1870 – 1941)*, Jul. 4, 1900, p. 10; 《华盛顿邮报》亦称7月1日，上海《泰晤士报》通讯记者得到官方消息，证实克林德遇害。"Special Cablegram to the Post, Ketteler is Dead," *The Washington Post (1877 – 1922)*, Jul. 2, 1900, p. 1.

② 美华协会1900年12月年会上，会长卜舫济对该会呼吁美国向长江流域增兵的原因进行明确解释时就表示：虽然总督们有意维持东南省份的秩序，但是他们仍然担心骚乱会蔓延到上海。见 *JAAC*, vol. 1, no. 7 (Jan., 1901): 3。

③ *JAAC*, vol. 1, no. 7 (Jan., 1901): 3.

在必要情况下支持东南总督，美国政府应当尽可能派出更多的海陆军力量来华。

其二，防范并及时扑灭各地随时可能发生的起义。该会表示：

> 现在中国各地百姓已受鼓动……人们随时可能不再受各省督抚的约束，进而发动排外运动。北京的现状印证了"小洞不补，大洞吃苦"的谚语。本会力图在南方的"小洞"出现时，为其补上这一针。目前情况极度危险，我们必须强烈要求派遣尽可能多的美国军队，以便在暴乱发生的第一时间予以镇压。[①]

古纳在同一时期的活动也与美华协会相互呼应。7月1日，古纳提醒美国政府不能因"东南互保"而松懈。在这一天发出的牒文中，古纳报告了6月以来北京的情状，其中不但列述6月18日德使之遇难、6月20日命令各督与外人开战之矫诏、东南总督对矫诏的态度以及荣禄26日报公使无恙但处境堪忧之来电，而且还对中国官方关于北京情况的描述提出了质疑。他指出，华中华南总督联合要求各国总领事以本国政府的名义做出如下承诺，即只要各总督维持辖区内的秩序并保护外国人，那么无论北京发生什么，各国都不得攻击他们的辖区；古纳认为此举正说明总督们可能隐瞒了北京的实际情况。[②] 此

---

① "Lyman to Foord, Jul. 7, 1900," *JAAC*, vol. 1, no. 6(Oct. , 1900) : 8.

② "Mr. Goodnow to Mr. Hay, No. 272, July 8, 1900," *FRUS, 1900*, p. 252.

外，由于怀疑东南总督最终还是会顶不住清廷压力，古纳也不认为仅凭"互保"协议就能保东南无虞。他在给海约翰的一封电报中表示，如果慈禧命令总督们自杀，他认为总督们会服从这一命令。[①]

上海美侨对"东南互保"的态度既来自其对自身安全的顾虑，同时也声称是为长江流域的"门户开放"着想。东南半壁由中国督抚自任保护，确实可以避免列强瓜分。这原符合"门户开放"的利益，但一来美侨不相信东南督抚能顶住清朝中央政府的压力、坚决维持"东南互保"；二来互保协议中有关各国不派军干涉长江流域的条款，又彻底断绝了美侨寻求美舰入江的希望。在这种情况下，一旦"东南互保"崩溃，那么在长江流域军事力量匮乏的美国不但不能保障美侨安全，也无力参加列强瓜分长江流域的竞争。

海约翰似乎并无美侨的这种顾虑，中国严峻的形势使得他更加倾向于信任东南督抚。此后，他进一步采取非武力方式为东南督抚提供支持。7月1日，海约翰训令古纳将以下内容通知各省总督："业已命令我军，在地方政府维持秩序并保护外国人期间，不得攻击中国中南部省份。我们已将我们的目的通知其他国家。在此告知各总督。"[②] 两日后，美国政府又通过该国驻各国公使向德、法、英、意、俄、奥地利、比利时、西班牙、日本、荷兰和葡萄牙的外交部负责人发出第二次"门户开放"照会，强调美国远征军既非对中国政府作战也不会侵犯中国领土，并对各省地方政府的外交地位予以肯定，进一

---

① "Mr. Goodnow to Mr. Hay, Telegram, August 8, 1900," *FRUS, 1900*, p. 265.

② "Mr. Goodnow to Mr. Hay, No. 272, July 8, 1900," *FRUS, 1900*, p. 252.

步巩固"东南互保"。① 7月5日，海约翰在给古纳的训令中再次向其明确肯定东南督抚的地位："美国承认东南督抚的地位；现在北京陷入无政府状态，总统将维护秩序、履行中外条约和国际义务的重任托付给承担相应责任的各省政府。"②

对于美国政府的冷静态度，美侨无法满意。首先，有关他们身处北京的同胞的坏消息仍在不断传来。即使对那些仍愿保持理性思考的人来说，北京使馆面临的情况也很难让他们产生任何乐观情绪。7月5日，法国驻沪总领事收北京6月24日电，称北京的外国人多避难于英、法、日使馆，所剩食物只能支撑两日；7月11日，上海方面又从天津得信，表明使馆区的物资和武器只能维持三天之用；7月18日，上海媒体报道，日本驻天津领事收到日本公使于6月29日发来的消息，称当日各国公使都聚集在英国领事馆；他们

---

① 内有"北京事实上已处于一种无政府状态，因而权力和责任实际上已移归各省地方当局。只要他们不公开与叛乱者勾结，并行使权力保护外国人的生命财产，我们就认为他们代表着我们所要与之保持和平友好的中国人民"等语，见《国务卿海致在华合作各国的通告照会》（1900年7月3日），载天津社会科学院历史研究所编《1901年美国对华外交档案——有关义和团运动暨辛丑条约谈判的文件》（以下简称《1901年美国对华外交档案》），刘心显、刘海岩译，齐鲁书社，1984，第7页。戴海斌亦指出：第二次"门户开放"照会的提出，恰在"东南互保"交涉期间，除重申贸易机会均等外，照会还增加"保持中国领土和行政完整"的新内容，并视"各省地方当局"为合法交涉对象，限定行动目的仅在于镇压"叛乱"，而非与中国进行国家间的战争。换言之，"互保"之所以成立，某种意义上也得益于门户开放照会，尽管它只是单方面决定的，立足点也在于美国利益，但客观上却给予奇怪的战时和平以法理支持。见戴海斌《外国驻沪领事与"东南互保"——侧重英、日、美三国》，《史林》2011年第4期。

② "Mr. Hay to Mr. Goodnow, Telegram, July 5, 1900," *FRUS, 1900*, p. 252.

正面临食物短缺。① 于是领事团和外侨对于北京外国人的幸存概率更加悲观。7 月 2 日，《纽约时报》就使用了大幅版面报道北京局势，且不乏"所有在京外国人已死？"这类耸人听闻的标题。② 7 月 3 日，《华盛顿邮报》刊登《做好最坏的打算》一文，引用了贝尔根致联军司令的信，并评论道：自收到那封信后已有 9 天过去了，人们担心北京已经发生了一场大规模的屠杀。9 天之前，使馆区人们的弹药和粮食储备就已经岌岌可危，与此同时，他们四周还环伺着装备了克虏伯大炮的甘军。北京已经完全落入革命者（revolutionaries）之手。③

联军在 7 月初面临的不利也使人们进一步倾向于相信解救北京已是完全无望。7 月 2 日，英国外交部副干事威廉·圣约翰·布罗德里克（William St. John Brodrick）向下议院报告，联军司令表示，如无更多军队投入北方，将不能继续向北京前进并开展救援；④ 4 日，这一消息由英国外交部正式对外宣布。⑤ 人们对此表示震惊和沮丧，并更加深信北京各使馆已等

---

① "The Crisis in the North,"*The North-China Herald and Supreme Court & Consular Gazette (1870 – 1941)*, Jul. 11, 1900(此部分撰于 7 月 6 日), p. 77; "The Crisis in the North,"*The North-China Herald and Supreme Court & Consular Gazette (1870 – 1941)*, Jul. 11, 1900, p. 77; "Li Hung-chang's New Appointment. Better News of the Legations,"*The North-China Herald and Supreme Court & Consular Gazette (1870 – 1941)*, Jul. 18, 1900, p. 107.

② "All Foreigners in Peking Dead?"*New York Times (1857 – 1922)*, Jul. 2, 1900, p. 7.

③ "No Aid Forenvoys,"*The Washington Post (1877 – 1922)*, Jul. 3, 1900, p. 1.

④ "Little Hope for Envoys at Peking,"*New York Times (1857 – 1922)*, Jul. 3, 1900, p. 7.

⑤ "Ministerial Statement,"*The Manchester Guardian (1828 – 1900)*, Jul. 6, 1900, p. 5.

不及被武力解救。①

　　为安抚上海领事团并稳住列强，刘坤一、张之洞和袁世凯等频繁派出探子打探京津一带的消息，试图澄清有关北京"大屠杀"的谣言。② 但是 7 月初，他们得到的情报也不乐观。7 月 1 日，盛宣怀得荣禄 6 月 26 日信，内令其敦促外国武装尽速北上；北京十万火急；皇帝、总署及庆王已无力控制局面。此后，盛宣怀本人在与英国驻沪总领事的一次私下会面中也向后者证实，6 月 29 日收到消息，称端王正下令执行激烈的排外政策。此外，荣禄还电告上海，各国公使虽在 6 月 26 日仍安全，但很难再坚持 24 小时。③

　　不仅如此，由于督抚们获取的情报常与租界所得之北京情报相互抵牾，导致上海外侨疑窦丛生，中外之间的嫌隙益发增多。如 7 月 3 日，袁世凯电告上海，使馆区如粮弹充裕可坚持较长时间，④ 但《北华捷报》却在 7 月 11 日指出此电并不准

---

① "Little hope for envoys at Peking," *New York Times (1857 – 1922)*, Jul. 3, 1900, p. 7; "Editorial Article 1 – no Title," *The Manchester Guardian (1828 – 1900)*, Jul. 5, 1900, p. 4; "No Aid for Envoys," *The Washington Post (1877 – 1922)*, Jul. 3, 1900, p. 1.

② 《代总领事霍必澜致索尔兹伯里侯爵函》（1900 年 6 月 26 日发），载《蓝皮书选译》，第 54 页；另见 "The News from the North," *The North-China Herald and Supreme Court & Consular Gazette (1870 – 1941)*, Jun. 27, 1900, p. 1143。

③ "Special Cablegram to the Post. 'Ketteler is Dead.'" *The Washington Post (1877 – 1922)*, Jul. 2, 1900, p. 1.

④ 袁电大意为：至 7 月 3 日，北京仍有两处使馆（其中之一为英国使馆）在抵抗"叛军"（rebel troops）和义和团的攻击；因目前"叛军"在战斗中减员已超两千名，军心仍然不稳；义和团亦有头目被杀。袁世凯派出的探子认为，从目前的攻守之势看，使馆区如果有足够的粮食和武器应该还能坚持很长一段时间。此外还有消息称有友好的中国人暗中向使馆区送食物。"The Situation," *The North-China Herald and Supreme Court & Consular Gazette (1870 – 1941)*, Jul. 11, 1900, p. 57.

确，因济南方面收到这封消息固然是在 7 月 3 日，但北京方面发出这封消息却可能是在更早以前。① 又如 7 月 4 日，上海媒体转载刘坤一 6 月 28 日在江苏省张贴的告示，内称：得 6 月 20 日上午 9 点 45 分电报，"迄今为止各国驻京使馆仍然安全。关于使馆被不法之徒围攻的谣言纯属虚构"。② 然而，同日下午，《德文新报》（Ostasiatische Lloyd）发布的号外却声言：两名在 6 月 24 日离开北京的旗人妇女告诉他们，当其启程离京之际，海关总税务司赫德和樊国梁主教及一众传教士目前正在英国使馆避难。③ 此外，7 月 4 日，租界还传闻，义和团认为他们的队伍有望在 9 月底之前壮大到八百万之众；④《北华捷报》访事员 7 月 5 日也报称：6 月 26 日，"北京的拳民和清军已超过十万，同时还有更多的拳民从直隶、山东、山西和河南涌入京城。上述这些人的主要目标是抢劫和排外。针对各国在京使馆的进攻已经持续 10 天，但每次都被击退。使馆区附近的房屋都已经被焚毁……两三千名中国教徒被拳民杀害，此外还有超过四千名平民在混战中遇难"。⑤ 然而，2 天之后，南京方面却告知镇江英国领事，6 月 26 日所有在京的外国人都非常安全地在皇宫受到荣禄的保护。这些反差明显、相互矛盾的

① "The Crisis in the North,"*The North-China Herald and Supreme Court & Consular Gazette (1870–1941)*, Jul. 11, 1900, p. 77.

② "A Kading Proclamation,"*The North-China Herald and Supreme Court & Consular Gazette (1870–1941)*, Jul. 4, 1900, p. 29.

③ "A Kading Proclamation,"*The North-China Herald and Supreme Court & Consular Gazette (1870–1941)*, Jul. 11, 1900, p. 77.

④ "A Kading Proclamation,"*The North-China Herald and Supreme Court & Consular Gazette (1870–1941)*, Jul. 4, 1900, p. 10.

⑤ "A Kading Proclamation,"*The North-China Herald and Supreme Court & Consular Gazette (1870–1941)*, Jul. 11, 1900, p. 77.

情报使上海外侨无法相信中方关于北京现状的声明。7月11日《北华捷报》就此发表评论：除非使馆被焚毁，否则即使要去的地方是皇宫，外国人也不会轻易离开使馆；即使荣禄有意愿保护外国人，他的力量也无法与端王抗衡。①

其次，在北京局势迷雾重重之际，南方民情又生波动。7月中旬，不但川省人民的反教运动继续高涨，② 沿江沿海地区也频发闹教事件；③ 美国数个在华差会与其内地传教士失去联系；④ 并有消息称湖北巡抚于荫霖、湖南巡抚俞廉三以及河南

---

① "The Situation," *The North-China Herald and Supreme Court & Consular Gazette (1870–1941)*, Jul. 11, 1900, p. 57.

② 7月初，大邑县罗文榜"建旗'顺清灭洋'四字"，操拳练武，聚者数千人，并于7月9日正式发动起义，捣毁当地教堂；与此同时，邛州城人民也纷起响应；7月10日，浦江县教堂被民众捣毁；7月14日，雅州名山县庞世琪聚众数千人举事；同月，丹棱群众分会英、法两国教堂；嘉定府城人民亦在酝酿起义。见张力《四川义和团运动》，四川人民出版社，1982，第49—52页。

③ 时江西鄱阳湖某镇（Kingtehchen）发生中国教徒被杀、差会被毁事件，致传教士从江西抚州等地（Jaochou, Fuchou）陆续撤离；湖南衡州（Hengchou）有天主教堂被暴徒摧毁、一位意大利主教和三名牧师被杀害、另有三名牧师失踪；浙江亦有不少中国基督教徒的房屋被摧毁，其中宁波、温州两地的民教矛盾尤其尖锐。参见 "Li Hung-Chang's New Appointment. Better News of the Legations," *The North-China Herald and Supreme Court & Consular Gazette (1870–1941)*, Jul. 18, 1900, p. 107; "Anti-Catholic Riot in Hunan," *The North-China Herald and Supreme Court & Consular Gazette (1870–1941)*, Jul. 18, 1900, p. 109; "Li Hung-Chang's New Appointment. Better News of the Legations," *The North-China Herald and Supreme Court & Consular Gazette (1870–1941)*, Jul. 18, 1900, p. 107; "The Evacuation of Wenchow," *North China Daily News*, Jul. 16, 1900; "Anti-foreign Officials," *North China Daily News*, Jul. 16, 1900。

④ 7月1日发行的《教务杂志》称："目前无法获得任何关于内地外国人的消息。"见 Murray, D. S. "The Escape Frow Tsangchou," *The Chinese Recorder and Missionary Journal (1868–1912)*, Jul. 1, 1900, p. 374。

巡抚裕长都决定听从招抚拳民御侮的命令，[1] 且湖南、山西两地巡抚已在辖境内公布支持拳民的告示；[2] 至于江苏方面，有《北华捷报》访事员在 7 月 7 日报，李秉衡在扬州要求他的军队着义和团服饰，在当地引发骚动；[3] 此外，南京方面关于刚毅将来任职的传言也引发上海侨民恐慌。[4]

复次，英侨与英国驻上海代总领事有关英军登陆上海的请求，因取得了英国本土的积极反馈而引发了美侨的不满。相较于美侨的一再碰壁，上海英侨与英国领事在同一时期的活动要顺利很多。继 6 月赚得两艘英舰入江之后，英国驻沪代总领事霍必澜在 7 月 5 日借助上海租界有关袁世凯奉端王之命率军南下的谣言，再次呼吁英国派兵长江；[5] 九天后，他又与英国中国协会上海分会一起，以汉口、湖南、温州等地坏消息频传，上海即将沦陷为由，请求英政府派出一支军队在香港或威海卫待命，以便随时登陆上海。[6] 这些请求不仅获得英国本土的英

---

[1] "Li Hung-Chang's New Appointment. Better News of the Legations,"*The North-China Herald and Supreme Court & Consular Gazette (1870 – 1941)*, Jul. 18, 1900, p. 107.

[2] 为维护"东南互保"议定之后的局面，张之洞随令湖北、安徽巡抚准备击退来自前述两省的任何进攻，并安抚领事团，称没有任何来自这两个省的袭击的危险。"Mr. Goodnow to Mr. Hay, No. 276, July 17, 1900,"*FRUS, 1900*, p. 258.

[3] "The Situation,"*The North-China Herald and Supreme Court & Consular Gazette (1870 – 1941)*, Jul. 11, 1900, p. 57.

[4] "The Crisis in the North,"*The North-China Herald and Supreme Court & Consular Gazette (1870 – 1941)*, Jul. 4, 1900, p. 27.

[5] 《代总领事霍必澜致索尔兹伯里侯爵电函》（1900 年 7 月 5 日），载《蓝皮书选译》，第 123 页。

[6] 《代总领事霍必澜致索尔兹伯里侯爵电》（1900 年 7 月 14 日），载《蓝皮书选译》，第 130 页。

国中国协会和汇丰银行的强烈支持，而且得到英国政府的慎重考虑。美侨原本就不满"东南互保"排斥列强派军干涉长江的条款。在美国恪守"东南互保"，甚至为此发布第二次"门户开放"宣言的情况下，英国却在两艘英舰入江后又有派兵登陆上海之议。这样一来，原本约束列强一致行动、有利于"门户开放"的"东南互保"协议，在美侨眼中逐渐沦为方便英国垄断长江的工具。

最后，就在"东南互保"的信用在上海美侨的心目中一落千丈之际，清廷要求各驻外公使向其驻在国政府转达的一封上谕引爆了上海美侨的情绪。6月29日，在清军抗击八国联军节节失利的情况下，清政府为挽狂澜于既倒，就义和团运动进行自我申辩。在这天发布的上谕中，清廷先将义和团起义的爆发归咎于地方政府的管控不力；再指出京城乱局是使馆卫队及援军对中国民众的刺激以及团民借机煽动民众的双重作用下造成的；该谕一再声明清廷始终严令保护公使馆，只是有时担心太严格的措施会引起反弹，进而使外国人蒙受更严重的伤害，才采取了审慎态度；同时，该谕还就克林德事件进行辩白，并指出，沽台之战实由联军启衅，而中国不过是被迫迎战；最后，清廷饬令各公使将此谕转达其所驻国政府，以表露中方从未有与列强失和之心。[1] 大约在7月11日前后，该谕内容已在上海租界广泛流传。[2]

清政府在上谕中的表态与当时人们有关北京现状的认知极

---

① 《有关义和团上谕》，载杨家骆主编《义和团文献汇编》第4册，第27—28页。

② "The Crisis in the North," *The North-China Herald and Supreme Court & Consular Gazette (1870–1941)*, Jul. 11, 1900, p. 77.

不相符。在袁世凯于 7 月 12 日电告上海领事团称北京使馆区正面临炮击后，上海外侨就此认为这是宣布屠杀的前奏，在京外侨幸存希望彻底渺茫；[1] 中外各大外文媒体也竞相报道在京外国人无人生还的消息。同一天，伦敦方面消息表示，如果赫德能够在情况"绝望"的时候偷偷发出一封信，那么他当然可以在情况变好的时候发出其他信。[2] 言下之意，既然现在没有任何从使馆区传来的消息，就意味着使馆区的情况比"绝望"时更糟。7 月 14 日，广州方面有消息称，广州、香港和上海等地到处流传着拳民和三合会已经屠杀了在京外国人和传教士的谣言；英国外交部则对外公开英国驻沪总领事来电，内称山东巡抚已对外公布如下消息：英国驻京使馆的防御已经被撕破一个口子，在经过一场顽强抵抗后，因弹药告罄，所有外国人皆被杀害。驻沪总领事认为，在京外国人的命运已无疑问；此外，路透社也报道，根据上海方面向《纽约世界》（New York World）发去的消息，盛宣怀近日告知领事团，所有在京外国人悉数遇难，罪魁祸首为排外将军董福祥；盛宣怀还称该将军参加了与英国使馆的交战，并下令使用重炮开火；英使馆目前已经被焚毁，该处所有外国人全部被消灭。[3] 7 月 16 日，《字林西报》以《最担心之事成真》为题，称盛宣怀收袁世凯来电，有 7 月 8 日自北京南下并于 14 日抵达的信使来报，甘军与拳民已用大炮在英使馆打开缺口并攻占使馆大开杀戒。外国

---

① "The Pekin Tragedy," *The Manchester Guardian (1828 – 1900)*, Jul. 16, 1900, p. 7.

② "The Fate of the Legation," *North China Daily News*, Jul. 12, 1900.

③ "The Pekin Tragedy," *The Manchester Guardian (1828 – 1900)*, Jul. 16, 1900, p. 7.

人无人生还。拳民与军队死伤颇巨。使馆卫队在中国人攻入之前用尽了弹药。① 同日，伦敦《每日邮报》的一位记者甚至在毫无根据的情况下便对北京使馆区外国人"奋勇抗争"命运的"最后几小时"做出"声情并茂"的描写。② 受上述不实报道的影响，美国本土旧金山、芝加哥等华人聚居地，有美国民众扬言要报复义和团、攻击华人；③ 英国本土也开始出现夷平北京、屠杀中国人的激进言论；④ 法国媒体基本采信"北京大屠杀"的消息，也提出向中国进行报复，其中法国《高卢报》（Gaulois）希望欧美列强现在能够正式宣布它们与中国的外交关系破裂；《闪电报》（Eclair）则评论道："中国人已经泯灭人性，列强必须进行报复。"⑤

　　这便造成 6 月 29 日上谕在上海租界起到了完全相反的效果。7 月 13 日，美国驻沪总领事古纳向海约翰报送清廷 6 月 29 日上谕译文时便讽刺道："我认为没有比这更别致的恳求和更好的自我辩护了。"⑥ 不仅如此，他递交的上谕译文在每句话的开头都使用了命令的语气，大大增强了该谕要求各驻外公使为其开脱的意味；此外，译件末尾还别添一注，注云："上

----

① "The Realisation of our Worst Fear,"*North China Daily News*, Jul. 16, 1900.
② 骆惠敏编《清末民初政情内幕》，刘桂梁译，知识出版社，1986，第 171—172 页。
③ "Appeal by Americans,"*New York Times（1857 - 1922）*, Jul. 16, 1900, p. 2; "Alarm in Chinatown,"*The Washington Post（1877 - 1922）*, Jul. 17, 1900, p. 2.
④ "Editorial Article 1 - no Title,"*The Manchester Guardian（1828 - 1900）*, Jul. 17, 1900, p. 6.
⑤ "The Massacre in Pekin,"*The Manchester Guardian（1828 - 1900）*, Jul. 17, 1900, p. 7.
⑥ "Mr. Goodnow to Mr. Hay, July 13, 1900,"*FRUS, 1900*, p. 255.

谕原文中之'外部'，虽在此处指各国政府，但'部'字常被解释为小国或部落，并用于代指散布在中国边境的蒙古等其他土著朝贡部落。""外部"本为各国外交部门之简称，此译件却在此处特别摘出并妄加阐发，无论是否确属无知，都不无挑拨之嫌。

古纳的反应并非个例，上海美侨也一致将 6 月 29 日上谕视作清廷为拖延时间、推卸责任而捏造的谎言。"东南互保"已使美国做出不派舰入江的承诺，美华协会唯恐美国政府继续托清廷上谕而不作为，因此急于唤起美国本土民众对中国事态的重视。恰逢其时，内地美侨在 7 月中旬大举迁居上海，[①] 上海地区美侨数量急剧增加。于是，该会决定在 7 月 13 日召集上海的所有美国人，举行全体美国人大会，以壮大声势。

四　全体美国人大会

1900 年 7 月 13 日，在美华协会的组织下，上海工部局董事会办公室人头攒动，美国侨民在此集会，对中国当前形势进行讨论。

在上海美侨看来，中国形势"危如累卵"，而他们迭次向美国本土发出的求救信号却再三落空，很大程度上是因为中国

---

① 7 月初，因美海军少将肯普夫在 7 月 2 日向上海表示，在投入更多兵力之前，无法为上海提供进一步保护，并建议上海在"真正爆发暴乱之前，应充分警告该地区的居民在一些特定地点集合，以便保护他们的生命安全"。于是美国驻沪总领事古纳致电各地美国领事，要求他们让辖区内的美国公民迁往汉口、上海等受保护的地区。见 *JAAC*, vol. 1, no. 6（Oct., 1900）: 10; "Mr. Goodnow to Mr. Hay, No. 276, July 17, 1900," *FRUS, 1900*, p. 258。

向美国传递的虚假情报在其中作梗。因此，时任会长卜舫济、佑尼干和郭斐蔚等在会上相继对清廷上谕口诛笔伐。卜舫济指责中国政府通过各驻外使臣向各国政府发出的声明"是对当前事态的完全错误的表述，是彻头彻尾的谎言"，目的无非是希望蒙蔽列强，拖延时间。清政府努力把义和团塑造成替罪羊，然后宣称官方无力控制义和团，进而开脱自身的责任，这是对中国情况的"完全扭曲和伪造"。在华美侨人尽皆知，中国官员自始至终都同情义和团运动，甚至还煽动了义和团的进一步活动；他们没有对义和团运动进行任何约束，更不曾保护外国人的生命安全；至于身陷北京的外国人，更不可能受到了友好的对待。[①] 佑尼干也表示："很明显，这一通信的目的是希望将列强的注意力从中国的实情上转移开。我们的利益要求我们绝不能轻纵这一完全虚伪的无耻企图。"郭斐蔚也持同样观点，并认为协会很有必要使美国本土清晰地认识到：清政府对其驻外使臣发出的陈述完全没有任何可信价值。[②]

除了抨击清政府，大会还批评了美国本土对中国危机的冷漠态度。卜舫济指出自 1900 年 3 月至今，美华协会与驻沪领事向美国本土发去的一系列信电，要求重视北方义和团运动并警惕长江流域的局势，但美国至今只向中国派出了少量的部队。并且，这支部队不但没有参与联军进攻大沽口的行动，而且在解救京津外国人的过程中也不积极。对于美国政府依赖他人来维护"门户开放"政策、保护长江流域的行为，与会美

---

① *JAAC*, vol. 1, no. 6（Oct. , 1900）: 5 – 8; "American in China Appeal to their Government," *North China Daily News*, Jul. 16, 1900.

② *JAAC*, vol. 1, no. 6（Oct. , 1900）: 5 – 6; "American in China Appeal to their Government," *North China Daily News*, Jul. 16, 1900.

侨十分不耻。卜舫济表示，这说明美国政府完全没有意识到自己作为一个世界大国应尽的责任。

最后，大会通过了以下决议：

过去九个月里，一场以排斥一切外来者和消灭基督教为首要目标的运动在中国爆发并持续扩大。由于清朝皇室与高官对该运动的支持与纵容，义和团的领导者①取得了对中央政府和北京清军的直接控制。居住在中国内地的外国人，或遭拳民杀害，或流离失所；北京的各国公使与外侨则在使馆区被包围长达一月，并受持续炮击，处于极度的筋疲力尽和绝望之中。由于义和团的武装以及各地归附义和团的军队数量超过各国派出的联军数量，并且他们还摧毁了京津一带的铁路设施，联军救援北京的行动一再被阻断。目前，美国公民的生命和财产仍处于极度危险之中，而对他们的保护大部分来自他国军队而非美国。鉴于上述情况，兹决定：

一、美国政府应调动一切可使用的武装，与各国军队合作，恢复中国秩序、保护在华侨民、切实保证东南督抚对南方和平负责、惩罚祸首并要求赔偿。

二、美国政府应尽快在中国部署陆军，并派出一支力量充足的海军舰队留驻中国沿海、沿河所有受威胁的地区。

三、向美国国内民众发出吁电，使之充分了解本次危机的严重性以及对他们造成的间接损害。

四、将本决议的副本分别寄送美国总统、美联社、美

---

① 按：此处指端王。

国远东舰队司令、美国驻华总领事和其他在华领事。①

决议中所说的要发回美国本土的吁电，内容大要如下：

在华美侨召开群众集会，呼吁本国同胞敦促政府向中国派遣足够军队，以便美国能与其他列强采取更有效的一致行动。

目前美国在华军队与其在华利益极不相称。我们的商业利益主要集中在北方省份，让别国承担保护在华美侨的主要责任是可耻的。

排外暴行与日俱增，外国官员与教士大量蒙难，北京公使生死未卜，屠杀中国教民的行为正在继续，面向全体外国人的大屠杀恐将爆发。

中国全国范围内的贸易陷入瘫痪。尽快恢复秩序并实施报复是所有文明国家的当务之急。一旦耽搁，将酿成大祸。

不仅外国人的生命财产危在旦夕，而且美国在华影响力也受到不可估量的损失。

不可相信中国政府通过其驻外公使发布的任何关于中国情况的声明。

现在的暴行是过去列强软弱无力、模棱两可的政策造成的恶果。我们呼吁立即采取强有力的联合行动。②

从大会通过的决议和吁电来看，此次大会的目的与美华协

---

① *JAAC*, vol. 1, no. 6(Oct. , 1900) : 5; "American in China Appeal to their Government," *North China Daily News*, Jul. 16, 1900.

② *JAAC*, vol. 1, no. 6(Oct. , 1900) : 6.

会自义和团爆发以来向美国政府提出的要求大体一致，主要是派军镇压北方义和团和派舰入江防患于未然这两大要求，此外增加惩罚祸首和要求赔偿的内容。从集会的动机来看，此次大会主要还是基于保障美侨安全与维护"门户开放"政策这两重考虑，不过因外地侨民尤其是传教士的涌入，增添了一抹要对中国实施报复的色彩。

会议结束的次日，联军攻陷天津。获悉这一消息，上海租界侨民一面益加深信清政府发出的所有消息不过是为拖延时间,[①] 于是继续对清廷在 7 月上旬发布的几道有关公使安全的上谕提出质疑;[②] 一面则担心中国人要在长江流域掀起广泛的

---

① "The Situation," *The North-China Herald and Supreme Court & Consular Gazette (1870 – 1941)*, Jul. 18, 1900.

② "The Situation," *The North-China Herald and Supreme Court & Consular Gazette (1870 – 1941)*, Jul. 25, 1900；"No Definite News About the Envoys," *New York Times (1857 – 1922)*, Jul. 25, 1900;个别国家政府也表现出怀疑态度，如比利时外交部长就坚持他必须与本国驻华公使取得联系，并被后者告知北京的比利时人和难民情况乐观才能采信中方的说法。见 "Pekin Mystery," *The Manchester Guardian (1828 – 1900)*, Jul. 23, 1900;此外，古纳在 7 月 18 日得报，保定府所有外国人连同许多中国教民被杀、布道所被焚；英国驻天津领事也在 18 日电告伦敦：昨收日本公使 6 月 30 日消息，英国使馆及肃王府正在端王和董福祥的命令下遭到克虏伯大炮的轰击；使馆区缺少食物弹药，希望渺茫；同日，烟台方面致电柏林：据美国新闻通讯记者宣称，在京外国人自 7 月 6 日突围战后便遭受炮击；自 7 月 9 日开始，他们已经在防弹掩体中；皇帝已死、端王篡位，亲外的聂将军被迫自杀；见 "Mr. Goodnow to Mr. Hay, Telegram, July 27, 1900," *FRUS, 1900*, p. 260; "China," *The Manchester Guardian (1828 – 1900)*, Jul. 20, 1900。在这样的背景下，《泰晤士报》继续敦促英国政府准备香港、上海两地的防务，不要贻误时机，而英国圣保罗大教堂甚至决定在 7 月 23 日为北京的死难者举行追悼仪式。"The Times on the Situation," *North China Daily News*, Jul. 18, 1900; "Pekin Massacre," *The Manchester Guardian (1828 – 1900)*, Jul. 19, 1900.

报复行为，再次请求本国政府向中国派遣更多军队。7 月 14 日前后，霍必澜和英国中国协会上海分会纷纷以上海即将沦陷为由，请求英国政府派出一支军队在香港或威海卫待命，以便随时登陆上海。[①] 因英国本土的中国协会和汇丰银行也对上海方面的提议表示强烈支持，英国政府不久便允准了来自上海的请求。

美华协会也发动了它掌握的所有渠道，尽可能地向外界传播 7 月 13 日大会通过的决议和吁电。[②] 7 月 16 日，《曼彻斯特卫报》、[③]《字林西报》[④] 和《纽约时报》[⑤] 相继对此次大会的议程和通过的决议、吁电进行详细报道，两日后的《北华捷报》也刊登《在华美侨向其政府呼吁》一文，为此次大会造势。[⑥]

在向中外西媒发布吁电的同时，美华协会还将大会通过的决议和吁电副本分别递交大沽的美军少将肯普夫、美国亚洲舰队总司令雷米（George Collier Remey）少将以及上海总领事

① 《代总领事霍必澜致索尔兹伯里侯爵电》（1900 年 7 月 14 日），载《蓝皮书选译》，第 130 页。
② "American in China Appeal to their Government," *North China Daily News*, Jul. 16, 1900.
③ "The Pekin Tragedy, *The Manchester Guardian (1828 – 1900)*, Jul. 16, 1900, p. 7.
④ "American in China Appeal to their Government," *North China Daily News*, Jul. 16, 1900.
⑤ "Appeal by Americans," *New York Times (1857 – 1922)*, Jul. 16, 1900, p. 2. 按：因 1884 年已制定格林尼治标准时间，所以上述报纸虽都在当地时间的 7 月 16 日刊登该会吁电，但实际上还是有时间先后之分。以上排列次序分时间先后。
⑥ "American in China Appeal to their Government," *The North-China Herald and Supreme Court & Consular Gazette (1870 – 1941)*, Jul. 18, 1900, p. 134.

古纳。①

7月20日，美华协会又将大会通过的决议案和电文内容发给纽约美联社总经理，催促他尽快在美国传播这一吁电。该信大要如下：

> 鉴于中国极度严峻的局势已经严重威胁美国在华侨民的生命和利益，一大批美国侨民——包括许多从中国内地逃出生天的美国人，在7月13日召开大会，通过了随信所附的决议及吁电……
>
> 在最后的和平到来之前，成百上千的在华美侨有可能会成为和平的牺牲者。这里面不只有英勇牺牲的男人，还有那些手无缚鸡之力的妇孺。这些妇孺有可能面临或已经面临侮辱与折磨，非一死无以解脱。
>
> 为阻止这种暴行，我们在7月13日向国内同胞发出呼吁。这不是一场普通的战争。我们在本土的同胞应当充分认识到，我们将要面临的是死亡，而且可能要遭受最残酷的折磨而死。……
>
> 因此，我们请求我们的勇敢而仁慈的同胞，向中国派出尽可能多的军队，去跟那些打算消灭所有外国人的中国人作战。②

同日，该会还致信美国总统麦金莱，信中重申该会的要求，并特别强调了此次大会代表着极为广泛的旅华美侨意见：

---

① *JAAC*, vol. 1, no. 6(Oct. , 1900) : 11 – 13.
② *JAAC*, vol. 1, no. 6(Oct. , 1900) : 13.

　　参与本次大会者包括许多从内地逃来上海的外国难民。该大会具有非常广泛的代表性。会议中通过的电文已被立即发给美联社。如果我国人民能明白那些身处北京等北方地区的同胞所面临的恐怖遭遇，以及所有在华美侨岌岌可危的处境，那么他们一定会给予政府最慷慨的支持，以便政府采取与局势相对应的大规模活动。我们相信我们的国家会从那些未开化的暴徒和士兵的暴行中拯救出她的子民。①

7月21日，美华协会最后致信美亚协会，在汇报此次大会的情况后，对"东南互保"能否维系提出了强烈质疑：

　　已另函寄出7月13日召开的在华美国人大会所通过的决议案和《字林西报》相关报道的副本。我们认为目前已经到了需要直接向美国全体公民呼吁的时候，因此我们通过美联社的伦敦办事处向美联社发送了一封消息。目前中国的骚乱已经愈演愈烈，内地许多地方都爆发了暴乱，即使是居住在汉口等大通商口岸的同胞也都被迫逃到了沿海。不少从金华逃离的美国人也陆续抵达上海，他们的家被抢掠一空。十分担心"东南互保"协议是否能够继续维持。②

此次全体美国人大会的会议规模之大、动员对象之广泛以

---

①　*JAAC*, vol. 1, no. 6(Oct. , 1900) : 9.

②　"Lyman to Foord, Jul. 21, 1900, " *JAAC*, vol. 1, no. 6(Oct. , 1900) : 9.

及投入财力之多，均为美华协会前所未有。大会的主要任务是向美国本土说明义和团爆发的"始末真相"与中国局势的"真实情况"，一来戳破清廷的"谎言"，纠正中方对美国政府决策的"误导"；二来引起美国本土民众的重视，迫使美国政府改变依赖他人来保护美侨和维护"门户开放"的消极路径，采取更强有力的军事行动。

出于对清政府的不信任，上海美侨从庚子年入夏以后，便一直寻求以美国海军武力保护的手段来保障在华美侨的安全、维持中国南北的"门户开放"，然而，美国国务院却属意于依托他人代理的方式，不仅倾向于在联军中保持边缘地位，而且选择支持"东南互保"。7月以后，联军北进的动向、长江沿线的骚动，使高度敏感的美侨对"东南互保"的可靠程度产生了强烈的疑虑，与此同时，英舰入江与英军登陆上海之议又进一步加强了美侨对政府借"东南互保"维护长江流域"门户开放"的不满。美华协会召开这次旅华美侨有史以来最大规模的集会，主要目的便是使海约翰停止依托他人代理的计划，迫使美国政府亲自出面，采取强有力的军事手段践行其在保障美侨安全和维护"门户开放"方面的责任。

此次大会声势浩大，美侨志在必得，但殊不知东南督抚和伍廷芳也在紧锣密鼓地与美国国务院展开交涉。在7月上旬德国公使克林德遇难的消息被确认，而其他公使生死未卜之际，公使的安危成为左右中外战争走向的决定性因素。其中，美使康格的安全则是美国政府是否继续对中国事态采取温和态度的关键。对清政府来说，它固然不希望美国增兵来华，因此极力保证康格的安全以维持这一微妙状态；至于美国方面，也不欲将事态升级。双方战略目标一致，因此存在巨大的合作潜能。

北京使馆失联后,美方迫切希望确认公使安全,以便制定下一步行动计划,于是在 6 月 15 日致电康格而未得回音后,海约翰便开始尝试通过驻华公使伍廷芳与康格取得联系。7 月上旬,美国国务院向伍廷芳提出了"如救出美使及各员,美人允给重赏"的条件;① 此后,海约翰又在 7 月 11 日要求伍廷芳致电袁世凯,以获取更多在京公使的消息;② 同日,海约翰还请李鸿章将以下消息传达给康格:"7 月 11 日。与传信者联系。"③

美国国务院积极联络康格,正值清军连战不利之际。7 月上旬,清廷高层暂趋求和并先后向各国递交国书;东南各省政府则通过袁世凯、盛宣怀等人的电报渠道积极对外确认公使安全。④ 7 月 14 日天津失陷后,清廷态度更加动摇,于是中外关系出现更大的转圜余地。7 月 16 日,总署主动与使馆区恢复联系,不但传达华盛顿来电及康格复电,还以保护为名请公使及眷属随员等出馆"暂寓总署";同日,刘坤一、张之洞和盛宣怀也向驻英公使罗丰禄等中国驻外公使发出同文电报,告以

---

① 《华盛顿伍钦差廷芳来电》,光绪二十六年六月十三日(1900 年 7 月 9 日),见《愚斋存稿》卷 94,补遗 71,载沈云龙主编《近代中国史料丛刊续编》第 13 辑,文海出版社,1975,第 1967 页。

② "The Pekin Tragedy,"*The Manchester Guardian (1828 - 1900)*, Jul. 16, 1900, p. 7.

③ 参见 William Roscoe Thayer, *The Life and Letters of John Hay*(Boston: Houghton Mifflin Company, 1915), p. 236。海约翰与李鸿章之间的桥梁由伍廷芳搭建,早在 6 月,伍廷芳便建议李鸿章借开放美使的通信安抚美国政府。见《伍钦差来电》,光绪二十六年六月初二日酉刻到(1900 年 6 月 28 日),载苑书义等编《张之洞全集》第 10 册,第 8032 页。

④ 如袁世凯曾通知上海领事团领袖领事,截止到 7 月 4 日,除德国公使外,其他各国驻京公使尚皆安全。"The Pekin Tragedy,"*The Manchester Guardian (1828 - 1900)*, Jul. 16, 1900, p. 7.

各国公使至 7 月 9 日尚皆安全，李鸿章已迁任直督，请各国政
府保护天津城免遭毁坏。① 7 月 17 日，盛宣怀向上海领事团保
证，根据袁世凯的电报显示，驻京使馆直到 7 月 9 日仍然未被
攻破。② 7 月 17 日和 18 日，清廷更是连发两道上谕，前者重申
朝廷无意与列强失和，严饬保护使馆及各地教士，缉拿杉山
彬、克林德两案凶手，严剿起义群众，并汇总审核外国人损失
物产；后者则再次保证各国公使的安全："除德使被乱民戕
害，现在严行查办外，其余各国使臣，朝廷苦心保护，幸各无
恙。"③ 于是，中国驻各国公使纷纷向其所驻国传达两谕。④

　　然而，受到同时期上海方面的影响，美国媒体对伍廷芳所
传之情报将信将疑。7 月 17 日，伍廷芳将刘坤一、张之洞和
盛宣怀 16 日所传之电转达海约翰后，美国方面便对此提出质
疑。以至于伍廷芳在面对美国人的质疑时"颇为激动地"反

---

① "Memorandum left at Department of State by Minister Wu, July 17, 1900," *FRUS, 1900*, p. 279.
② "China," *The Manchester Guardian (1828 - 1900)*, Jul. 20, 1900, p. 5.
③ 《有关义和团上谕》，载杨家骆主编《义和团文献汇编》第 4 册，第 31 页。
④ 7 月 20 日，中国驻英使馆发布如下声明："……本日下午 2 时 30 分，收南京总督确认各国在京公使及人民安全的来电：六月廿二日上谕（7 月 18 日）称戕害德使之凶犯已严行查办，其余各得朝廷苦心保护，幸各无恙。"见 "Pekin Mystery," *The Manchester Guardian (1828 - 1900)*, Jul. 23, 1900, p. 7；7 月 20 日，路透社来电，称本日中国驻法公使向法国政府转达了清廷 7 月 18 日上谕。见 "Pekin Mystery," *The Manchester Guardian (1828 - 1900)*, Jul. 23, 1900, p. 7。7 月 20 日，中国驻比利时使馆代办向比利时外交部长转达了中国驻伦敦公使关于各国在京公使全部安全的电报。见 "Pekin Mystery," *The Manchester Guardian (1828 - 1900)*, Jul. 23, 1900, p. 7。7 月 21 日、23 日，伍廷芳先后将清廷 7 月 18 日及 7 月 17 两封上谕转达华盛顿。见 "Memorandum, July 21, 1900," *FRUS, 1900*, p. 280; "Memorandum left at the Department of State by the Chinese Minister, July 23, 1900," *FRUS, 1900*, pp. 280 - 281。

问道:"为什么宁愿相信来源未知的夸大报道,却不愿相信这份由我国最高官员签署的、有着内在准确性证据的报告?"伍廷芳指出,上谕所包含三条内容,已有一条被国务院确认;①并且这三条内容,尤其是李鸿章的任命,显然都只能来自清廷,无法伪造。然而,因无法解释中国政府能通过电报联络其驻外代表,而各国驻京公使却不能利用同样的渠道与本国政府取得联络这一问题,伍廷芳的反驳变得相当无力。于是,亟欲承认伍廷芳所传达的消息属实的美国国务院也不能做出进一步的表态。此后,美国不少人也逐渐开始揣测各国公使已死,而中方所传达的消息只是中国为保存天津城、减轻外国对中国的不满情绪而捏造的谎言。②

在这种情况下,辗转送达美国华盛顿的康格复电在各国引起了完全出乎清政府意料的反响。康格对海约翰7月11日电做出的复电在7月20日与光绪国书同时到达华盛顿。尽管美国国务院倾向于相信康格来电的真实性,但不仅上海美侨质疑此电作伪,而且其他各国也多怀疑此电的真实性。

怀疑者的理由是,如果拳民已经攻占使馆,那他们也有可能发现密码本并伪造复电。③如德国政府和媒体就怀疑7月16日康格复信的真实性。德国外交部推测康格的复信可能是与德国使馆贝尔根6月24日发来的消息大约同时发出,后来这封消息从送信的人手中被截获,并被用来迎合华盛顿对于与驻京公使取得联络的渴望;否则这封消息就是在获得了密码的人的

---

① 指李鸿章迁任直督一事。
② "Says Legations are Safe," *The Washington Post (1877－1922)*, Jul. 18, 1900, p. 1.
③ William Roscoe Thayer, *The Life and Letters of John Hay*, p. 237.

帮助下伪造的。美国驻德公使表示他认为后一种解释更加合理，并指出，如果美国驻华使馆被攻占，那么密码本也会同时被发现，这样一来，要伪造消息就是十分简单的事情。无论怎样，在与驻京公使取得直接联系之前，德国外交部都不会相信中国关于驻京使馆的报道。[1] 英国媒体和民众亦对此信真伪表示严重怀疑。[2]

为此，身在华盛顿的伍廷芳不得不继续努力澄清。他向美国公众说明，这封电报是用国务院的密码发的，除康格公使或他的某位秘书外，无人知悉密码。然而，他的努力并没有取得成效。伍廷芳在 1900 年 8 月 17 日于美国《世纪杂志》（*The Century Magazine*）发表《呼吁公正对待》一文，并在回忆 7 月的经历时说，康格的复电被公布后，百分之九十的人和报纸都怀疑它的真实性。人们提出各种解释，用来论证电报系伪造。"发出该电报的各种罪恶动机都加到了中国政府身上。"[3]

由此可见，7 月 13 日大会及美华协会的后续活动在一定程度上打击了美国政府和本土民众对中方所提供的公使安全证据的信心，削弱了东南督抚安抚美国政府和美国本土的努力；但是，此次大会有关派舰入江的预期目标始终没有达成。美国海军方面，肯普夫与雷米在 7 月 22 日对美华协会做出答复，但均以北方战事吃紧为由，没有在派军南下这个问题上做出任

[1] "The Fate of the Envoys," *New York Times (1857 - 1922)*, Jul. 24, 1900；关于德国对康格 7 月 16 日回电的质疑，另见 "Easy to Forge Cipher," *The Washington Post (1877 - 1922)*, Jul. 24, 1900。

[2] "London Press Skeptical," *New York Times (1857 - 1922)*, Jul. 21, 1900.

[3] 丁贤俊、喻作凤编《伍廷芳集》，中华书局，1993，第 97 页。

何承诺。① 美国国务院方面，虽在 8 月 11 日就登陆上海一事对中国督抚们表现出颇为强硬的态度，称 "如果美国认为有登陆的必要，美国也会采取同样的行动"，② 但对上海美侨则始终没有松口。8 月 14 日，美国总统复信美华协会，称来信及附件收悉，③ 而国务院则在 8 月 25 日，也即北京解围十天以后，始由代理国务卿阿尔维·A. 艾迪（Alvey A. Adee）回信，④ 信中附有海约翰 7 月 3 日致美国驻柏林、巴黎、伦敦、罗马、圣彼得堡、维也纳、布鲁塞尔、马德里、海牙、里斯本等地使节的电文副本，即所谓第二次 "门户开放" 宣言。艾迪在这封信中指出，联军占领京津、解救使馆区的成功，证明美国的 "门户开放" 政策正在向着预期的方向实现。⑤ 华盛顿在中外停火后才对美国人大会的呼吁做出答复，并向他们寄送门户开放照会副本，意在表明它对 "门户开放" 政策的坚持是明智的，而美华协会在同期一再发起的增兵请求便因此显得没有道理了。

作为连接美华协会与美国国务院的重要通道，美亚协会也没有对 7 月 13 日大会及吁电做出任何表示。结合美亚协会的

---

① 肯普夫在回信中表示："来信收悉。目前美国亚洲舰队总司令雷米已抵达大沽，并负直接指挥责任。我本人对目前中国的形势有着充分的认识，也希望能够有足够的美军在中国所有有危险的地区保护全体美侨的利益。我已将长江流域的情况报知雷米总司令，相信他会在他的能力范围内尽可能地保护美国公民的生命、财产和其他利益。" 雷米则答复道："来信收悉。我向您保证我完全愿意为恢复身处中国的外国居民的安宁和安全而努力。" 见 *JAAC*，vol. 1，no. 6（Oct.，1900）：10 - 12。

② "Mr. Adeee to Mr. Wu, August 11, 1900," *FRUS, 1900*, p. 285.

③ *JAAC*, vol. 1, no. 6(Oct., 1900) : 11.

④ *JAAC*, vol. 1, no. 6(Oct., 1900) : 11.

⑤ *JAAC*, vol. 1, no. 6(Oct., 1900) : 11.

这一反应与英美通讯社和美亚协会收到美华协会吁电的时间，可以发现，当时美华协会与美亚协会之间的关系似乎有些微妙：美亚协会素与纽约各大报刊，尤其是《纽约商报》有着密切的联系，而美华协会此次却绕过美亚协会而求助于美联社远在伦敦的办事处；此前美华协会向美国政府提交的吁请基本都由美亚协会转交或同时知会美亚协会，但这次美华协会却是在大会结束的 8 天后，才由兰牧致信富尔德告知 7 月 13 日大会事宜；美亚协会则迟至 8 月，才由富尔德复信美华协会，表示 7 月 9 日及 7 月 21 日信收悉，但对派军一事没有做正面回应。①

至此，美华协会在义和团运动期间的数次活动均遭挫折。尽管碍于身份没有明言其不满，但该会还是在年终报告上对中美两国政府的表现表示遗憾。②《北华捷报》亦在转载美华协会杂志相关内容的同时，批评康格"与他的同事③一样，很不愿意听从上海发来的警示"。④ 康格当时的举动受制于美国国务院的指令，因此指责康格的本质是指责美国国务院在义和团运动期间的活动不力。

* * *

义和团运动时期，上海美商与传教士在联合的过程中，因对保护自身安全有着一致的迫切追求而密切协作。然而，由于双方所看重的东西并不完全相同，因此在具体协作过程中，他们之间的分歧与矛盾逐渐凸显并扩大。首先，以美华协会在义

---

① "Foord to Lyman, Aug. 23, 1900," *JAAC*, vol. 1, no. 6(Oct. , 1900) : 9.

② *JAAC*, vol. 1, no. 7(Jan. , 1901) : 3.

③ 彼时英人亦不满英国公使窦纳乐的态度，故有此怨言。

④ "The Journal of The American Association," *The North-China Herald and Supreme Court & Consular Gazette (1870 – 1941)*, Jul. 11, 1900.

和团运动时期的活动高潮 7 月 13 日上海美国人大会为例，此次大会所要发布的公开吁电，原有两个版本。第一版由卜舫济宣读，原文大要如下：

> 在华美侨一致呼吁国内同胞的救援。
>
> 我们为那些被切断逃生之路而每天面临折磨和死亡威胁的人而呼吁。
>
> 我们为那些几乎可以听到其哭声的无助幼孩而呼吁。
>
> 我们为那些面临无名之火、羞辱和死亡却手无缚鸡之力的女性而呼吁。
>
> 最后，我们为数百名目前虽安然无恙但可能随时陷入绝境的在华美侨而呼吁。
>
> 排外暴行正在与日俱增，针对基督徒的大规模屠杀也在继续。被困北京的 800 名外侨至今生死未卜。请求尽速北进，否则恐怕将有一场大屠杀。整个帝国陷入了恐慌。贸易瘫痪。迫切需要恢复秩序。迟则将有大难。
>
> 我国必须尽一切努力保护她的公民和那些与我们同道的中国人的生命安全，并保证这个帝国在未来向我们的文明开放。让我们的讲道坛和报纸都为人类的利益呐喊！[1]

该稿带有非常浓烈的情感色彩，并夹带了不少传教士的私货，因此支持者不少。如牙医霍罗就对卜舫济宣读的版本表示十分的支持，认为："除了加入更多耸人听闻的话外，想不出

---

[1] *JAAC*, vol. 1, no. 6(Oct. , 1900) : 5.

还能有什么别的可补充"，并指出对中国人以礼相待反会被视为怯懦可欺，中国人只会屈服于武力；唯有尽快以正确的方式〔武力〕去对待中国，它才会感谢外国人并停止利用义和团等来煽动惹事。①

对此，会内商人颇不以为然。他们认为此前的一再失利就是因为该会的言论无法取信于政府，②所以尤其要反对这种耸人听闻的吁电。其中，斐伦指出，虽然现阶段的目标是千方百计使美国本土国民重视中国问题，但仍然应当在措辞上更加谨慎；佑尼干进一步表示，这封电报应致力于强调以下三方面内容：其一，使用坦率而有力的语气说明中国局势；其二，强调如果不与同样希望维护中国完整的国家进行有效合作，美国当前和未来的贸易利益都会受到严重损失；其三，强调北京的篡权者③向中国驻外使臣发出的有关中国情况的说明，实际上是一纸谎言。④

在商人们的支持下，斐伦向大会提交了另一份电稿，原文如下：

> 在华美侨召开群众集会，呼吁本国同胞敦促政府向中国派遣足够的军队，以便美国能够更有效地与其他列强采取一致行动。
>
> 目前美国在华军队与其在华利益极不相称。我们的商

---

① *JAAC*, vol. 1, no. 6(Oct. , 1900) : 6 – 7.

② *JAAC*, vol. 1, no. 6(Oct. , 1900) : p. 5; "American in China Appeal to their Government, "*North China Daily News*, Jul. 16, 1900.

③ 按：指端王。

④ *JAAC*, vol. 1, no. 6(Oct. , 1900) : 7.

业利益主要集中在北方省份，让别国承担保护在华美侨的主要责任是可耻的。

排外暴行与日俱增，外国官员和传教士遭受屠杀，北京公使生死未卜，对中国教民的屠杀正在继续，对全体外国人的大屠杀恐将爆发。

全国范围内的贸易已经陷入瘫痪。尽快恢复秩序并实施报复是所有文明国家的当务之急。迟则将生大难。

不仅外国人的生命财产危在旦夕，而且美国在华影响力也会受到不可估量的损失。

不可相信中国政府通过其驻外公使发布的任何关于中国情况的声明。

现在的暴行是过去列强软弱无力、模棱两可的政策造成的恶果。我们呼吁立即采取强有力的联合行动。①

对比两电可以发现，后电删去了前电"保证这个帝国在未来向我们的文明开放"等句，强调了清廷上谕的不可信，并指出美国与其他愿意维护中国领土完整的国家采取合作的必要性，总的来说，较前一版电稿更为冷静克制。

为实现美舰入江的目标，会内传教士在权衡利弊之后，也很快对此表示赞同。如郭斐蔚发言支持后一版电稿，称：目前情势严峻，当务之急是防止义和团扩散到南方，因此不能像"狼来了"里的小孩那样大呼小叫，而应使用坚定、冷静和公事公办的措辞；在华美侨的声音是否能被国内重视不取决于他们的人数，而取决于他们是否能够给出一个冷静客观的陈述，

---

① *JAAC*, vol. 1, no. 6(Oct. , 1900) : 6.

一旦他们对目前中国的情形有任何夸大，他们就会失去国内同胞对他们的信任。因此，他们认为应当尽可能地使用简洁、公事公办的措辞来描述当前的情况。① 最后，大会一致通过斐伦提出的修改版电稿。

从 7 月 13 日大会吁电的前后两个版本可以看出，除将活动受挫归咎于清朝中央、地方政府与美国政府的交涉，美华协会内部的商人也认为他们受到了传教士的拖累。受此前中国发生的一系列教案影响，传教士的说辞可信度在美国国务院大打折扣。商人认为，在此次事件中，因选择与传教士合作，所以他们有关中国问题的报告也难以获得美国国务院的信任。由此可见，即使是在活动高潮时期会内美商与传教士也已经有了分歧和矛盾。这种分歧与矛盾，在美商与传教士协作意愿高涨时很容易搁置，但当双方对于协作以保障自身安全的需求下降，而开始追逐各自的商业或传教利益时，双方原先得到加强的联合协作便很容易被分歧矛盾盖过。

其次，美华协会围绕 8 月 18 日吁电产生的分歧也反映了传教士与商人的矛盾。8 月 18 日电不但没有得到美国政府的回应，而且招致美亚协会乃至美华协会内部一些成员的非议，进而导致美亚协会与美华协会的矛盾以及美华协会内部商人群体与传教士群体的矛盾。为了弥合这种分歧，美华协会不得不在 1900 年 10 月发行的会刊上发表声明：8 月 18 日电是在当时令人担忧和焦虑的严峻形势下发出的，其中对保护上海及周边地区所需部队的具体要求则出自专业军官的意见。尽管这种严峻局势很快得到纾解，但在谈判的过程中，我们仍时刻有再次

---

① *JAAC*, vol. 1, no. 6(Oct. , 1900) : 6.

面临危险的可能。鉴于此，本会认为在和约最终缔结之前，仍有必要留驻足够数量的美国军队保护上海。

最后，这种分歧还反映在该会关心上海美侨远远超过关心外地美侨上。除了1900年3月的活动是为身陷北方义和团运动的美国侨民而发，1900年6—8月，美华协会对美国本土发去的呼吁几乎都是为了应对自身所处的长江流域的局势；而且，该会在庚子年夏秋之间的活动力度与规模远远超过庚子年春天。后者在该会的电报经费上有着直观体现：美华协会在1900年底的财务报告显示，该会当年共在电报上花费693.27美元;[1] 其中1900年3月，美华协会共向驻华公使和美国国务院发去两封电报；而1900年6—8月，该会向驻华公使、美国国务院、美亚协会等各方面发去的电报，仅见载于会刊的便几乎是3月的5倍。

---

[1] *JAAC*. vol. 1, no. 7(Jan. , 1901) : 4.

第四章　对庚辛和谈的意见

一　和谈的前提

1900 年 8 月 7 日，清军于北仓战败。次日，清廷发布上谕，授命李鸿章为全权大臣，代表中国与列强媾和。[①] 此后，列强久不开议，各国纷纷就和谈的具体条款进行热烈讨论。其中，身在上海的美华协会对和谈也多有设想。在提出具体意见之前，美华协会在 1900 年 8 月首先采取的行动是继续呼吁美国向中国增派军队。

1900 年 8 月 18 日，美华协会飞电美亚协会，称长江流域局势严峻，急需美国政府派一支 15000 人的军队来对上海进行有效保护。[②]

[①] 原文如下："（电寄李鸿章）：此次中外启衅，各国不无误会，中国地方官亦有办理不善之处。兵连祸结，有乖和好，终非全球之福。著授李鸿章为全权大臣，即日电商各国外部，先行停战，仍将应行议结事宜，分别妥商，请旨遵，钦此。"《有关义和团上谕》，载杨家骆主编《义和团文献汇编》第 3 册，36 页；国家档案局明清档案馆编《义和团档案史料》（上），第 445—446、468、472、531 页；王彦威：《清季外交史料·西巡大事记》卷首，外交史料编纂处，1933，第 16 页。

[②] *JAAC*, vol. 1, no. 6(Oct. , 1900) : 14.

这封急电的一个重要背景，是 8 月中旬列强派军登陆上海事件。自 1900 年 7 月 27 日，英国首相索尔兹伯里决定按英侨与英国领事的请求，派 3000 名士兵登陆上海后，[①] 从京津撤离的海军中将西摩尔便迅速南下，确认上海实情。8 月 2 日、3 日，西摩尔与刘坤一举行会晤，并在 8 月 3 日、5 日两次报告英国政府，称刘坤一已同意英国派 3000 名士兵登陆上海。[②] 随后，伦敦调驻香港某步兵旅团的一支 2200 人的部队即日起程开赴上海。[③] 时人皆谓西摩尔南下意在"立功长江"，[④] 是以英军即将登陆的消息一经散布，立刻在上海引起新一轮恐慌。各国驻华领事不甘居于人后，纷纷要求本国政府派兵来华。[⑤] 8 月 15 日，上海领事团就英军登陆上海问题召开会议，达成一致意见，虽同意英军登陆上海，但主张其他国家也要派遣军队前来，组成一支总数为 10000 人的联军，共同对上海实施有效保护。[⑥] 三天后，英国第一批小股部队登陆上海；同日，法

---

① 《索尔兹伯里侯爵至代总领事霍必澜电》（1900 年 7 月 27 日），载《蓝皮书选译》，第 140 页。

② 《海军中将西摩尔致电海军部》（1900 年 8 月 3 日）、《海军中将西摩尔致电海军部》（1900 年 8 月 5 日），载《蓝皮书选译》，第 155、158 页。

③ 《海军中将西摩尔爵士致海军部电》（1900 年 8 月 5 日），载《蓝皮书选译》，第 158 页。

④ 戴海斌根据《日本外交文书》的记载指出，最早炮制此说的可能是驻沪领事小田切万寿之助，因为小田切一开始就对英国派兵反应强烈，提醒本国政府绝不应坐视，这时又利用在华人脉关系，鼓动东南督抚对英示以强硬。见戴海斌《"东南互保"之另面——1900 年英军登陆上海事件考释》，《史林》2010 年第 4 期。

⑤ 见戴海斌《"东南互保"之另面——1900 年英军登陆上海事件考释》，《史林》2010 年第 4 期。

⑥ 《代总领事霍必澜致索尔兹伯里侯爵电》（1900 年 8 月 15 日），载《蓝皮书选译》，第 181 页。

国军队约 50 人也在上海登陆。①

眼看列强纷纷派兵登陆上海，美侨又一次采取行动。早在 7 月 26 日，美华协会执行委员会便与英国中国协会上海分会执行委员会举行联合会议，讨论如何敦促各自政府在上海地区驻军。② 到英、法第一批军队登陆上海的那天，美华协会也同时收到了"北京解围的喜讯"。③ 此前美国在华海军司令曾多次以北方战事吃紧为由，婉拒上海美侨有关回援长江的请求；而使馆解围则意味着美国在华军队在北方的任务完成，所以美华协会认为此时无论是在北方海域或是在由马尼拉来华路上的美军都有充足的条件前来长江提供军事支援，遂向美亚协会发出上述急电。

美华协会此举，除了对中外在长江开战的恐惧，也是出于对美国在长江流域地位的不安情绪。盖彼时和谈在即，各国纷纷向中国加派军队，为的是增加各自在议和席上的谈判资本；美国如果在驻华军队的兵力上落后于各国，势必会影响它在议和席上的话语权。这一次，在义和团运动期间对美华协会的主

---

① 8 月 22 日，一支从香港前来的 3000 人的英国部队在上海登陆；28 日，由波江座号（Eridan）送送的法国增援部队到达上海，这支部队有三连海军陆战队和一连炮兵，次日进入法租界；9 月 6 日，400 名德国士兵在法租界德国邮船码头登陆，驻扎在英美公共租界内；9 月 9 日，600 名日本士兵入驻上海。截止到 9 月 21 日，上海已有英、法、德、日四国军队共计 5000 余人登陆上海。上述有关英军的情况参见《代总领事霍必澜致索尔兹伯里侯爵电》（1900 年 8 月 15 日）、《海军中将西摩尔爵士致海军部电》（1900 年 8 月 17 日），载《蓝皮书选译》，第 181、182 页。各国驻军人数后续各有增减，截至 1901 年 9 月，英国剩下 950 人；德军在 1900 年 9 月后得到补充，此时约有 1200 人；法军与占领初期一样，750 人；日军则减少到 200 人。转引自葛夫平《义和团运动时期列强在上海的驻军与撤军》，《史林》2018 年第 3 期。

② "Annual Meeting," *JAAC*, vol. 1, no. 7(Jan. , 1901) : 3.

③ "Annual Meeting," *JAAC*, vol. 1, no. 7(Jan. , 1901) : 1 - 3.

张始终保持克制态度的美亚协会对美华协会的意见十分赞赏。
经美亚协会执行委员会会议决定，该会不但向国务院转达上海
方面意见，而且也呼吁海约翰向中国各地增派军队，以便提高
美国在中国问题上的话语权：

> 本会对您发布的"门户开放"政策宣言十分满意，
> 尤其是其中有关美国反对瓜分中国以及美国在未来中外停
> 战协议上拥有话语权的果断声明。本会坚信，如果美国要
> 在未来的中外停战协议上发挥更积极的作用，那么驻守在
> 中国各大要冲的美国海陆军力量就必须承担起捍卫美国公
> 民在这些地区巨大的商业利益和其他利益的责任。
>
> 本会相信，美华协会作为一个在寓华美侨利益上有权威
> 发言权的机构，它对于长江流域形势的判断是经过慎重考虑
> 的。执委会赞同并支持美华协会所提出的要求。①

然而，同一时期呈到美国国务卿案头的并不只有两会增派
军队的吁电。中国方面，李鸿章、张之洞、刘坤一等也在通过
伍廷芳积极联系海约翰。

8月10日，李、张、刘等曾联名致电美国国务卿，请求
美国劝止列强派军登陆上海。② 彼时，美国国务院的答复颇为
强硬，称：是否派军登陆上海，应由各国自决；在7月23日
麦金莱答复光绪的国书中所提出的要求实现之前，无法进行任

---

① "Foord to Lyman, Aug. 23, 1900," *JAAC*, vol. 1, no. 6(Oct. , 1900): 9.

② "Memorandum Handed to Mr. Adee by the Chinese Minister, Mr. Wu, August
11, 1900," *FRUS, 1900*, pp. 284 – 285.

何调停。[①] 所谓 7 月 23 日麦金莱国书中的要求，具体是指和平
释放各国公使与外侨和允许援军入京护送公使、侨民赴天津两
项内容。8 月 16 日以后，因联军实现对北京的彻底占领，上
述两项要求在客观上已经得到满足，所以麦金莱政府的态度也
随之发生了转变。当 8 月 19 日，刘坤一、张之洞再次致电美
国国务院，保证东南各总督会继续根据"互保"协议在中国
中部和南部承担保护和维持秩序的责任时，[②] 美国国务院立刻
对江鄂两督做出的上述承诺表示满意。[③]

盖美国在远东的军事力量支绌，无法在列强驻华兵力竞赛
上占取优势，因此不如以静制动，表现出一派平和姿态；况
且，要以中美"特殊关系"的印象笼络中国，也必须克制其
军事行动，确保在保护侨民之外没有逾矩出格之处，因此，长
江流域若能由中国自己来维持和平，美国乐于节约军费。此
后，美国便始终没有参与列强派军登陆上海的行动。

1900 年 8 月 19 日和 21 日，李鸿章以中方谈判全权大臣的
名义，向美、英、日等国政府连发数电，要求各国"即行停
战，会议善后"[④]。大部分国家不愿就此撤军，因此多以"剿

---

① "Mr. Adee to Mr. Wu, August 11, 1900,"*FRUS, 1900*, p. 285.

② "Memorandum Handed to Mr. Adee by Mr. Wu, August 21, 1900," *FRUS, 1900*, p. 289.

③ "Memorandum Touching a Cablegram from the Viceroys Li Kun Yi and Chang Chih Tung, dated 17th, Transmitted by the Chinese Minister at London, Received by Minister Wu on August 20, 1900, and by Him Communicated to the Department of State August 21, 1900," *FRUS, 1900*, p. 289.

④ "Memorandum Received at the Department of State from Mr. Wu, August 21, 1900," *FRUS, 1900*, p. 289；另见《寄伦敦罗使日本李使》《寄伦敦罗使》，光绪二十六年七月二十五戌刻、二十七日巳刻，载顾廷龙、戴逸主编《李鸿章全集》第 27 册，第 204、213 页。

匪、弥衅各节中国未能照行，两宫离京情形迥异"为由设词搪塞，不肯派全权议事，① 但美国的态度则颇摇摆不定。

尽管海约翰在 8 月 22 日给清政府的答复中重申其在 8 月 12 日提出的有关"救使出京"的谈判前提，表示在此之前不能撤军，但这主要是顾及"门户开放"政策对各国在军事占领方面行动保持一致的要求。事实上，当时的美国政府迫切需要从中国撤军：从美菲战争的角度来说，当时菲律宾群岛的战事胶着，本就有限的远东美军，十分有必要在完成赴华"救使"这一使命后立刻回到菲律宾战场；从经济的角度考虑，军事占领所产生的巨额军费将由中国承担，美国政府既希望尽量限制赔款数额，就必须尽快结束军事占领。②

当发现政府不仅不可能向中国增派军队，反而还有撤军的迹象后，上海美侨决定退而求其次，至少使政府保留目前在中国的军队。1900 年 8 月 23 日，认定清廷乞和只是缓兵之计的美华协会毅然致信美国本土，极力主张美国在和谈结束、中国履行和约所规定的条约义务前，拒绝从中国撤军：

　　居华美侨仍然强烈认为在本次事件得到最终、有效地解决之前，美国政府仍然有必要向中国派驻军队。在没有军队的情况下取得的和平状态是暂时且没有意义的。各国

---

①　《奏为款局急宜挽救折》，上海图书馆藏，盛宣怀档案，57614 - 3；各使电复可分见上海图书馆所藏盛档 045929 - 3—045929 - 8 六份电报。转引自雷瑶《庚辛议和中的大吏因应（1900.7—1901.9）》，硕士学位论文，东华大学，2011。

②　"Mr. Rockhill to Mr. Hay, No. 57, Apr. 8, 1901," *FRUS, 1901, Appendix: Affairs in China*, p. 125；另见《1901 年美国对华外交档案》，第 152 页。

要想终结目前仍在中国肆虐的邪恶势力，保留驻军就很有必要。美国的国家和民族荣誉要求美国在中国驻军，直到中国为我们的同胞在过去这段时间里所遭受的残暴折磨甚至死难赎罪为止。[①]

然而，同一时期对白宫进行游说的还有沙俄政府。8 月 25 日，已实际上控制东北的沙俄，为尽快缔约巩固其既得利益并借对华友好态度蛊惑更多利权，率先将俄军撤离北京的决定照会各国，并极力建议各国与其采取一致行动。[②] 对此，英、法、德、奥、意五国不但难以认同，而且还为提高自身在联军中的地位，增强自己将来在议和席上的发言权，源源不断地向中国派遣军队和高级将领。考虑到列强之中，美国的态度最为模棱两可，沙俄政府命俄国驻美代办在 8 月 28 日向美国国务院提出关于俄国在华宗旨的口头声明，催促美国与俄国采取同样的撤军行动：

> 俄国已经再三宣布，她不企图在中国取得领土，同目前正在中国采取军事行动的其他国家一样，俄国也在谋求驻北京使馆的安全，并帮助中国政府平息骚乱。作为偶然采取的防御俄国边境的必要措施，俄国为了军事目的占领了牛庄，一俟秩序恢复，如果其他各国的行动不致成为障碍，俄国便将从那里撤兵。各国政府协同解救北京使馆的目的已经达到，鉴于中国政府已经撤离北京，俄国外交使

---

① "Lyman to Foord, Aug. 23, 1900," *JAAC*, vol. 1, no. 6 (Oct., 1900): 14 - 15.

② 《德国外交文件有关中国交涉史料选译》第 2 卷，孙瑞芹译，商务印书馆，1960，第 98 页。

节没有必要再留在那里，俄国本着这一立场已指示本国公使连同使馆全体人员从中国撤回，俄国军队也将撤退。一旦中国政府重新执政，并拥有与各国交涉的权力，而且表示愿意进行谈判时，俄国政府也将指派自己的代表。俄国坚持这些观点和宗旨，同时希望美国将具有相同的见解。①

面对国内外的各种意见，美国总统麦金莱一度倾向于采纳战争部长罗脱的建议，响应俄国，立即实行全面撤军，但最终还是在多方压力下决定：一面在北京保留一支象征性的军事力量，以保证美国在议和席上的发言权；一面则开始削减驻军的总体数量，以向列强和中国展示其有别于各国的"温和公正"姿态。

8月29日，美国政府训令美国驻俄使臣答复俄国：美国坚持认为，在一个被认可的新政权建立起来并与列强缔结一个令人满意的协议之前，各国必须继续在占领北京上采取联合一致的行动，否则各国的预期目标将难以达成；不过，美国政府也承诺，它会在各国就撤军问题达成共识后，在约定的时间以约定的方式从北京撤军。训令大要如下：

> 尽管我们同意各国军队合作的直接目的——解救北京公使——已经达到，但是，各国仍有其他共同的目的……在中国重新建立政府，并与各国缔结一个包括赔款和保证外侨安全等条款在内的新条约之前，各国应在充分谅解的

---

① "Telegraphic Instruction Sent to the Re Presentatives of the United States in Berlin, Vienna, Paris, London, Rome, Tokyo, and St. Petersburgh, August 29, 1900," *FRUS, 1901, Appendix: Affairs in China*, p. 19; 另见《1901 年美国对华外交档案》，第 17 页。

情况下对北京实行联合占领……当上述政权建立并获得承
认后，美国愿意从北京撤军，并以和平谈判的方式解决我
们的正当要求……我们认为，如果各国不在占领北京问题上
采取一致的联合行动，对北京的军事占领将不能产生预期的
效果。任何决定从北京撤军的国家，今后必须自己设法保护
他们在中国的利益……由于电报的中断，我们对军事形势了
解不足，所以在撤军的时间和方式上，我们认为应当指示在
京的各国军队司令通过协商……约定如何共同撤军。基于上
述考虑，我们将命令在华美军司令，在与其他各国司令适当
地商议撤军的时间和方式之后，从北京撤出美国军队。[1]

此后，麦金莱开始召回大部分驻华美军以及所有正在前往
中国途中的军队。据统计，当时在中国的美军有三分之一被召
回菲律宾，以镇压菲律宾群岛发生的"叛乱"。[2]

对于美军从中国渐次撤退的趋势，上海美侨很难感到满
意。于是，当柔克义以美国谈判专使的身份抵达上海后，该会
立即借接待之机向他进言。这次，该会做出妥协，要求美军至
少在一个全面的协议生效之前不从北京撤离。[3] 9 月 3 日，该

---

[1] "Telegraphic Instruction Sent to the Re Presentatives of the United States in Ber-
lin, Vienna, Paris, London, Rome, Tokyo, and St. Petersburgh, August 29,
1900," *FRUS, 1901, Appendix: Affairs in China*, pp. 19 - 20; 另见《1901 年
美国对华外交档案》，第 17—19 页。

[2] 韩德：《中美特殊关系的形成：1914 年前的美国与中国（1784—1914）》，
第 205—206 页。

[3] "Annual Meeting," *JAAC*, vol. 1, no. 7 (Jan. , 1901): 1 - 3; "Lyman to Rock-
hill, Sep. 3, 1900," *JAAC*, vol. 1, no. 6(Oct. , 1900): 15. 按：同样的信件
还被发送给了古纳和美亚协会。

会的意见以书面的形式被分别递交给柔克义、古纳和美亚协会，希望他们转达美国国务院。① 两日后，柔克义与古纳纷纷给出肯定的答复，② 但美亚协会方面却迟迟没有回音。

9月15日，耐心等待了十多天的美华协会再次致信美亚协会，首先告知内地美侨的态度，即美军从直隶撤出将被内地美侨视为美国政府的懦弱和失败；接着，该会没有再从保留驻军以约束中国履行条约义务的角度阐发其观点，而是顺着美亚协会8月23日的话锋，强调美国驻华军队对美国在和谈中的话语权的作用。该会在信中极力劝诫美国政府，考虑到美国未来在中国的威望、安全以及商业和其他利益，实在应该保留其在中国的驻军。③ 然而这一次，美亚协会继续保持静默。

这一阶段，美亚协会在响应美华协会方面的不积极态度主要是因为当时美国本土特殊的时代背景。尽管美国本土的在华利益集团同样不信任清政府和谈及后续履行条约的诚意，并且也不希望美国因提前结束军事占领而削弱自身在和谈席中的话语权，但因总统大选在即，为保证他们扩张政策的忠实执行者麦金莱能够连任，该会大多数人认为在大选结束前，不应过多质疑美国政府的对华政策，以免为其带来任何负面影响。④ 在这种情况下，尽管富尔德所在的《纽约商报》以及其他美国

① "Lyman to Rockhill, Sep. 3, 1900," *JAAC*, vol. 1, no. 6(Oct., 1900):15.
② "W. W. Rockhill to V. G. Lyman; John Goodnow to V. G. Lyman," *JAAC*, vol. 1, no. 6(Oct., 1900):15.
③ "V. G. Lyman to John Foord, September 15," *JAAC*, vol. 1, no. 6 (Oct., 1900):16.
④ *JAAA*, vol. 1, no. 11 (Nov. 26, 1900):109.

商业报纸都选择站在上海美侨那一边，① 但失去了美亚协会支持的美华协会很难使美国政府听取它的意见。最终，麦金莱不但严格约束驻华美军的行动，禁止他们参加其他列强的征讨，要求他们早日结束对北京城郊挑衅性的巡逻，而且还在1901年春天，毅然撤回所有剩余部队。1901年3月，美军开始全面从北京撤军，决定"除留下一个连充任使馆卫队外，其余军队于4月底全部撤出"。② 至此，美华协会有关在和谈开始前拒不撤军的愿望化为泡影。

美华协会在撤军问题上的强硬态度，是《辛丑条约》谈判前后上海美侨对慈禧政权强烈敌意的一个重要表征。正是出于对慈禧政权的完全不信任，该会才将在华驻军视为保障中国与列强缔约并切实履行条约义务的重要前提。除这一表征外，上海美侨对慈禧政权的敌意还体现在拒绝与李鸿章谈判上。

在写给谈判专使柔克义的9月3日书面意见中，美华协会提出的第二条建议就是拒绝与李鸿章谈判。当时，李鸿章因颇受慈禧太后重用，常被外侨视为慈禧太后的代言人；1900年7

① 该报在11月23日发表言论，称美国军队的撤离会损害美国在中国的声誉；虽然当前的政府倾向于对中国进行"道德劝说"，但这实际上对中国毫无意义；美国政府必须对中国采取强硬措施，而武力则是确保中国接受并执行列强要求的关键。参见 NYJC（Nov. 23, 1900）：4. 此外，根据詹姆斯·J. 劳伦斯的研究发现，其他商业杂志也发出过同类言论。See Commercial and Financial Chronicle（Nov. 17, 1900）：989；Bradstreet's, 28（Nov. 24, 1900）：738, 转引自 James J. Lorence in "Organized Business and the Myth of the China Market: The American Asiatic Association, 1898 - 1937,"Transactions of the American Philosophical Society 71(4), 1981: 29。

② "Mr. Rockhill to Mr. Hay, No. 44, Mar. 19, 1901," FRUS, 1901, Appendix: Affairs in China, pp. 110 - 111；另见《1901年美国对华外交档案》，第125—126页。

月李鸿章调任直督、奉召北上时，外媒又传闻他是响应端王之召，于是他又被视为端王的党羽。[①]　如德国驻汉口领事禄理玮便在 8 月 29 日向张之洞表示："李全权是端王所派，各国恐不愿与议，闻李是端党。"[②]　为此，李鸿章不得不多次澄清。[③]　出于对慈禧太后和端王等阴谋鼓动义和团运动的印象，上海租界外侨在李鸿章被授命为全权大臣之前便大多怀疑他对外国的态度。也正因如此，李鸿章在 1900 年 7 月 19 日行抵上海后遭到了上海各国领事的漠视。据路透社 7 月 20 日电，上海各国领事决定不对李鸿章进行正式拜访；李鸿章一行甚至还在取道法租界时遭到法国领事拒绝，最后只得绕道公共租界前往落脚处。[④]

在李鸿章接受中方全权谈判代表的任命后，反对李鸿章的声音进一步高涨。美国公使康格在得知对李鸿章的命令后，立刻在 8 月 14 日使馆解围的当天飞电华盛顿，警告海约翰："不要相信李鸿章。他是残忍的慈禧太后的厚颜无耻的工具。除非造成此次大祸的高层祸首投降，否则绝不与北京进行谈判。"[⑤]

除去所谓的慈禧代言人或端王党羽的嫌疑，李鸿章的亲俄背景也为他以全权身份与列强进行谈判制造了阻力。当时英、德、日等国均不愿与李鸿章谈判，[⑥]　只有俄国对李鸿章的全权身

---

①　"China,"*The Manchester Guardian (1828 – 1900)*, Jul. 20, 1900, p. 5.

②　《致上海李中堂、盛京堂，江宁刘制台，济南袁抚台》，光绪二十六年八月初六日亥刻发，载苑书义等主编《张之洞全集》第 10 册，第 8253 页。

③　见"China,"*The Manchester Guardian (1828 – 1900)*, Jul. 20, 1900, p. 5。

④　"Pekin Mystery,"*The Manchester Guardian (1828 – 1900)*, Jul. 23, 1900, p. 7.

⑤　William Roscoe Thayer, *The Life And Letters of John Hay*, pp. 238 – 239.

⑥　德皇威廉二世坚决反对李鸿章北上与朝廷接触，甚至宣称，倘若北上，德国会将其逮捕为人质。见《德国外交文件有关中国交涉史料选译》第 2 卷，第 90 页。

份表示欢迎。美侨恐李鸿章与俄廷再次勾结，届时中国将又有大量利权拱手于俄，因此不满由李鸿章担任全权大臣。鉴于此，美华协会要求柔克义、古纳等向美国国务院转达美侨对李鸿章全权身份的态度，即李鸿章所代表的是"慈禧太后以及造成此次战争的掌权派"，[1] 美侨无法相信这样一个"祸首"的代言人能促成一个符合列强要求且会被切实执行的和约，因此美国政府不应在中方更换全权谈判代表之前与中国进行和平谈判。[2]

与美侨的想法不同，美国政府并不愿意在谈判代表的人选上浪费太多时间。[3] 尽管美国国务院很不喜欢李鸿章身上的亲俄印记，而且海约翰也认为李鸿章"非常腐败和奸诈"，但为了尽速结束和谈，美国不希望阻断李鸿章的北上之行。[4] 早在8月12日上午第一次得知8月8日有关李鸿章的全权身份任命时，美国国务院便没有提出异议。[5] 此后，联军内部出现抵制李鸿章北上大沽的提议时，美国政府进一步向各国表明了它反

---

① "Lyman to Rockhill, Sep. 3, 1900," *JAAC*, vol. 1, no. 6(Oct. , 1900) : 15.

② 柔克义没有在报告中对美侨的意见提出支持，但他特别向国务院强调美华协会的构成"几乎囊括了整个美国在华商界"，暗示他们的声音不容忽视。参见 Rockhill to Hay (telegram) Sept. 4, 1900; Rochkhill to Hay, Sept. 5, 1900, Despatches from U. S. Consuls in Shanghai, 1847 – 1906, FM 112, Roll 108。

③ Hay to Adee, Sept. 14, 1900, as quoted by James J. Lorence in "Organized Business and the Myth of the China Market: The American Asiatic Association, 1898 -1937," *Transactions of the American Philosophical Society* 71(4), 1981: 29.

④ 当时列强对李鸿章的全权身份态度各异。其中，俄国热烈支持；英、日与俄国针锋相对；法国追随俄国；美国则倾向于承认。关于此一时期中国与英日俄等国就李鸿章全权问题的交涉，戴海斌有专文研究，见戴海斌《〈辛丑条约〉谈判前后的中方"全权"问题》，《历史研究》2018年第4期。

⑤ "Memorandum Delivered to the Department of State by the Chinese Minister, Mr. Wu Ting-fang, August 12, 1900," *FRUS, 1900*, pp. 285 -286.

对阻碍李鸿章北上的态度。

8 月中旬，在得知李鸿章即将乘船抵达天津后，八国联军司令经会议决定，一旦中国全权大臣李鸿章到达大沽，便禁止他同中国政府取得一切联系。沙俄政府为替李鸿章排除障碍，派俄国驻美代办在 8 月 17 日向美国政府施压：

> 据悉联军舰队各司令已决定，如中国全权大臣李鸿章到达大沽，将禁止他同中国政府取得一切联系。
>
> 这一决定令人费解。鉴于各国事实上已经认识到，承认李鸿章在最后和谈中的作用是有益的，特别是如果这样做的话，他就不能履行作为中国全权大臣的使命，为此我们希望各有关政府下令撤销上述决定。①

对此，美国国务院立即在 8 月 23 日予以否认：

> 我们没有就此事向里米将军发过指示，也没有从他那里得到过这方面的消息。我们下令进行调查，结果得知舰队司令官会议并未采取任何行动禁止李鸿章由大沽与中国政府取得联系。这种提议曾非正式地考虑过，但没有被采纳，美国将军不赞成这种行动。②

---

① "The Russian Charge d'Affaires to the Acting Secretary of State, Aug. 17, 1900," FRUS, 1901, Appendix: Affairs in China, p. 17；另见《1901 年美国对华外交档案》，第 13—14 页。

② "The Acting Secretary of State to the Russian Charge d'Affaires, August 23, 1900," FRUS, 1901, Appendix: Affairs in China, p. 17；另见《1901 年美国对华外交档案》，第 13—14 页。

8月24日，八国联军司令再次召开会议，决定由意大利舰队司令致函北京公使团团长，请其于李鸿章抵达大沽时给予下一步行动指示，并且商定，在得到北京答复前，不许李鸿章"与陆上的中国政府"联系。这次，美国海军司令对后一项内容明确地提出了反对；美国政府也训令康格不要拒绝李鸿章北上，并通电德、奥、法、英、意、日和俄七国，表明美国对李鸿章北上一事的态度：

> 我们和俄国在照会中所表达的看法相同。为了和平，为了使各国能有效地提出对中国的各项正当要求，重要的是使中国全权大臣能与他本国的政府及军队统帅取得联系，他们的行动对实现我在22日给你们的电报中所要求的停战将是必要的。中国驻华盛顿公使既没有权力，也得不到消息。初步看来，李鸿章是由谕旨授权参加谈判的，也是我们所知道的中国政府的唯一代表。我们已经根据俄国照会的精神向我国驻华使节发出了训令。
>
> 在此问题上，各国驻华使节的任何误解或相反的行动都是令人遗憾的。倘若各国依据我们所不知道的理由进行判断，从而得出不同的看法，我们将愿闻其详。①

不过，为了保证列强在和谈过程中采取联合一致的行动，美国政府也不想在各国对李鸿章身份达成共识的情况下采取单

---

① "Telegram Sent to the Representatives of the United States in Berlin, Vienna, Paris, London, Rome, Tokyo, and St. Petersburg, Aug. 24, 1900," *FRUS, 1901, Appendix: Affairs in China*, pp. 18 - 19；另见《1901年美国对华外交档案》，第15—16页。

独的行动，擅自同意与李鸿章谈判。因此，当柔克义将美华协会的意见递送国务院后，美国政府没有任何表态；而在面对 9 月 10 日清政府再次敦促美国政府肯定李鸿章全权代表身份时，代理国务卿希尔也没有松口：

> 美国不认为此时应对李鸿章的权力是否充分表示任何意见，但她希望使人们知道他的授权证书是正式的且权威的。这不仅是为了进行谈判，而且要使他能尽快地对美国人的生命财产今后在中华帝国境内将受到的尊重给予保证。①

由于中外在全权问题上始终僵持不下，李鸿章在是年 9 月请求清政府"添派庆亲王、荣禄、刘坤一、张之洞为全权大臣"，②并得到允准。③ 同月 17 日，伍廷芳将清廷对奕劻的任命转达美国国务院，并请求美方看在两国长期友好关系的份上，尽速训令驻华公使与中国开始谈判。④

在伍廷芳来照的同日，沙俄政府也通过其驻美代办要求美

---

① "Memorandum Handed to the Chinese Minister, Mr. Wu, by Acting Secretary Hill, Sep. 11, 1900," *FRUS, 1901, Appendix: Affairs in China*, p. 21；另见《1901 年美国对华外交档案》，第 22 页。
② 国家档案局明清档案馆编《义和团档案史料》（上），第 507 页。
③ 其中，张之洞与刘坤一为"函电会商"。见国家档案局明清档案馆编《义和团档案史料》（上），第 505—508、530 页。至于荣禄的任命则因其曾指挥围攻使馆，而遭到以英使窦纳乐为首的公使团反对。清廷最后被迫收回成议，令荣禄返回西安行在。见胡滨等编译《蓝皮书》，第 214 页；国家档案局明清档案馆编《义和团档案史料》（上），第 678 页。
④ "Cablegram, from Prince Ching, Dated (at Pekin) September 8, 1900, Transmitted by the Chinese Minister at St. Petersburg on the 16th Instant to Minister Wu, Who Received it on the Night of the Same Day, Sep. 17, 1900," *FRUS, 1901, Appendix: Affairs in China*, p. 22；另见《1901 年美国对华外交档案》，第 21 页。

国对是否谈判进行明确表态：

> ……（2）美国联邦政府是否认为庆亲王和李鸿章已
> 具备充分的全权资格？（3）美国联邦政府是否准备命令
> 它的代表立即与中国皇帝的全权大臣进行预备谈判？[①]

至此，美国国务院方面终于给出正面答复，向俄国承认了
李鸿章和奕劻的全权大臣身份：

> ……（2）美国政府初步承认全权大臣李鸿章伯爵和庆
> 亲王拥有预备谈判的权力，同时期待着中国政府迁回北京并
> 恢复它的政权，期待着由各国和中国正式任命全权代表举行
> 解决全部问题的谈判。（3）本着这一目的，美国将授权驻北
> 京公使与中国皇帝的直接代表李伯爵和庆亲王取得联系。[②]

9 月 21 日，代理国务卿希尔将上述态度转达伍廷芳；[③] 一

[①] Memorandum Handed to Mr. Adee by the Russian Charge d'Affaires, September 17, 1900, *FRUS*, *1901*, *Appendix: Affairs in China*, p. 23；另见《1901 年美国对华外交档案》，第 22 页。

[②] "Memorandum in Reply to the Russian Charge's Memorandum , September 17, 1900, " *FRUS*, *1901*, *Appendix: Affairs in China*, p. 23；另见《1901 年美国对华外交档案》，第 23 页。

[③] "Memorandum in Response to Mr. Wu's Communication, September 17, 1900, of a Cablegram from Prince Ching, Dated Pekin, September 8, 1900, Sep. 21, 1900, " *FRUS*, *1901*, *Appendix: Affairs in China*, pp. 22 – 23；另见《1901 年美国对华外交档案》，第 22 页。同日，代理国务卿将其对李鸿章和庆亲王的全权资格的态度转达俄国驻美代办。"Memorandum in Reply to the Russian Charge's Memorandum Dated September 17, 1900, Sep. 21, 1900, " *FRUS*, *1901*, *Appendix*: *Affairs in China*, p. 23. 另见《1901 年美国对华外交档案》，第 23 页。

周后，希尔又将国务院承认李鸿章和庆亲王两位全权大臣的决定电示康格。[①]

至此，中美之间在李鸿章全权问题上的交涉告一段落。奕劻和刘坤一、张之洞等人的加入有效地缓解了美侨对中方谈判代表人选的不满，但对李鸿章的反感仍然存在。10月8日，美华协会成员霍罗将其向执行委员会提交的说帖公开刊登在《字林西报》上，其中便赫然写着："协会的全部精力都应该用来应对李鸿章这个正企图挑拨离间的说谎者和背叛者带来的影响。"[②]

1900年8月至9月，美华协会从要求美国增派军队保护长江，到反对美国撤军，再到否定李鸿章全权身份，总体都将自己的要求与维持"门户开放"紧密联系在一起，只不过各个阶段落脚点不同，侧重亦不相同。美华协会请求美国增派军队，主要是为了应对长江流域可能发生的战争，不过同时也意在增加美国约束列强在和谈中维持"门户开放"的资本。在当时列强纷纷增派军队的情况下，该会认为，各国在和议席上的话语权受其在华兵力消长及其在华军事指挥官级别的直接影响。鉴于此，为使美国能够在谈判桌上约束列强保全中国，美国政府必须在中国保持一支比任何一国都毫不逊色的军队，最好还能派一位地位较高、能够在联军中排到第二位的将领来指挥军事行动。此后，由于长江流域没有爆发美侨想象中的战

---

① "Mr. Hill to Mr. Conger, Sep. 29, 1900," *FRUS, 1901, Appendix: Affairs in China*, pp. 342 – 343；另见《1901 年美国对华外交档案》，第407—408 页。

② J. Ward Hall, "The Final Settlement," *The North-China Herald and Supreme Court & Consular Gazette (1870 – 1941)*, Oct. 10, 1900, p. 776.

争，所以他们很快便将焦点全部转移到中外和谈上。美华协会反对美军从中国尤其是北京撤退，其目的除了约束列强，更主要的是约束中国。基于义和团运动期间有限的观察，美侨从1900年3月就开始否认清政府镇压义和团运动的决心；6月以后的几道清廷上谕更是令他们深信清政府是煽动义和团的主谋；为此，美侨还曾在7月13日专门召开大会，以消除清政府对美国政府和本土民众的"欺瞒蛊惑"。以是之故，当清朝中央政府请求与列强进行和平谈判后，美侨便揣测清廷求和只是缓兵之计，实则准备在列强撤军之后卷土重来。出于对清朝中央政府和谈诚意的强烈怀疑，该会随之将各国在华驻军视为促使中国缔约、履约的第一保障。至于否认李鸿章全权身份，则是美侨在前一要求的基础上进一步保障和谈走向而提出的要求。当时李鸿章在外人眼中多代表着慈禧太后和端王，并具有显著的亲俄倾向，而这些对于美侨所希望的"门户开放"毫无裨益。美侨既然希望最终缔结的和约能促使中国更好地向美国开放门户，自然强烈拒绝美国政府在中国更换谈判代表前与之和谈。

麦金莱政府的出发点也是维持中国的"门户开放"，但由于政府与美侨所看重的方面以及所了解的信息存在差异，所以双方在如何推行中国的"门户开放"上出现了路径分歧：当美侨将各国在华兵力视为衡量各国在华优势的标准以及"教化"中国的必要前提时，麦金莱政府则认为美国的议和资本不在军队，而在于其手中的"门户开放"旗帜以及与中国的特殊关系。事实上，义和团运动后期，在华列强为防止个别国家趁中国混乱之际谋取利益，大都愿意维持中国现状，反对瓜分中国。① 因此，彼时的美国政府已经从多国政府外交部门取得了在中国维持"门户开放"的承诺。也正因如此，美国政府在 8 月 29 日通报七国的照会中才写道："各国都否认有在中国攫取任何领土的意图，并在援军抵达北京后的今天重申坚持这一立场。这样，各国应不难采取一致行动……"② 鉴于此，麦金莱政府倾向于用外交而非军事的方式约束列强达成"保全中国"的共识，并且希望由中国自行料理庚子事变的善后问题。

二　以"改革"换"保全"

1900 年 9 月下旬，随着中外在列强撤军和中方谈判代表等方面达成妥协，美华协会也逐渐将关注的焦点从保障和谈转移到了和谈应实现的具体目标上。

从这一阶段美华协会提出的诸多主张来看，上海美侨认为，和谈除了要避免列强瓜分中国，更要让中国通过改革成为西方的一个稳定且无限开放的市场。以"门户开放"政策的制定初衷而言，如果中国不能实现美国所需要的改革，那么保全其领土完整对美国来说便没有意义，鉴于此，美华协会将"改革中国"视为"保全中国"的重要前提，而"惩凶归政"随之成为和谈的首要内容。

---

① 参见葛夫平《法国与门户开放政策》，《中国社会科学》2019 年第 4 期。

② "Telegraphic Instruction Sent to the Re Presentatives of the United States in Berlin, Vienna, Paris, London, Rome, Tokyo, and St. Petersburgh, August 29, 1900," *FRUS, 1901, Appendix: Affairs in China*, p. 19；另见《1901 年美国对华外交档案》，第 18 页。

对于改革中国的重要性，以及改革与保全二者之间的上述关系，上海美侨在 1900 年 10 月的美华协会会刊上做出了详细阐释：

> 多年来，中国的政治改革一直是一个被共同关注的问题。人们早就认识到，即使她能够遵守其条约义务，她的许多做法也会导致她被排除在真正的国际大家庭之外；熟悉她的制度的人已经认识到，除非引入彻底的改革并付诸实施，否则她的发展和繁荣将受到窒碍，并且会产生负面影响，她与其他国家及其人民的交往将永远不会令人满意且持久。随着蒸汽、电气技术的引入，中国与世界其他国家之间已经有了紧密的联系。这就意味着，中国必须提供各国公民在其他国家都能享受到的平等权利和利益。中国不能单方面否认这一点。个体的无知会对整个群体造成威胁，因此必须对其进行强制教育；同理，落后的国家也必须学习现代化政府的优秀特质，如果这个国家自己不愿意去学，那就强迫她去学。
>
> 在她恣意妄为的路上，中国终于走到了这样一个阶段：她的中央政府正跪在列强的大棒前，如果不接受改革，就要面临解体。[1]

对于中国的改革应当包括的具体内容，上海美侨也有自己的看法。基于他们所观察到的慈禧政权在义和团运动期间的表现，美侨形成了当前清朝中央政府既无能力维持中国免遭瓜

---

[1] "Outlook," *JAAC*, vol. 1, no. 6(Oct. , 1900): 1.

分，也无意愿向西方开放门户的印象，所以，美华协会将改造清朝中央政府视为中国改革的首要任务，并认为惩凶和归政是达成这一任务的核心手段。其中，惩凶的主要对象是自端王以下的各级王公大臣，[①] 归政针对的则是慈禧，合二为一，便是对清政府内部所谓"排外守旧"的掌权派的彻底清算。这既是为了报复中国并防范同类事件再次发生，同时也是为了给中国继续进行西化改革创造必要条件。

早在 1900 年 6 月，美华协会便以中国改换执政者为一系列改革的前提：

> ……本会坚信中国当前的"反动"政权必须得到撤换……在接下来讨论的一切事宜中，首先应当考虑的是：清政府必须保护在华外国人的人身安全与财产安全、必须进行财政和行政制度的改革、必须坚持商贸上的"门户开放"或列国机会均等。[②]

在 7 月 13 日的美国人大会上，决议也提出了惩罚祸首等要求：

> 美国政府应调动一切可用的武装，与各国军队合作，恢复中国秩序、保护在华侨民、切实保证东南督抚对南方和平负责、惩罚祸首并要求赔偿。[③]

---

① 关于和谈期间中外就惩凶问题的交涉，郭晓勇已有研究。见郭晓勇《庚子、辛丑之际的"惩凶"问题探析》，《广东社会科学》2007 年第 3 期。

② *JAAC*, vol. 1, no. 4(Jun. , 1900) : 1 - 2.

③ *JAAC*, vol. 1, no. 6(Oct. , 1900) : 5; "American in China Appeal to their Government," *North China Daily News*, Jul. 16, 1900.

至北京陷落、战局明朗后，为使慈禧太后一脉从原本所处的政权核心位置彻底边缘化，美华协会更加积极地就惩凶和归政等措置发表意见，希望借联军之余威对清政府内部的旧秩序进行彻底清理，从而建立一个符合美国利益的新秩序。

9月初，美侨拒绝与李鸿章谈判，实质上反映的是他们对慈禧政权的态度。彼时他们不仅通过否定李鸿章来间接否定他背后所代表的慈禧政权，而且还明确提出美国政府应当使慈禧还政于光绪：

> 政府不应承认慈禧太后是中国的合法统治者，而应坚持要求光绪复辟。如果不这么做，我们完全可以确信，中国将继续被一个排外和反对改革的政权统治。有确凿的证据表明，慈禧太后是目前排外暴乱的始作俑者。因为消灭外国人和基督徒的上谕是以她的名义发布，而非以端王的名义。从政变开始，她就一直在为驱逐所有外国人做准备。[1]

9月15日，美华协会致信美亚协会，再次沥陈慈禧太后对义和团运动的直接责任，以及惩罚祸首对列强在华利益的重要意义：

> 在这场战争爆发的早期，特别是6月20日慈禧太后颁布了要求彻底消灭帝国境内所有外国人的臭名昭著的诏书之后的那些日子里，我们见证了任何文明国家都没有出现过的酷刑、暴行和死亡……而慈禧太后通过她的诏书对

---

[1] "Lyman to Rockhill, Sep. 3, 1900," *JAAC*, vol. 1, no. 6(Oct. , 1900) : 15.

此负有直接责任。

一个不彻底和不光荣的和平无法缓解商贸上的停滞。没有人比中国的有识之士更强烈地希望有一个全面且彻底的解决方案，因为他们充分认识到，如果列强不能惩罚祸首（无论他们在哪里），并确保当前发生的事不会重演，那么清帝国将充满不安因素和即将发生的危险。如果不惩罚祸首，外国人在内地居住将不再安全，而我们的商业扩张梦想也将落空。①

上海美侨并非当时唯一持这类论调的群体，上海租界其他势力也提出过同样的要求。如英商在《字林西报》发表社论，明确指出西后是挑起此次中外战争的祸首，并要求恢复光绪地位；德国《德文新报》也表示："如有可能，应恢复光绪地位；如不可能，则应物色一与慈禧集团毫无联系之新帝；端王之子大阿哥之继承权应予废去；慈禧应被要求退位"；美国《纽约时报》称："如列强可凭驻华军队所获之影响，坚持恢复光绪权力，则为幸事矣。"1900 年 9 月，来自 20 个差会约 400 名英美传教士聚议于上海，并通电各国政府，要求"恢复光绪的合法权力"并"迅速给予上至慈禧太后下至所有煽动暴乱官员以适当的惩罚"。② 11 月，丁韪良在上海发表演说，也以慈禧归政、光绪复辟为言。③

尽管在美华协会看来，"惩凶归政"完全符合美国在中国

① "V. G. Lyman to John Foord, Sep. 15, 1900," *JAAC*, vol. 1, no. 6 (Oct., 1900): 16.
② 谌旭彬：《中国：1864—1911》，浙江人民出版社，2012，第 280 页。
③ 李天纲编校《万国公报文选》，三联书店，1998，第 158 页。

的利益，但美国政府对他们的呼声没有做出附和。当 1900 年
9 月 18 日，德国驻美代办致信美国国务卿，向他提出德皇有
关惩凶的建议后，美国代理国务卿希尔不但在 9 月 21 日拒绝
了先惩凶后谈判的提议，同时还表达了美国仍希望由清廷
"自己去罢黜和惩办肇事者"的意向。①

1900 年 9 月 25 日，清廷颁布了第一道惩办祸首的上谕：

> 庄亲王载勋、怡亲王溥静，贝勒载濂、载滢均著革去
> 爵职；端郡王载漪，著从宽撤去一切差使，交宗人府严加
> 议处，并著停俸；辅国公载澜、都察院左都御史英年，均
> 著交该衙门严加议处；协办大学士吏部尚书刚毅、刑部尚
> 书赵舒翘，著交都察院、吏部议处，以示惩做。②

这显然不能使美华协会满意，同日，该会致信美亚协会，
攻击该上谕的诚意，并再次要求美国政府务必严惩自端王以下
支持义和团的王公大臣：

> 我几乎不需要再次记录弥漫在空气中的强烈愿望，在
> 这个时候，人们最渴望的是建立永久的制度，只有通过这
> 种制度才能给帝国带来进步和繁荣。美国人已经感觉到，

---

① "The Imperial German Charge d' Affairas to the Secretary of State, September
18, 1900; Acting Secretary Hill to the Imperial German Charge d'Affaires, Sep-
tember 21, 1900," *FRUS, 1901, Appendix: Affairs in China*, p. 24；另见
《1901 年美国对华外交档案》，第 23—24 页。
② 《上谕》，载故宫博物院明清档案馆编《义和团档案史料》（上），第
642 页。

如果我国政府对事实有充分了解，那她必将成为第一批要
求立即惩罚自端王以下的义和团领袖和幕后推手的国家。
我们希望她不要背弃她的子民，漠视他们的呼声。①

英国领事法磊斯在 10 月 6 日报告索尔兹伯里侯爵时也表
示："现在很多人都怀疑最近颁发的不利于端王及其他大臣的
那道上谕的意图并非严肃认真的，发布该上谕只不过是哄骗外
国人而已。"②

在这种情况下，列强纷纷以该上谕轻纵王大臣而提出反
对；③ 即使是主张中国自行处置祸首的美国，也认为 9 月 25 日
上谕"对某些被告人应得的惩罚含糊其词"，并要求端王受到
其所犯下的罪行对应的最高惩罚；对刚毅和赵舒翘也必须严惩
不贷。④ 此后，在法国 10 月 4 日提出的六点议和大纲中，惩凶
仍是列强的首要要求。⑤

---

① "V. G. Lyman to John Foord, September 25," *JAAC*, vol. 1, no. 6 (Oct.,
1900): 16

② 《代总领事法磊斯致索尔兹伯里侯爵函（摘要）》（1900 年 10 月 6 日发自
汉口，11 月 15 日收到），载《蓝皮书选译》，第 359—361 页。

③ 《1901 年美国对华外交档案》，第 100 页。

④ "The Secretary of State to the Imperial German Charge, October 3, 1900,"
FRUS, 1901, Appendix: Affairs in China, p. 26；另见《1901 年美国对华外
交档案》，第 26 页。

⑤ 六点分别是："1. 惩办由各国驻京使节提出的罪魁祸首；2. 继续禁止输
入武器；3. 对各国政府、团体及个人提供公平的赔偿；4. 在北京各使馆
派驻一支常驻卫队；5. 拆除大沽炮台；6. 对京津通路上的二三地点实行
军事占领，以便各国使馆到海滨的这条道路始终畅通无阻。"参见"The
French Charge d'Affaires to the Secretary of State, Oct. 4, 1900," *FRUS,
1901, Appendix: Affairs in China*, pp. 26 - 27；另见《1901 年美国对华外交
档案》，第 26—27 页。

正当清廷的惩凶上谕被外侨广泛怀疑其诚意时，清廷又对两江两湖地区进行频繁的人事调动。[①] 由于这类调动调入大量满人大员牵制江鄂两督，所以立刻被外侨视为清廷清算义和团时期开明官员的前兆，并引发了外侨进一步的猜疑。

英国方面，英国驻上海代总领事霍必澜率先在 1900 年 10 月 6 日致电索尔兹伯里侯爵：

> 在此地的中国人之间，普遍的印象是：这些上谕虽然声明要惩罚反动分子，但其真实意图只不过是哄骗外国相信朝廷具有悔过的诚意；他们有证据支持这个看法。
>
> ……
>
> 两江地区正逐渐被满族官员们占领，他们代替了汉族官员：江苏和江西巡抚（松寿和景星）都是满族人，南京的布政使恩寿也是满族人。苏州的布政使聂缉椝已升任浙江巡抚，另一名满族人荣铨大概将接替他的职务。
>
> 因此，在两江总督管辖的三个省中，有两位巡抚和三位布政使是满族人，他们毫无疑问一有机会便企图牵制总督。
>
> 这同朝廷想要使外国相信它已开始采取新的方针一事

---

① 1900 年 9 月 12 日，上谕调江西巡抚松寿为江苏巡抚，另擢河南布政使景星为江西巡抚；见叶志如等总主编，中国第一历史档案馆编《光绪朝上谕档》，第 26 册，广西师范大学出版社，1996，第 306 页。10 月 10 日，上谕又令河南巡抚裕长与湖北巡抚于荫霖互调。（《光绪朝上谕档》第 26 册，第 334 页）关于 1900 年 10 月清中央、地方政府在两江两湖地区人事调动上的角力，韩策在《东南互保格局是怎样被破解的——光宣之际南北关系转变的一个表现》（《近代史学刊》2022 年第 1 期）一文中有详细论述。

似乎是矛盾的。我建议女王陛下政府通过中国驻伦敦公使对这些满族官员的任命提出抗议,关于此事我正与长江各省总督联系。①

美侨此前多次怀疑长江流域将掀起另一场"义和团运动",至此也在 10 月 23 日由美华协会出面,请美国谈判全权代表柔克义将美侨的下述意见转达国务院:

　　该会对清廷任命曾对义和团运动明确表示同情的反动分子担任中国中部及南部多省重要官职的行为表示强烈谴责,认为此举不但会破坏这些省份原有的自督抚以下各级官员对外国人友好的态度营造出的氛围,也无疑是在鼓励排外,势必诱发更加严重的排外运动;

　　该会认为两宫迁至西安使得谈判桌上始终无法达成一个令人满意的结论,而和谈拖延时间越长对外国人来说越危险,因此美国政府必须采取强硬措施,使得光绪摆脱他周围保守分子的影响,回到北京或者其他可以接触到外国和谈代表的地方;

　　清廷所发表的谴责端亲王及其他王亲贵族的诏书只是为了糊弄列强,没有任何作用,也并非发自内心;

　　该会坚信清廷现在所做的一切举动都是拖延时间以备在来年春天团结举国上下的全部力量来发动最后一次驱逐

---

① 《代总领事霍必澜致索尔兹伯里侯爵电》(1900 年 10 月 6 日发自上海,同日收到),载《蓝皮书选译》,第 330 页。

外国人的战争。[1]

为了加强美国国务院对该会意见的重视，美华协会又在
10月27日致信美亚协会，请其也出面敦促政府警惕慈禧太后
的新一波"反攻倒算"：

> 我们对自己再次面临的极其危险的处境深有感触，并
> 确信列强必须采取迅速而果断的行动，以阻止一场新的运
> 动。如果纵容它不受控制地发展，将导致比义和团运动更
> 大的麻烦……
>
> 如果需要的话，有大量的、不断增加的证据表明，慈
> 禧太后将此次消灭在华洋人运动的失败归咎于中国东南督
> 抚的不支持。她在近期与李秉衡的一次会面中曾断然表达
> 过她（对东南督抚）的怨恨。
>
> ……她当前的目的显然是通过逐步更换东南各省的督抚
> 以及主要文武官员，代之以那些完全同情义和团运动……的
> 人，以弥补她此前在组织、控制方面的缺陷。
>
> 与联军在天津及附近区域的战斗已经教会慈禧，清军
> 是无法打败集中起来的联军的。鉴于此，她很可能会在中
> 国各地广泛地制造麻烦，以分散联军的力量，进而将联军
> 各个击破。
>
> 联军占领北京使慈禧益加坚定其排外决心；两宫西
> 幸，不但未使慈禧的影响力减少分毫，反而给予她更大的
> 便利，使她能够没有阻碍地直接发号施令。

---

[1] "Lyman to Foord, Oct. 27, 1900," *JAAC*, vol. 1, no. 7(Jan. , 1901) : 6 – 8.

该会在信中还特别补充慈禧在两江两湖一带安插的一批"排外"官员名单作为证据：

> 李秉衡，曾任长江水师大臣，北上后被提拔……与联军在杨村作战。
>
> 鹿传霖，苏州巡抚……先被提拔为两广总督，旋又擢升为军机大臣。他与李秉衡都曾在东南"互保"协议上签字，但在北上后却一直否认此事，称自己的名字是被冒用的……鹿传霖作为军机大臣，在一切反动措施上均奉行与臭名昭著的刚毅、赵舒翘一样的政策；而且他是两江总督的死敌，曾以迫害两江总督任命的官员来威胁这位友好的总督。
>
> 怀塔布是戊戌维新时期被维新派视为危险人物并第一批遭罢黜的人；政变后，他恢复了权力，现在被提升为皇族的高级官员，负责端王的判刑。
>
> 身为满人的江西巡抚松寿被调任江苏巡抚，取代刘坤一总督的亲信……松寿是最后一批签署领事协议的人之一。
>
> 程仪洛，上海新任道台，不但是鹿传霖的宠儿、臭名昭著的李秉衡的前门生，而且是刚毅的亲信，对外国人恨之入骨。把他派到上海来，很可能就是想在这里闹事。这些人从一开始就是义和团的秘密支持者。虽然在公开场合他们可能谴责义和团，但他们最终还是通过与义和团领袖结盟来表达自己的真实感情。除此之外还可以提到许多其他的名字，不过这些已经足以表明"友好"地区的事态发展趋势，并清楚地呈现了江鄂两督面临的威胁，以及所有外国人和中国人的利益正面临极大的危险。

接着，该会再次要求美国与其他列强采取有力手段，支持东南督抚、严惩祸首并坚持直接与光绪谈判：

> 在当前的形势下，列强最重要的责任和义务应是支持和保护（东南）总督们继续执行他们过去的政策，到目前为止，这项政策使中国中部地区免于发生可怕的流血场面。这些总督正在限制一股随时会战胜他们的巨大且不断增加的势力，而列强有必要在关键时刻为他们提供支持。
>
> 在目前的情况下，指望中国政府自行惩罚义和团领袖是不可能的。毫无疑问，谴责端王的诏书只是装装样子：清廷没有对他采取任何措施，端王轻易逃脱惩罚，并仍在总理衙门和御前会议中担任职位，经常与慈禧太后会谈。他的爵位其实并不能成为他逃脱制裁的理由。有清一代，亲王是可以被贬黜并被判处死刑的，即使是近年，像恭亲王这样有权势的合法王位继承人也被降职并褫夺爵位。
>
> 刚毅和赵舒翘虽已交部议，但仍担任御前会议大臣。
>
> 残忍的山西巡抚毓贤亲手杀害了几名传教士，但他得到的处罚仅仅是免职以便另听他用。……这些均可被视为慈禧太后宽宥"祸首"的证据……
>
> 显然，在这些反动派主宰朝廷的情况下，除非作为合法统治者的皇帝能够摆脱他们的控制，否则目前的谈判不会取得真正的进展。因此，目前最重要的是，要尽最大的努力使皇帝能够与各国的授权谈判代表进行方便的沟通，并使他不受那些得利于现状的人的影响。①

---

① "V. G. Lyman to John Foord," *JAAC*. vol. 1, no. 7(Jan. , 1901):6 –8.

由于当时美国国务卿海约翰对清廷的真实态度也有着同样的疑虑，[①] 于是驻华公使康格很快就奉命对中国撤换长江流域总督和委任"反动"官员的意向与行为提出抗议。[②] 在各方压力下，裕长被解职、景星调任福建将军、松寿调任河南巡抚，而湘人聂缉椝和李兴锐则分别升授江苏巡抚和江西巡抚。此外，清廷也在1900年11月13日颁发了第二道惩办祸首的上谕，对"肇祸诸臣"加重惩罚。[③]

对此，各国外侨多以清廷轻纵载漪、毓贤和董福祥而继续不满，但由于美国本土已经开始了总统选举全国选民投票环节，为避免现任政府流失选票，影响连任，美华协会在"对美国政府的真实态度一无所知"的情况下[④]，终于也和美亚协

① 他曾在10月下旬训令康格："劝告对外国人采取友好行动或者在他们处境危险时给予帮助的中国官员，因此而遭到贬黜或其他惩罚性的对待，这对于外国人是间接却实际的一种侮辱……这种行为不仅应当受到严厉谴责，而且坚持这种做法必不可免地会损害——即使不是破坏——对中国政府明言愿意并打算惩罚排外暴行的发起者和拥护者的信任。"见 "Mr. Hay to Mr. Conger, October 23," *FRUS*, 1901, *Appendix: Affairs in China*, p. 42；另见《1901年美国对华外交档案》，第45—46页。

② "Mr. Conger to Mr. Hay, Telegram, Oct. 26, 1900," *FRUS*, 1901, *Appendix: Affairs in China*, p. 346；另见《1901年美国对华外交档案》，第412页。

③ "端郡王载漪，著革去爵职，与已革庆亲王载勋，均暂行交宗人府圈禁，俟军务平定后，再行发往盛京永远圈禁；已革怡亲王溥静、已革贝勒载滢，著一并交宗人府圈禁；贝勒载濂业经革去爵职，著闭门思过；辅国公载澜，著停公俸，降一级调用；都察院左都御史英年，著降二级调用。前协办大学士吏部尚书刚毅，派往查办拳匪，回京复奏，语多纵庇，本应从重严惩，现已病故，著免其议；刑部尚书赵舒翘，查办拳匪，次日即回，未免草率，惟回奏尚无饰词，著革职留任；已革山西巡抚毓贤，在山西巡抚任内，纵容拳匪，戕害教士教民，任情妄为，情节尤重，著发往极边充当苦差，永不释回。"见《上谕》，载《义和团档案史料》（下），第771—772页。

④ *JAAC*, vol. 1, no. 7(Jan., 1901):4.

会一样，选择克制言论。

三 和谈全面意见的提出

1900 年 12 月中旬，中外踌躇开议，美国总统大选亦尘埃落定，在"麦金莱总统的连任使我们看到事情正在向好的方向发展"的信念下，美华协会向美国本土发出一封公开信，全面阐述该会对和谈的主张并呼吁政府积极主导和谈的方向。

上海美侨在信中首先强调美国是阻止列强在此次和谈中瓜分中国的关键：

> 要解决中国问题，毫无疑问，在很大程度上取决于美国政府的态度。为了使目前的困难得到公正和明智的解决，谈判国之间必须达成一致意见，如果像我国这样有影响力的国家不同意其他国家认为可取的措施，这便可能会成为阻止措施的手段。
>
> 在这样的考虑下，我们认为，作为一个关心在华美侨福祉的协会，我们有责任提请注意我们认为我国政府应该采取的行动方针。

接着，重申清政府对义和团运动负有的直接和主要责任：

> 在试图概述这一政策之前，我们要再次提及中国政府在煽动、鼓励和帮助排外起义方面的罪行。
>
> 只要我国政府相信义和团运动不过是由一群狂热的叛

乱分子挑起，而中国政府本身并未牵连其中，那么它就不会愿意采取坚定果断的对华政策。

中国政府千方百计地为自己开脱罪责，中国驻美公使伍廷芳也为达到这一目的使尽浑身解数。虽然如此，只要仔细考究，我们就能得到许多确凿证据证明中国政府与义和团运动之间的直接联系：

（1）6月20日，清廷颁布一道有慈禧印鉴的上谕，要各地官员消灭所有在中国的外国人。该谕令随后下达至各省督抚手中。许多屠杀行为都是这道谕令直接造成的。

（2）许多官方文件和上谕都可以证明义和团从一开始就得到了慈禧太后和清廷高层官吏的支持，并在这种支持下更加大胆地贯彻他们的排外路线；与此同时，没有任何官员真正阻止过对传教士和中国教民的屠杀行径；更有甚者，大多数屠杀行为都是奉高级官员的直接命令而来。

（3）清军和义和团勾结起来阻挠西摩尔上将率领的解围援军北进。清廷借口清军是因联军攻取大沽炮台才被迫开战，这是站不住脚的。因为早在联军攻占大沽口之前，北京使馆区就已经陷入被包围状态、北京外国人的财产就已经被劫掠焚烧，而清政府却无动于衷，没有采取任何措施去保护他们的安全。北京清军公然与义和团为伍，并企图消灭外国人。

（4）德国公使克林德是被一名清军军官刺杀的。

（5）清军在总理衙门的指挥下不断对使馆区发动进攻。

（6）义和团的首领端郡王载漪在庚子事变期间被任

命为总理衙门主管大臣。

（7）英国使馆在遭遇猛攻后又进入半停战的状态不是因为中国人对外国人友善的感情，而是因为联军占领天津使一些中国官员开始意识到如果他们继续现在所从事的疯狂举动，后果将不堪设想。

（8）两宫在联军向北京推进时匆忙西逃，也表明清廷明白它自己犯下的罪行。

除上述例证外，还有许多证据可证明……无论我们如何将事件爆发的原因归结为中国对外国侵略行为的报复，都无法弥补她在和平时期对条约约定的违反，以及她对使节的神圣性法则的侵犯。从任何意义上讲，中国确实可以说已经丧失了被视为文明国家的权利……

鉴于此，美华协会坚信，如果保留慈禧太后的地位，中国绝不可能有任何希望。于是，它接着在信中坚决主张，美国应在反对列强瓜分中国的同时，与其他列强一道使中国切实完成惩凶、归政这两项措置，并重组一个新政府，为中国继续改革铺平道路：

假设我国政府在审查了所有证据之后，认识到了罪行的严重性，那么就不难看出它的政策应该是什么。

（1）——它应与其他列强一样，坚持严厉惩凶，并在这种惩罚被落实前，拒绝从中国撤军。

（2）——它应坚持中国要建立一个强有力的政府，以保证秩序，并忠实地执行中外条约。这将涉及许多步骤，例如：

（a.）——慈禧太后应该被迫退位，因为在她恶劣的影响下，中国将绝对没有希望。

（b.）——光绪帝如果幸存，应当恢复其权利，并鼓励其继续戊戌变法时未竟之事业；光绪帝如果已死，则应由中方择一合法继承人继位，并由两江总督和湖广总督等开明官员辅佐。

（c.）——应大力抵制瓜分，并制止一切进一步侵略中国领土的行为。

我们相信，一个稳定的中国政府是可以组织起来的。长江流域的总督们在近期动乱中的行动表明，清帝国有许多开明的官员。对维新诏书的热切欢迎证明中国有强烈的改革愿望。许多自称为维新派的人可能在感情上是反外国的，但他们足够明智，明白抵制外国侵略的方法是使中国成为一个强大的国家，为了实现这一目标，中国必须开始沿着西方的进步路线前进，并以日本为榜样。

除此之外，该会还在信中对赔款，中国的财政和行政改革，保护传教士以及两宫回銮等问题发表自己的看法：

我国政府应坚持要求对盟国的花销以及所有被破坏的外国财产进行赔偿。为了使之切实可行，中国必须同意雇用外国财务顾问，其职位与赫德爵士在海关总税务司的职位类似。由此可以使改革扩大至现行厘金制度和其他内地税。在支付赔偿金之前，中国对外国的负债将大大促进和平和对外贸易的发展。

我国政府应该要求充分保证传教士的工作得到当地政

府的保护；这一点的价值在于在传播新思想和消除本土偏见，这一点的价值高于其他方面的价值，应使各种形式的传教士事业成为目前启蒙中国的最有力途径。

我国政府应劝说两宫回銮，但如果发现这不可行，则应与合适的中方全权代表进行谈判；在中央政府迁回首都并开始正常工作之前，目前在中国的外国军队不应撤出。

最后，该会辩称它所提出的上述内容并不是在要求美国政府放弃不结盟政策，只是希望美国能履行它作为一个大国应尽的责任：

> ……我们真诚地希望，美国不会认为它在协助解除对北京各使馆的围困方面已经完成了它需要做的一切，而是认为它的任务才刚刚开始。美国珍视不结盟政策，在目前的情况下，我们并非要求它加入任何纠缠不清的联盟，而是希望它为了文明和世界和平，承担其在混乱中恢复秩序的责任……唯一令人满意的解决办法是在中国建立一个合适的政府，并保证该国的独立，只要它遵守其条约义务。
>
> 如果能使中国成为一个强大的国家，并意识到自己的责任和尊严，那么对许多人来说如此巨大的"黄祸"就不必担心了。[1]

出于在华商业利益的考虑，美亚协会对美华协会有关惩

---

[1] "Open Letter to the American People in Regard to the Settlement of the China Question, December 20, 1900," *JAAC*, vol. 1, no. 7(Oct., 1900):9 – 11.

凶、归政、改革并保全中国等主张本是支持的。早在 10 月 16
日的年会上，会长福莱泽就曾公开表示："有必要对中国政府
上至王亲贵族下至地方官员进行严惩，以儆效尤"；"中国官
员会更加深刻地意识到他们所必须要承担的条约义务，而这对
我国对华贸易的长期发展是有好处的"。[①] 然而，对总统大选
的顾虑使得该会一直没有对美华协会的主张做出积极响应。12
月中旬，麦金莱的连任使得美亚协会"不用再对美国对华外
交政策保持沉默"，[②] 于是沉寂良久的美亚协会马上恢复活跃。
在接到上海发来的 12 月 20 日公开信后，它迅速组织了一个代
表团，前往华盛顿面见麦金莱。在提交给总统的说帖中，该代
表团对美华协会还政光绪并行改革的要求给予支持，同时向麦
金莱强调："恢复光绪帝的皇权统治、给予他完全的自由去继
续戊戌变法的改革活动是保障各国在华侨民未来生命财产安全
的首要条件。"

　　最终，惩凶问题以清廷发布的两道加重处罚的上谕告结。
1901 年 2 月 13 日[③]和 2 月 21 日[④]，清廷发出两道惩凶上谕，

---

①　*JAAC*, vol. 1, no. 11(Jul., 1903) : 4 – 5.

②　*JAAA*, vol. 2, no. 2(Feb., 1902) : 17.

③　原文如下："勋赐自尽；载漪、载澜革去爵职，发往新疆永远监禁；毓贤
　　正法；刚毅追夺原官，即行革职；董福祥格外从宽，即行革职；英年、
　　赵舒翘革职，定斩监候；李秉衡、徐桐革职，撤消恤典。"见《义和团档
　　案史料》（下），第 939—940 页。

④　原文如下："此案首祸之臣，……除载勋已赐令自尽，毓贤已饬即行正
　　法，……载漪、载澜均定为斩监候罪名，……发往极边新疆永远监
　　禁，……刚毅情罪较重，应定为斩立决，业经病故，免其置议。英年、
　　赵舒翘昨已定为斩监候，着即赐令自尽，……启秀、徐承煜……即行正
　　法，徐桐、李秉衡……均应定为斩监候，惟念临难自尽，业经革职，撤销
　　恤典，应免再议。"见《义和团档案史料》（下），第 967 页。

加重对载漪等人的处罚，其中，因 2 月 21 日谕判载漪斩监候并发配新疆，主要祸首均遭惩办，故列强没有再就惩凶问题做过多纠缠。至于慈禧归政一事，则仅以 1901 年 1 月 29 日以光绪名义发布的改革上谕为了局。

这一结果主要是因为当时列强与清政府在是否惩罚慈禧这一问题上已达成共识。一方面，惩罚慈禧为中方所不容。其中，东南督抚对列强造成了不小的压力。早在 1900 年 7 月 25日，江鄂两督曾联电霍必澜："现东南各省极力弹压，遵旨保护洋人，然假使各国不尊敬我皇太后、皇上，薄海臣民必然不服，以后事机实难逆料。"[1] 8 月 17 日，江鄂联电中亦有两宫"万一有意外之危险，全国人心愤激，从此将不知祸之所止。况南方保护之局，各督、抚均系奉旨办理。倘各国不顾两宫，则何以处南方之各督、抚。万望贵总领事飞电联络各兵官，切实询明如何办法，万万不至震惊我皇太后、皇上之实据，使南方各督、抚及各省民心不至激成大变"[2] 等语，流露出挟东南而威胁列强之意，以致各领事认为该电系"恫喝各国""有意为难"。[3] 除言语上的压力外，东南督抚也有实际的军事行动。据英方的观察，当时"总督们为了保护皇帝和慈禧太后，继续派遣部队前往北方"。[4] 另一方面，多数列强也明白惩罚慈禧收到的效益将完全不能弥补对其在华利益造成的损失。其中，英、美两国各因其在长江流域和维持中国"门户开放"

---

[1] 《致上海李中堂、江宁刘制台》，载《张之洞全集》第 10 册，第 8166 页。
[2] 《致江宁刘制台》，载《张之洞全集》第 10 册，第 8230 页。
[3] 《盛京堂来电并致刘制台》，载《张之洞全集》第 10 册，第 8231 页。
[4] 《代总领事霍必澜致索尔兹伯里侯爵电》（1900 年 8 月 1 日发自上海，次日收到），载《蓝皮书选译》，第 153 页。

方面的利益而力主宽免慈禧。① 以是之故，在交涉惩凶问题的过程中，中外双方都非常有默契地就惩罚慈禧一事闭口不提，更毋论归政。

由于各国政府皆不支持外侨对慈禧归政的要求，所以慈禧归政一事最终只限于在华外侨的议论，而未列入条约；不仅如此，美侨有关"开明督抚辅政"的主张也没有得到满足。美华协会自然不满，并因此对清末新政颇不看好。

1901 年下半年，《辛丑条约》即行签订之际，美华协会发表《中国现状回顾》一文，对中外已达成共识的条款内容提出质疑。该会认为《辛丑条约》对需要保持警惕的事情漠不关心；尽管中国已接受条款，但该会怀疑这些条款是否能被切实执行；由于惩凶的不彻底，目前中国政府仍由"篡权势力、反动势力和腐败势力"把持，这样一来中国的和平不能得到保障，中国的未来也没有希望：

　　……如今的局势无论如何也不能让我们对目前的情况感到放心或对未来充满希望。尽管某些条款……经过讨论和修改，已经被中国接受，但这些条款将如何执行还有待观察；因为如果这些条款被委托给一个敌视外国的政府执行，就有可能全部失效。

---

① 如英国曾向德国表示："如果把皇太后牵入此事，中国人或将利用整个国家来抗争，这也对欧洲不利。"（见《德国外交文件有关中国交涉史料选译》第 2 卷，第 130 页）美国表示："最有效的惩罚措施就是由帝国最高当局自己去罢黜和惩办肇事者"，即在保留慈禧这一最高统治者的前提下，由清政府自行惩凶。见《1901 年美国对华外交档案》，第 23 页，转引自郭晓勇《庚子、辛丑之际的"惩凶"问题探析》，《广东社会科学》2007 年第 3 期。

　　首先是赔款。了解中国实际财富和资源的人都不会怀疑，尽管赔款数额巨大，但只要对国家财政进行适度廉洁的管理，支付赔款并不困难。然而，现在的情况是，收取赔款只会为中国官吏打开一扇中饱私囊的新大门，因为他们会理所当然地向人民索取比支付给外国的数额大得多的赔偿。这种通过各种勒索手段从人民那里榨取财富的做法，即使不会导致人民的反抗也会引起人民的不满。在目前的反动政府下，我们不能指望中国通过开放市场和开发资源来增进税收，所以在筹集赔款的过程中，中国人的购买力将不可避免地被削弱。

　　至于中国同意的其他条款，如果我们注意到清政府是如何履行惩凶要求的，那就可以相当准确地判断出其他条款将如何被执行。很明显，中国政府没有做出任何努力来惩凶……这不得不令人对未来可能产生的麻烦产生强烈的担忧。

　　我们再次谈到中国政府，好像它是一个抽象的概念；但目前构成政府的是哪些人？排外运动的领袖慈禧太后继续掌权。尽管各国是在与光绪帝对话，但他们得到的却是来自太后的答复。仅仅在诏书中使用皇帝的名字是骗不了人的……荣禄组建了一个内阁来执行慈禧的意愿。其中，荣禄是围攻公使馆时的总司令；鹿传霖则是一个偏执的反动分子，还有李莲英，慈禧最喜欢的太监，一个性格卑鄙且贪婪的人，同时也是中国人普遍憎恶的对象。至于端王和董福祥则站在他们身后协助他们。这些人没有被放逐，而是在西北地区集结力量。况且，端王的儿子目前仍然是继承人……很明显，只要慈禧太后的篡位行为继续下去，帝国的事务掌握在中国人所说的"三虎"手中，那么……中国将变得越来越糟……目前的和平并非建立在诚信和稳定的基础上，而是被篡权、反动和腐败的势力完全占有。除非这些势力被打败并被清除，否则他们将继续阻碍贸易，阻碍进步。

无论其他国家的情况如何，美国的利益需要中国人民处于和平良好的政府之下……如果中国目前的状况继续下去，我们在中国的地位以及我们的商业和政治利益，还有我们希望实现的那些重要的教育和启蒙目标，都会受到威胁……①

1902 年 7 月，美华协会继续对新政做出十分负面的评价："现在以慈禧太后为首的清政府似乎没有诚意来改革，而只是在外国人的要求或其他外力的逼迫下被迫实施一些改革的措施。"该会不但将清末新政称为"毛毛雨改革"，而且还对新政的前途表现出极度悲观情绪，称中国现如今的窳惰使得他们开始担心这一帝国可能不待列强瓜分就会自行解体。②

纵观美华协会在 1900 年 9 月下旬至 12 月底的活动可以发现，上海美侨在这一阶段仍在反复观察清廷对惩凶以及东南督抚的态度，以确认慈禧政权是否有意愿进行西化改革并按西方意志开放，但他们的观察结论仍是否定的。鉴于此，他们先在 9 月下旬至 10 月初，初步提出了惩凶、归政和改革的要求，

① "A Review of the Present Situation in China," *JAAC*, vol. 1, no. 8 (Jul., 1901) : 1 - 3.

② *JAAC*, vol. 1, no. 10(Jul., 1902) : 1 - 2.

其后又在 10 月上旬到 12 月，以两江两湖人事调动为言，反对清廷削弱东南开明督抚的力量，并重申惩凶、归政和改革的重要意义。这一系列要求的一再提出，反映出美国在华利益集团迫切希望对清政府内部所谓"排外守旧"的掌权派进行彻底清算，这固然是为了报复中国并防范同类事件再次发生，但从更长远的眼光来看，也是为了借联军之余威，对清政府内部的旧秩序进行彻底清理，为中国重续西化改革并更顺从地向西方开放创造必要条件。

应当注意的是，作为"门户开放"政策的推动者和支持者，上海美侨与美亚协会均将中国改革视为中国"门户开放"的首要任务。既然如此，作为"门户开放"政策执行者的美国政府也未尝不重视这一问题。尽管后者在和谈期间基于不同的观察和判断，在"惩凶归政"等问题上保持一种相对温和的姿态，但实际上，它对中国扫除保守势力、向西方全面开放的愿望，比那些要求报复中国的列强更为强烈。正因如此，在《辛丑条约》签订后的很长一段时间内，美政府都在严防清廷排外保守势力回潮，不但多次对清政府的相关举动提出抗议，[1] 而且还在时隔数年的抵制美货运动中，以抵制运动为义和团运动之重演，再次强调清政府必须切实清除排外势力。[2]

---

[1] 有关美国政府在庚子以后防止排外保守势力回潮的动向，详见崔志海《美国与晚清中国》，第 175—184 页。

[2] 1906 年 2 月 26 日，美国国务卿训令柔克义向中方提出要求，其中有两项分别是：中国必须采取有效措施镇压抵制运动，避免 1900 年的暴行重演；所有同情排外运动、镇压不力或没有履行保护外侨职责的官员都必须受到严惩。Rockhill to the Secretary of State, March 5, 1906, *Despatches from U. S. Minister to China, 1843 - 1906*, microfilm.

* * *

通过分析美华协会历年活动的统计数据可以发现，美华协会内部商人与传教士协作最紧密的阶段集中在 1900 年前后；从 1901 年开始，双方的合作逐渐消减。这是因为义和团运动的爆发使得上海美商与传教士的安全与利益面临了共同的威胁。保障美侨安全的强烈需求使得会内美商与传教士团结合作。不过，即使是在这一阶段，商人与传教士也不是全无分歧。庚辛和谈前后，原先凝聚二者的共同威胁逐渐消退，美商与传教士开始追逐各自利益，与此同时，双方的分歧自然也越来越大。

协会内部在讨论和谈具体条件过程中的分歧矛盾，在 1900 年 10 月 8 日霍罗《最终解决方案》与 12 月 20 日美华协会《致美国人民的公开信：关于中国问题的善后协议》中有直观体现。兹以表格形式，将两份文件的内容条列于下，以便直观对比二文异同。

《最终解决方案》与《致美国人民的公开信：
关于中国问题的善后协议》

	《最终解决方案》 （以下简称《方案》）	《致美国人民的公开信：关于中国 问题的善后协议》（以下简称《公开信》）
惩凶	"列强必须对中国使用有力的军事行动，以保证所有曾通过'排外'上谕等方式支持或同情义和团运动的诸王大臣得到应有的惩罚。""作为这次排外运动领袖的诸王大臣必须在联军、列强在华的最高官员、中国的友好官员以及清军和百姓面前被公开处死。"	"美国政府应与其他列强一样，坚持严厉惩凶，并在这种惩罚被落实前，拒绝从中国撤军。"

清季上海的美国人（1898—1905）

	《最终解决方案》（以下简称《方案》）	《致美国人民的公开信：关于中国问题的善后协议》（以下简称《公开信》）
改造政府	"由外国直接统治中国是不现实的，不过中国未来的政府必须由外国人指导、监督和管理。""政府中享有实权和地位的职位，只能授予那些曾公开对外国人表示友好或倾向于改良的人。"	"美国政府应坚持要中国建立一个强有力的政府，以保证秩序，并忠实地执行中外条约。例如： a. 慈禧太后应当退位，因为在她恶劣的影响下，中国将绝对没有希望。 b. 光绪帝如幸存，应恢复其权利，并鼓励其继续戊戌变法时未竟之事业；光绪帝如已死，则应由中方择一合法继承人继位，并由两江总督和湖广总督等开明官员辅佐。……长江流域的总督于近期动乱中的行动表明，清帝国有许多开明的官员。对维新诏书的热切欢迎证明中国有强烈的改革愿望……为了实现这一目标，中国必须开始沿着西方的进步路线前进，并以日本为榜样。"
维护中国领土完整	"列强应坚决维护中国现有的领土完整。"	"美国政府应坚决抵制瓜分，并制止一切进一步侵略中国领土的行为。"
赔款	"要求赔款。这不仅是为了赔偿军费和外国人所遭受的损失，也是为了提醒中国人不要重复同样的不明智的行为。"	"美国政府应向中国要求赔偿，这笔赔偿不但包括联军的军费，而且还包括外国人在此次事变中蒙受的财产损失。为了使之切实可行，中国必须同意雇用外国财务顾问，并使其享受与海关总税务司赫德同等的位阶。这样一来，改革就可以扩大至现行厘金制度和其他内地税。在赔款偿付完毕之前，列强作为中国的债权国，会对中外贸易的和平和发展有着很大的帮助。"
传教	"重新评估传教事业的价值。"	"美国政府应要求中方必须保证其地方政府会对传教士提供切实保护。此举对中国新思想的传播和移风易俗产生的价值高于其他方面的价值，而且能使各种形式的传教事工成为启蒙中国的最有力途径。"

	《最终解决方案》 （以下简称《方案》）	《致美国人民的公开信：关于中国 问题的善后协议》（以下简称《公开信》）
军事 制裁	"列强必须禁止任何人向中国走私武器、弹药和船只等行为，违者以叛国罪论处。""列强必须坚持中国应彻底裁军、交出所有战舰、拆毁所有堡垒和任何性质的防御工事。""中国维持社会秩序的军队需由外国人指挥，并只得装备小型武器，不得配备火炮。""上海的中国人不得建立任何自卫组织或装备任何武器。"	
迁都	"迁都南京或者其他地方，以便各国驻华公使不再那么容易遭到囚禁或谋杀。"	"美国政府应劝说两宫回銮，但如果发现这不可行，则应与合适的中方全权代表进行谈判；在中央政府迁回首都并开始正常工作之前，目前在中国的外国军队不应撤出。"
保护 长江	"尽快向长江派遣舰队。"	
报复 驻美 公使	"中国驻美公使及其随员应立即下旗离境。"	

资料来源：J. Ward Hall, "The Final Settlement," *The North-China Herald and Supreme Court & Consular Gazette (1870 – 1941)*, Oct. 10, 1900, p. 776; *JAAC*, vol. 1, no. 7 (Jan., 1901): 9 – 11.

由上表可知，两份文件的共同点是：都主张惩凶、赔款和维护中国领土完整。这反映了该会成员在维持中国"门户开放"上的共识及庚子以来对慈禧等守旧派的厌恶态度。

两份文件的不同点是：《公开信》删去了军事制裁、派舰入江、将驻美公使驱逐出境的内容，并将《方案》内"由外国监管中国政府"一条修改为慈禧还政于光绪帝，由东南督抚等开明官员辅佐其继续改革。此外，公开信还将《方案》中"重新评估传教事业的价值"一点修改为明确要求中国地方政府切实保护传教士。这体现出该会内部对战后具体措置的巨大分歧：

首先，在赔款问题上，《方案》强调赔款的报复性质，比起弥补军费和外侨损失，它更看重教训中国人，而《公开信》则态度相对温和，存在反对过高赔款的倾向，主要着眼于加强对中国的控制并借机干预中国的财税改革。其次，在惩凶问题上，《方案》表示涉事诸王大臣"必须在联军、列强在华的最高官员、中国的友好官员以及清军和百姓面前被公开处死"，而《公开信》则仅强调美国与其他列强一样要求惩凶。复次，《方案》主张对华实施军事制裁，表示"如果外国人继续帮助中国训练军队，并鼓励他们制造和购买舰船及其他现代武器，那么将会发生另一场全世界都难以想象的惨案"；而《公开信》则反对军事制裁，认为武器禁运、裁军和限制军备等措施会削弱中国在未来抵御列强武装侵略的能力，妨碍中国统一状态的维持，进而不利于在中国维持"门户开放"。最后，《方案》出于报复心理，妄图由外国人指导、检查和管理中国政府，甚至由外国人指挥中国负责镇压起义和维持秩序的军队。① 对于

① 《方案》表示，"设置一个真正的外国政府是绝对行不通的，但外国人可以指导、检查和管理（中国政府）"。盖庚子年间，八国联军曾在天津设立"联合政府"，成为列强对华共同管理之嚆矢。同年7月，联军复成立"天津临时政府委员会"，对天津实施了长达两年的管理。因这两年内，"都统衙门"的统治在天津取得了一定效果，所以外国人有对华共同管理之议。关于国际对华共管问题，可见郭循春《1920年前后国际对华共管论与日本的态度》，《史林》2017第4期。

后一点，《公开信》比较清醒地予以否决，仅提出慈禧归政光绪、开明督抚辅政，继续改革，仿效日本明治维新。

除上述几方面外，《方案》和《公开信》还在是否应当继续发展在华传教事工上存在巨大的分歧。《方案》非常明确地表现出将庚子事变一定程度上归咎于传教士活动的倾向。霍罗在文中表示，应该全面、坦率地评估传教问题，不要光说传教在理论上应对中国人产生的好处，也要看到传教在事实上造成的坏处。到目前为止，对中国教徒来说，他们所得到的"主的庇佑"，似乎只是频繁的大规模杀戮。霍罗在文中还犀利地指出："毫无疑问，传教士是中国人极力反对的群体。目前在中国传教的各个机构所宣扬的基督教是否能像我们外国人所理解的那样，吸引许多真诚的教徒皈依，这是一个有争议的问题。中国人对外侨居住在中国的不满和他们之间的所有摩擦都是由传教士引起的，这是有识之士的普遍看法。"对此，《公开信》则明确肯定传教事业对中国的意义，认为"此举对在中国传播新思想、移风易俗方面的价值高于其他方面的价值，而且这也有助于启蒙中国的传教事工的发展"，并继续要求中国地方政府切实保护传教士。

两份文件在传教问题上的分歧反映了美华协会内部存在对传教士群体的强烈不满。庚子事变以后，将这场中外战争归因于民教冲突的不乏其人，在评价传教活动对美国在华商业及其他利益的影响时，人们也逐渐开始频繁地给出消极的意见。由于美国本土掀起批判美国在华传教士的浪潮，于是在协会内部，声誉下降的传教士不免被商人视为影响该会游说政府效果的存在。考虑到协会的决议案一般需要执行委员会审议批准，并经大会通过，而传教士和商人又各在会内占据一席之地，所以美华协会最后选择发出《公开信》而未采纳《方案》，说明该会当时仍努力试图弥合这一分歧。只是这种弥合美商与传教士矛盾的努力似乎并未奏效。从该会在 1901 年以后的历史活动来看，尽管传教士仍然在决策层保留席位，但协会与传教士相关的活动大大减少。这与传教士在庚辛之后由福音传教转向教育传教固然有一定关系——当时的教育传教有专门的组织"中国教育会"，这导致传教士在美华协会的活跃性下降；不过，从另一个角度来说，也是会内美商与传教士日渐撕裂所造成的。

第五章　干预中美商约谈判

　　20世纪初，美华协会不但踊跃表达对庚辛和谈的意见，而且还积极插手了中美《通商行船续订条约》的谈判。此次中美新商谈判虽开启于《辛丑条约》签订一年之后，但实际上仍属于庚辛和谈的遗留内容。1901年6月，距离联军攻取北京已有十月之久，而中外因惩凶、赔款和撤军等问题迟迟未能达成"和平协议"；各国公使认为，倘若列强在这种情况下坚持与中国就通商问题举行联合谈判必将进一步拖延谈判时间，并极有可能一事无成，于是一致决定将有关通商问题的谈判推迟。①

　　1902年1月10日，英国率先与中国开启商约谈判，随后，中美商约谈判也正式开启。此次中美商约谈判的第一轮会谈，自1902年6月27日美方谈判代表提交第一版新商约草案

---

① 如1901年6月25日，柔克义就在写给海约翰的信中提出这样的看法："在迄今为止的谈判过程中，各国代表皆以将通商问题留待联合照会其他各款得到最终解决后讨论为宜……我的所有同僚都认为，任何有关通商问题的谈判必须至少推迟到明冬。其中多数人认为，各国就这类问题与中国政府进行联合谈判是十分不切实际的。他们当中多数人相信如果采取这种办法，势必极大地拖延谈判时间，而且可能一无所成。"见"Mr. Rockhill to Mr. Hay, No. 125, Jun. 25, 1901," *FRUS, 1901, Appendix: Affairs in China*, pp. 252 – 253。

开始，至 10 月 17 日结束。① 1903 年 2 月 28 日中美双方始重启谈判。在第二轮会谈中，美方撤回第一版条约草案，并提出了 16 款新约草案。在第二版条约草案中，美方欲多得利权而不负担相应义务，故为中方代表所不容；双方唇枪舌剑数月，终于在 1903 年 10 月 8 日签订中美《通商行船续订条约》。第一轮与第二轮谈判之间长达 4 个多月的交涉停顿以及前后两份不同条约草案的提出，颇为可议，但学界此前并未对此展开专门研究。② 根据新发现的有关晚清时期美商在华活动的史料，有理由认为，上海美商联合美亚协会围绕裁厘和加税问题向美国政府不断施加的压力是美国政府拖延谈判进程并改换新条约草案的重要原因。虽然美商阻止"裁厘加税"的努力最终落空，但他们与美国本土之间长达数月的斡旋仍对当时的中美谈判造成了巨大的阻力。

1903 年 10 月 8 日中美签订《通商行船续订条约》后，因该约第 7、第 9 和第 13 款分别规定，中国须在日后修订矿务章程、商标保护条例并统一全国货币，③ 所以美华协会得以借口这三项内容是中国的条约义务而自认对中国的相关活动负有"监督"的权利，进而在 1904—1905 年对上述三项进行广泛

---

① 李永胜：《清末中外修订商约交涉研究》，第 332—334 页。
② 关于这一阶段的交涉停滞，学界多认为是受中方谈判代表人事变动的影响：时商约大臣盛宣怀因丁忧开缺；督办商约大臣、两江总督刘坤一因病出缺；至 10 月 16 日，始由清廷任命驻美公使伍廷芳为商约大臣，直隶总督袁世凯为督办商约大臣，填补空缺。值得注意的是，崔志海曾在《试论 1903 年中美〈通商行船续订条约〉》一文中指出："主要还是因为美方谈判代表等待美国政府的指示，没有要求继续会谈。"这是一个比较符合史实的判断，但文中未对为何美国政府迟迟不下达指示展开论述。
③ 王铁崖编《中外旧约章汇编》第 2 册，三联书店，1957，第 185—188 页。

干预。纵观美华协会在 20 世纪初中美新商约谈判前后的活动可以发现，尽管中美《通商行船续订条约》中包含许多与传教士相关的条款，但美华协会的活动却对传教事宜毫无涉及。会内商人与传教士之间的合作，远不如会内商人与美国本土商人的合作来得亲密。这一表现与其宣称的"维护全体在华美侨利益"的宗旨极不相称，在一定程度上反映的是会内商人与传教士在历经义和团运动和庚辛和谈后产生并加剧的分歧与矛盾。

一　和谈期间对裁厘加税的态度

在 20 世纪初中外签订新商约之前，外商向中国进口货物时，需在 5% 的关税外另缴厘金和其他各项洋货税捐。对于中国内地遍设之厘卡和各种税捐，外国人夙来抱怨颇多。其中，因厘局之卡多设于南方各省，所以在长江流域有主要商业利益的英国汲汲于裁厘。1868 年至 1869 年，中英交涉新修条约期间，英方曾提议提高进口税税率换取洋货免厘。对此，总署提出将进口关税在从价基础上由 5% 增至 12.5%，以此作为免厘的交换条件。由于许多商人、领事怀疑清政府在取缔厘金及其他内地税方面的能力与诚意，英方内部未能达成一致意见，[1]此事遂就此搁置。不过，外国人对裁厘的要求并未就此断绝。上海外商总会在此后的年度报告中一再提出裁撤厘金的要求；美国商人也时常就此问题向美国驻华各地领事馆及美国政府申

---

① 英国国会文件，1881 年，第 98 卷「C3395」，第 1 页。转引自魏尔特《赫德与中国海关》（上），陆琢成等译，厦门大学出版社，1993，第 571 页。

诉、请愿。① 1896 年，因《马关条约》赔款陷入财政困难的中国政府曾有意与各国修订商约，力促进口税由值百抽五提高到值百抽八。在这种情况下，上海外商总会成立了数个按中外贸易类别划分的特别委员会来对增税问题进行研究，并在当年9 月提交了一份修订税则的意见书，提出：如中国同意不重复课进出口税、过境税、复进口税和地方税等条件，他们将考虑中方提高进口关税的要求。时任美国公使田贝也向清政府表示，如中方提高海关进口税，则厘金和各项洋货税捐亦须一并进行调整。② 然而，由于各方意见不一，此事依然不了了之。

1900 年 12 月 22 日，十一国公使签署联合照会，即所谓议和大纲 12 款，并于两日后照会清政府。③ 此后，庚辛议和正式开启。美商视议和为勒索通商利权的良机，于是积极干涉谈判。其中，美商极力寻求方法改革中国内地税，简称"裁厘"。

对美华协会的裁厘意向进行追溯，可以发现，早在 1900年 12 月 20 日美华协会就在《致美国人民的公开信》赔款一条中表露过裁撤厘金的愿望：

为了实现这一赔偿，中国必须同意聘用一位外国财政

---

① 吴翎君：《美国大企业与近代中国的国际化》，第 62—63 页。
② "Lyman to Conger, Feb. 6," *JAAC*, vol. 1, no. 8 (Jul. , 1901) : 4 – 5. 另见 "Shanghai General Chamber of Commerce to Denby, Sep. 17, 1896; Denby to Olney, Jan. 2, 1897,"in Jules Davids ed. , *American Diplomatic and Public Papers-the United States and China, Series Ⅲ: The Sino-Japanese War to the Russo-Japanese War, 1894 - 1905, vol. 13* (Wilmington, Del. : Scholarly Resources Inc. , 1981), p. 17, pp. 37 – 42。
③ 见王铁崖编《中外旧约章汇编》第 1 册，第 982 页；另见《义和团档案史料》（下），第 838—840 页。

顾问，并使其享受与海关总税务司赫德同等的位阶。这样一来，改革就可以扩大至现行厘金制度和其他内地税。[①]

1901 年 1 月 3 日，美亚协会也专门派出一支代表团，以华尔街和南部各州共计 131 家企业的名义，向时任总统麦金莱提交说帖，专门就商约谈判的内容提出建议，并对废除厘金等内地税问题进行着重强调：

> 关于美国政府与中国所进行的有关新通商行船条约的谈判，署名者们认为政府有必要在谈判过程中要求中国中央政府和各省政府对条约中关于子口税单的内容予以特别注意，并希望能够免除美国商品在进入中国内地市场时被征收的包括厘金在内的一切内地税。[②]

在向麦金莱陈述厘卡对洋货进口内地的窒碍后，代表团成员富尔德指出，新商约应明确并永久解决厘金问题，并表示，对美国贸易来说，其重要性仅次于维护中国领土完整。考虑到华尔街与南方棉纺织业者的分量，麦金莱对说帖和代表团陈述的内容表示赞同。随后，海约翰应麦金莱的要求，请执行委员会尽快"就中美新商约问题，以说帖的形势说明该会所认为应涵盖的要点"，以便他参考并起草相关训令。

1 月 25 日，美亚协会撰成《关于修改中美通商条约的说

---

① "Open Letter to the American People in Regard to the Settlement of the China Question," *JAAC*, vol. 1, no.7(Jan. , 1901) : 9 – 11.

② *JAAA*, vol. 1, no.12(Jan. , 1901) : 119 – 120.

帖》并提交。在这份说帖中，美亚协会对以裁厘为前提提高关税和子口税至15%的建议表示赞成：

> 考虑到中国的财政需要，美亚协会对提高进口税的建议并不反对。据赫德爵士说，这项在去年春天由国际税则委员会制定的提议是合理的。进口税应定为10%的关税加5%的附加税，同时在中国全境彻底取消对进口商品征收的其他所有税。易而言之，该提议建议将目前进口商品的关税和附加税税率增加一倍。倘使这就是该提议的全部内容，并且也不打算改变目前确定从价关税的方法，以致外国进口贸易被课目前进口税率两倍以上的税款，协会对接受这一关税协定没有异议。这个建议似乎提供了比其他方法更令人满意的内地税问题解决方案……①

需注意，上文有两处关于美亚协会"不反对""提高进口税的建议"的表述：其一，对进口洋货课收10%关税加5%子口税；其二，将目前进口洋货的关税和子口税税率增加一倍。彼时中国对进口商品课收5%正税加2.5%的子口税，将关税和附加税税率按上文所述增加一倍后，即为10%正税加5%子口税，合计15%。如此，无论从第一种表述还是第二种表述看，该会都确凿无疑地在1月25日说帖中对合计为15%的关税及子口税税率表示了认可。

在纽约的意见送呈国务院的同时，中美商约的美方谈判代

---

① "Hay to Rockhill, April 11, 1901," *FRUS, 1901, Appendix: Affairs in China*, pp. 217 – 218.

表康格也向美华协会征询对新商约内容的看法。① 1901 年 2 月
6 日，该会致信康格，就改订关税、裁厘、内河航运权、土货
出口及保税仓栈 5 个问题发表看法，并进一步表露出反对提高
关税的意向：

1. 在改订关税方面，该会将尊重上海外商总会提出
的意见；但同时，该会认为现有关税税率十分合理，没有
对中外贸易造成任何阻碍，而最大的阻碍是厘金和各种内
地税。

2. 解决厘金和各种内地税问题对美国对华贸易利益
至关重要，而要解决这些问题，就必须对中国整套的财
政、行政体系进行全面改革。

3. 改善中国的水路和陆路交通：虽然最近中外订立
条约规定外国航船可以驶入中国内河，但在实际操作过程
中仍然受到阻碍。鉴于此，美华协会认为有必要成立一个
保护董事会（Conservancy Board），对中国各大水道进行
全面调查、疏浚；至于铁路建设问题应留给那些已经获得
铁路特许经营权的辛迪加们去考虑。

4. 中国土货出口贸易：中国土货出口贸易不发达，
一方面是因为中国出口税过高，不利于出口贸易发展。该
会认为让所有出口商品免除繁重税务的唯一可行办法是取
消原有的凭子口税单将商品从内地带出的制度，改为在商
品出口到另一国时，向商人退还一定金额，且这一金额应
当尽快发放并可以被直接用来支付关税。另一方面则是由

---

① "Lyman to Drummond Hay, Mar. 9, 1901,"*JAAC*, vol. 1, no. 8（Jul. , 1901）:6.

于中国商人往羊毛里掺入垃圾和沙子，往棉花里掺水，作假行为层出不穷，官方应予以管制。

5. 关栈：关栈不得被垄断。所有能够提供相应设施并愿意遵守轮船招商局关栈所守规定的公共仓库都应成为关栈。[1]

由上述史实可以发现，在裁废厘金和改革内地税的问题上，美亚协会和美华协会保持了高度的统一；不过，在提高关税税率方面，美亚协会明确支持加税至15%，美华协会则对此不置一词。对此，后者曾解释称，因当时上海外商总会正在筹备一份关于修改税则的草案，故该会不便在总商会提出草案之前发表意见；但结合美华协会内部美商后续的举动可以发现，他们在这一阶段的沉默更多的是在克制其对提高关税的不满。

3月2日，美亚协会成员和美国特派全权委员凯森（John A. Kasson）在参考贺璧理致海约翰函、美亚协会1月25日说帖和美国驻华各地领事报告后，向国务院提交了《关于中国税收、赔偿和拟议常规条款的报告》，其中建议裁减厘金并将这一项税收交由外国监管征收，同时支持提高关税税率至15%以弥补中国因裁厘而蒙受的损失：

厘金作为公认的在中国各地变化不定、重复课征且最令人讨厌的税收，对洋货造成了很大的影响，并且成为中外进出口贸易最沉重的负担。洋货进口过程中的厘金应被

---

[1] "Lyman to Conger, Feb. 6, 1901," *JAAC*, vol. 1, no. 8(Jul. , 1901): 4 - 5.

完全废除，如有可能，还应在中国土货出口过程中裁撤厘金。

　　假定赔偿将根据中国的财政收入被限制在一个合理的范围内，似乎可以通过增加关税来获得支付每年度赔款所需的收入，当然，须代偿以废除洋土货进出口过程中的厘金。这一措施应在外国监督下征收，并按一定比例缴入国库……进口货物的关税税率必须至少按从价提高到15%，以取代目前的税率。当然，最终的计算结果应当基于目前尚不得而知的赔款总额。①

　　4月11日，海约翰将各方关于修改商约问题的意见汇总下发谈判专使柔克义，并就商约修改问题做出具体训令。在训令中，海约翰对"裁厘加税"表示支持，认为裁废厘金之余可以提高一定的进口税。不过，这种提高并非整齐划一的提高，而是按商品的不同种类分别征收5%到15%的税率，其中，价格低廉的进口生活必需品以及农业用具、小型制造机械应维持较低的进口税率：

　　　应消除各地不相等的厘金，并根据进口商品的重要性和价值，对不同种类商品分别制定全国统一的固定税率……现行按同一税率对不同货物进行征税的制度使得较便宜的必需品受到了歧视，并导致财政收入不足的问题，应当根据进口商品的特点，按不同商品类别，议定

---

① "Hay to Rockhill, April 11, 1901," *FRUS, 1901, Appendix: Affairs in China*, pp. 208 – 211.

5% 至 15% 不等的税率……①

得知美国政府的这一决定后，上海的美国商人立即表明态度，通过美华协会这一平台抗议本国政府同意中国海关增税的倾向。在 5 月 16 日写给美亚协会的信中，上海美商措辞严厉，甚至对通过提高关税税率来减轻中国财政负担的这一基本思路提出反对，主张"用中国的本土财源来偿付所有赔款"：

> 本委员会强烈认为，在没有确保废除厘金或至少由中国政府对其施加限制的情况下，仓促地增加关税税率的尝试，会大大减少获取上述利权的机会。你们已知晓这些限制对外国在华贸易的增长和扩张有着至关重要的影响，所以与中国有贸易关系的商业国家对此十分关切。因此，不应失去任何铲除上述限制的机会。至于赔款，执委会强烈希望能够使用中国的本土财源来偿付所有赔款。②

美国政府的决策者海约翰既希望尽快结束和谈，又不能完

---

① 原文译文为："应消除各地不相等的厘金，并根据进口商品的重要性和价值，分别制定每类商品在全国统一的固定税率……中国各地不同的厘金税率使得与内地的贸易充满投机和不确定因素；应重新制定关税税率；现行按同一税率对不同货物进行征税的制度使得较便宜的必需品受到了歧视，并导致了财政收入不足的问题；根据进口商品的特点，5% 至 15% 不等的税率将使贸易平衡，没有不平等竞争或资金压力；并且随着贸易渗入中国，收入将稳定增长。""Mr. Hay to Mr. Rockhill, No. 20, April 11, 1901; Mr. Hay to Mr. Rockhill, Telegram, April 11, 1901,"*FRUS, 1901, Appendix: Affairs in China*, pp. 208 – 218, p. 368.

② "Lyman to Foord, May 4, 1901,"*JAAC*, vol. 1, no. 8(Jul. , 1901):7; "Lyman to Foord, May 16, 1901,"*JAAC*, vol. 1, no. 8(Jul. , 1901): 7 – 8.

全无视美华协会的态度，遂再次向柔克义发出训令，一方面声明，美国反对将关税税率提高到切实值百抽五以上；另一方面又表示，如可尽速结束谈判，美国政府可以在这方面做出妥协。[①] 海氏训令的前半句看似符合上海美商的心意，但其重点实在后半句。盖彼时美国政府持"门户开放"政策，而俄国等列强在中国各隅蠢蠢欲动；如中国被列强瓜分，美国在华之利益便化为泡影，故华盛顿方面亟欲中外早日达成和平协议，以免事态崩坏。海关增税虽无益于美国在华商利之扩张，但对美国在远东的大局而言，则是美国政府可以暂时割舍的小利。

1901 年 9 月，中外签订《辛丑条约》，其中第 6 款规定，中国以海关税、通商口岸的常关税和盐税作为赔款担保；列强则允许将进口货税增至切实值百抽五，并同意"除外国运来之米及各杂色粮面并金银以及金银各钱外"，其他向例进口免税各货均按切实值百抽五缴纳货税。[②] 因彼时金贵银贱，1858 年中英《通商章程善后条约》所规定的值百抽五的进出口税率实际已减至值百抽二、三。上述第 6 款虽规定按从量原则对 1858 年条约规定的免税物进行征税，并以 1897、1898、1899 三年的平均货价作为标准确定进口税税率，以使进口货增至切实值百抽五，但因 1897 年商业萧条、物价跌落严重，随后两年的物价也都低于平均数，加上银价镑亏带来的损失，如使用上述三年中按银两计算的货价为制定关税的标准，则改订后

---

① "Mr. Hay to Mr. Rockill, Telegram, June 21, 1901," *FRUS, 1901, Appendix: Affairs in China*, p. 375.

② 王铁崖编《中外旧约章汇编》第 1 册，第 1006 页。

的税则仍然只能使中国实际上征得的关税略超过值百抽三。并且，若让银价继续下跌，从价税率将会更低。[1] 鉴于此，中外又围绕提高多少关税才能达到"切实"值百抽五税率进行争论。由于主要贸易国内部、主要贸易国与非主要贸易国之间和中外之间意见不能统一，[2] 为免纠缠关税问题使和议迟迟不能结束，各国代表决定将此事延后再议，于是《辛丑条约》第11款又规定："大清国国家允定，将通商行船各条约内，诸国视为应行商改之处，及有关通商其他事宜，均行商议，以期妥善简易。"[3] 增税与裁厘问题成为后续中外商约谈判中重要的争论内容。

至此，美华协会对增税的第一波反对意见落空。庚辛和谈时期，因美国本土商人与上海美商的影响力大小有别，美国政府在制定相关决策时，对商界意见的参考主要以美亚协会所代表的美国本土商人的意见为准，所以，上海美商反对中国提高海关关税的要求未能在最终签订的《辛丑条约》中实现。鉴于此，上海的美国商人在后续开启的中外改订商约谈判中，大力拉拢美亚协会，裹挟美国本土商人一起反对提高中国海关进口税。

---

① 莱特：《中国关税沿革史》，姚曾廙译，三联书店，1958，第 363—364 页。

② 英、美、日三国不主张无条件加税以抵还赔款，而要求在加税的同时取得裁撤厘金等通商利益；英国反对以加税作为赔款的担保。俄、法、德因其商务少，所得赔款数额又多，因此主张加税，并将所增之关税作为赔款财源。早在辛丑议约期间，德国与英国之间就进行了关于增加中国关税以偿款的谈判；但英国最终只允加税至切实值百抽五，德国被迫勉强同意。见李永胜《清末中外修订商约交涉研究》，第 122—124 页。

③ 王铁崖编《中外旧约章汇编》第 1 册，第 1007 页。

二 商约谈判时期对裁厘加税的态度

1901 年 12 月，英方商约谈判代表暨海关税则修订委员会常任主席马凯（James L. Mackay）在与督办商务大臣张之洞晤谈的过程中，有用加税换裁厘的倾向，但尚无具体增税方案在议。[①] 对此，美华协会会长包尔在 12 月 18 日的年终大会上发表意见，虽未直接提出反对，但仍强调列强应先使中国保证裁厘，再议增税：

> 由于中国将面临巨额赔款，所以《辛丑条约》第 6 条规定，将关税切实提高到 5%。但遗憾的是，列强未能在同时取得中国裁撤厘金等其他内地税的保证。只要这些内地税继续存在，它们就会一直阻碍中外贸易的发展，而要对厘金进行改革就必须彻底改变中国整套财政系统。[②]

1902 年 1 月，中英新商约谈判正式启动。大约同时，美国也开始加紧筹措中美商约谈判事宜。考虑到美华协会在代表旅华美侨，尤其是旅华美商意见方面的权威地位，美国国务卿海约翰电训康格，在授命其为商约全权谈判代表之余，任命美华协会重要成员暨上海总领事古纳和美华协会重要成员希孟为商约谈判专员，由三人负责中美商约谈判事宜。三人之中，康

---

① 王彦威、王亮辑编《清季外交史料》第 6 卷，李育民等点校整理，湖南师范大学出版社，2015，第 2853 页。

② "Annual Meeting," *JAAC*, vol. 1, no. 9 (Jan. , 1902)：2.

格在 1902 年 4 月赴上海与古纳、希孟议定商约大纲并向中方代表送交约稿后便返回北京，上海方面的中美商约谈判此后实际由古纳和希孟主持。[①] 这为上海美商借助美华协会干涉谈判提供了更大的便利。

在 1 月的谈判中，英方代表马凯采取暗免厘而不加税的方针，以期"逼免全厘、稍加洋税"[②]；对此，盛宣怀则提出必须将进口税提高至值百抽二十，方能将厘卡尽撤。此举遭到马凯坚拒。为免谈判破裂，盛宣怀有意将进口税税率改为值百抽十五。[③] 加税条件一出，美商终于有了发难的机会。康格得知中方提出的加税条件后，迅于 1 月 29 日指示上海总领事古纳，围绕即将展开的中美新商约谈判与上海美商进行会商。[④]

2 月 17 日，古纳致信美华协会副主席詹姆森（J. N. Jameson），建议该会委员会在本周尽快召开一个有各大美国洋行负责人和古纳、希孟两位商约谈判代表参加的会议，讨论相关事宜。[⑤]

[①] Hay to Conger, Jan. 21, 1902, Telegram, no. 893, Despatches from United States Ministers to China, 1945 - 1947, Microfilm, Washington: National Archives, FM 92, Roll 117；另见《外务部收美翻译卫理（致左丞瑞良）函》（光绪二十八年二月初八日）和《外务部收美翻译卫理函》（光绪二十八年二月初八、十二日），载黄嘉谟主编《中美关系史料·光绪朝五》，"中研院"近史所，1990，第 3099、3108 页；《中美新商约谈判专使们》，载 JAAC, vol. 1, no. 10（Jul. , 1902）: 3。

[②] 王彦威、王亮辑编《清季外交史料》第 6 卷，第 2862 页。

[③] 《盛宣怀致外务部，江、鄂督署电》（光绪二十七年十二月廿一日），见王尔敏、陈善伟编《清末议订：中外商约交涉》（上），香港中文大学出版社，1993，第 46—48 页。

[④] Mr. Conger to Mr. Goodnow(encl.), no. 899, January 29, 1902, Despatches from United States Ministers to China, 1843 - 1906, Microfilm, Washington: National Archires, FM 92, Roll 116.

[⑤] Mr. Goodnow to Mr. Conger, No. 389, Feb 22, 1902, Despatches from U. S. Consuls in Shanghai, 1847 - 1906, FM 112, Roll 48.

2月20日下午5时许，美华协会执行委员会按照古纳的要求召开会议。与会者包括美华协会副主席暨同孚洋行詹姆森、协隆洋行斐伦和马克米、验船师罗伯特、圣约翰大学校长卜舫济、美孚石油公司韩德、棉布商鲍德温（C. C. Baldwin）、邓宁洋行邓宁、恒丰洋行佛不思和柔克（Rolker），以及纽约进出口公司奥斯古（A. J. Osgood）等。

据古纳的记录，所有与会美商在得知中方拟先使关税税率增至15%再行裁厘后，立刻放弃此前要求中国裁废厘金等内地税的主张，并对中方提出的上述条件表示强烈反对。其中，斐伦的意见最具代表性。当时美国对华贸易的大宗是棉纺织品，而斐伦所在的协隆洋行正是美国在中国从事棉纺织品贸易的主要洋行之一，[1] 基于这一立场，斐伦反对增税，并罗列出三大理由：

1. 目前中国93%的厘金来源于华中和华南地区，而美国的对华贸易额只有1/4来自这两个地区，剩余3/4（主要以棉纺织品为主）集中在厘金问题并不严重的中国北方。因此，以增税为代价换取裁厘得不偿失。

2. 鉴于中国地方政府在落实子口税规定方面的失信表现，中国政府未必能在增税后彻底贯彻裁厘政策。

3. 即使厘金确实被废，中国地方官还是会巧立其他名目对进口到内地的洋货课税。[2]

---

[1] 上海社会科学院经济研究所、上海市国际贸易学会学术委员会：《上海对外贸易1840—1949》上册，上海社会科学院出版社，1989，第102页。

[2] Mr. Goodnow to Mr. Conger, no. 389, Februry 22, 1902, Despatches from U. S. Consuls in Shanghai, 1847–1906, FM 112, Roll 48.

两日后，古纳将美华协会 2 月 22 日会议记录发送给美使康格和第三代理国务卿皮尔斯。

3 月 21 日，美华协会进一步扩大会议范围，就同样的议题召开全体会员大会。会上，执行委员会要求全体成员对以下决议进行表决：

> 新商约应维持《辛丑条约》关于将关税税率提高至切实值百抽五的规定（第 6 款），并使洋货在支付百分之二点五的子口税后，免征一切内地税。①

此处需要说明的是，《辛丑条约》第 6 款在规定切实值百抽五的增税上限时，并未明确具体增幅，所以上述决议虽在字面上对《辛丑条约》第 6 款表示支持，但实质是要美国政府在不对中方提出的具体增税要求做出任何承诺、维持洋货支付子口半税旧例的情况下，换取中国切实废除针对进口洋货的其他一切内地税。

在这次会议上，该会内部对是否增税进行了激烈的辩论，体现出美侨内部的意见分歧。

反对该决议并支持增税者多从减轻中国财政负担角度出发。虽然根据古纳给康格的报告，参与了 2 月 20 日会议的卜舫济也和其他人一样强烈反对增税，但卜舫济在 3 月 21 日的会议上却表示，由于"外债缠身的中国政府必须有足够的财政收入才不至于破产，而关税恰恰是她最重要的收入来源；与

---

① "Special Meeting of the American Association of China," *JAAC*, vol. 1, no. 10 (Jul., 1902): 4.

此同时，外国人如希望中外贸易能够更加繁荣，就应提高中国的购买力，而不是让她变得更穷"，所以，协会应当同意中方提出的以征收 15% 关税及附加税为裁厘前提的条件。卜舫济还认为，目前进出口商品所需缴纳的厘金等内地税金额已远远超过现在清政府方面提出的关税及附加税增幅（7.5%），接受这一提案可以降低成本，还能促使更多的中国百姓购买洋货。此外，前上海总领事、现美孚石油公司在华法律顾问佑尼干则从借裁厘改革中国财政、行政制度的角度出发，认为应当为之做出一定妥协，但对是否增税至 15% 保留意见。佑尼干举美国因各州之间自由贸易而带来的繁荣为例，认为裁撤厘金，实行一个统一、极简的税制对中国的经济繁荣有着重要意义；接着，他将裁厘问题延伸到中国改革行政、加强中央集权上。他表示，尽管中国政府理论上是一个绝对专制的政体，但这一体制实际包含了许多混乱无序的因素。佑尼干将当时的中国与 1868 年明治维新之前的日本相提并论，认为中国地方如两湖、两浙、两广等有各自独立的造币厂，能够自主发行货币、自主征税，这大大侵夺了中央政府的财政收入。正是因为中国的中央集权太弱，地方分权太强，人们才担心中国将无法履行其条约义务。① 因此，虽然裁厘因涉及范围太广，且不利于各省督抚的财权而成为一件十分困难的事情，但他坚信无论如何，这一贸易阻碍必须被根除。至于 15% 的关税和附加税税率，佑尼干认为，虽然看似很高，但实际上外商们会比缴纳

---

① 佑尼干表示："我们也体验过清廷将权力完全下放给地方督抚后的巨大灾难——外交上的踢皮球不但使无数外国人牺牲，而且对贸易等造成了毁灭性的打击。我们知道，除非有完善的问责机制，否则没有任何一个社会可以为贸易提供安全保障，并避免暴力行为。"

厘金等内地税付出更少的成本，因此是可接受的。他最后指出，目前最大的问题不在于税率多少而在于要如何在中国现行的行政结构下实现裁厘。至于实现裁厘的方法，佑尼干认为，应首先让清政府接受一税制原则，即免除进出口商品一切内地税，只收取关税和附加税，至于具体税率应定为15%还是更少，则留给专家去研究。他表示，无论今后有多难，列强必须要先迈出第一步，在条约中加入一个条款，规定清政府在管理税收方面的责任，并支持中央政府在全国范围内严格执行这项条款。"这是列强保护他们在华侨民安全和在华贸易的责任。"佑尼干认为现在正是进行这一尝试的良机："目前清政府的实际领袖慈禧对外国的敌意已经不再像从前那么强烈——她乘坐着火车回銮，并且举行茶会款待公使夫人等外国人。而且，慈禧无疑会欢迎一切计划和帮助来消灭这种削弱其权威的制度。"①

支持该决议而反对增税者占大多数，且以参加2月20日会议的其他成员为代表。他们既不相信中国人有能力和意愿去废除这些税，也不认为单纯地把裁厘写进条约就可以实现这一点：

> 即使列强都同意这一项条款，但是我们仍不得不承认，我们没有丝毫把握能够相信，在现有的行政体系下，中国的中央和地方政府有能力和意愿去彻底废除现有的枝蔓庞大的厘金、落地税等杂税。因为中国现行的行政体系

---

① 以上内容参见"Special Meeting of the American Association of China," *JAAC*, vol. 1, no. 10(Jul. , 1902):3 - 9。

实在有太多的分支，而现在要废除的正是绝大多数分支的收入来源。①

　　纽约进出口公司的奥斯古还认为，应强烈反对在当前的情况下对关税进行任何幅度的提高；绝不能相信清政府的承诺，因为一旦增税被允许，中国的关税将来只会越增越高，最终达到外商无法接受的水平。时任主席包尔也附和地提醒与会者注意："中国已经有过逃避条约责任的表现，如果她现在要着手废除厘金，他们有什么理由相信她在未来会践行她的诺言？"

　　可以发现，反对增税的成员虽多以不信任清政府的诚意与能力为言，但本质上仍是因为不愿为裁厘而蒙受任何经济损失。其中，非直接利益相关者自然可以很轻松地表示愿意为裁厘付出增税代价，而直接利益相关者则坚决反对为裁厘而蒙受经济损失。因美国棉纺织品的主要市场集中在厘金问题并不严重的北方，所以在裁厘并不能减少太多成本，同时增税又将大大增加成本的情况下，美国从事棉纺织品销售的棉布商人和进出口商人表现出最为激烈的反对态度；而美孚石油公司的市场相对分散，因此对裁厘增税问题表现出无可无不可的态度。由是可知，该会内部在是否增税上的分歧根源并不在于是否裁厘，而在于愿为裁厘付出多少代价。

　　反对加税的意见最终占据了主导，面对美国棉纺织品商人强烈的抵制情绪，大多数成员选择通过决议。最终的表决结果仅有一票反对，此后，上述决议很快便被送呈国务卿海约翰、

---

①　见"Special Meeting of the American Association of China," *JAAC*, vol. 1, no. 10(Jul. , 1902):4。

驻华公使康格以及商约谈判专员古纳和希孟处，以供他们参
考。^① 古纳和希孟则将上述决议转呈美国政府以进一步引起国
务院的重视；^② 与此同时，会长包尔也在 2 月 27 日明确电告美
亚协会理事富尔德^③：美华协会坚决反对提高关税税率至 15%
的提议，并怀疑中国在废除内地税方面的意愿与能力。^④

美华协会关于裁厘对美货影响不大的论断对当时的中外商
约交涉造成了不小的影响。在中国上海，英国商约谈判全权大
臣马凯以此为借口反对中国的增税方案。为此，中方代表甚至
致电直督袁世凯，请其加重北方厘金，以免美国商人反对加
税。^⑤ 在美国本土，一年前已对 15% 的关税及附加税税率表示
支持的美亚协会至此转变态度。1902 年 4 月 4 日，富尔德将
包尔发来之信电转呈海约翰，并对美华协会的决议表示强烈的
支持。他引用上海商人关于裁厘对美货影响不大的论断，认为
增加关税会提高美国商品的成本，导致美商得不偿失；为美国
贸易利益最大化计，商约谈判过程中应维持和约所规定的切实
值百抽五的税率，或者至少在提高关税税率前确保中国切实消

---

① "Special Meeting of the American Association of China," *JAAC*, vol. 1, no. 10
(Jul., 1902):4.
② 希孟早在 3 月 11 日便将执委会反对增加进口关税的决议案提交给了柔克
义；古纳也在 3 月 25 日向国务院报告了美国协会的这个决议。参见
James J. Lorence, "Organized Business and the Myth of the China Market: The
American Asiatic Association, 1898 - 1937," *Transactions of the American Philo-
sophical Society* 71(4), 1981:39。
③ 约翰·富尔德，《纽约商报》主编、美亚协会创始人之一。富氏不但在华
尔街具有相当的影响力，而且与柔克义等华盛顿决策层人士过从甚密。
④ "Frank P. Ball to John Foord, March 27, 1902," *JAAC*, vol. 1, no. 10 (Jul.,
1902):15.
⑤ 李永胜：《清末中外修订商约交涉研究》，第 29 页。

灭一切内地税。①

4月10日，感到困惑的海约翰答复富尔德，称政府赞同增税是参考了美亚协会1901年1月25日说帖的结果：

> 如果说本政府在过去两年里表现出愿意接受将中国进口的外国商品关税提高到5%以上的提议，那是因为它在很大程度上受到了美国贸易利益集团的影响。尤其是贵会在1901年1月25日向美国总统提交的备忘录第一段便谈到将关税增加到15%的问题。贵会在文中认为这个提议是合理的："本会不反对接受这种关税协定的基础"，并且还补充说，这一建议似乎为棘手的内地税问题提供了最令人满意的解决办法。②

富尔德于两日后借"字面"的税率和"实际"的税率两个概念，砌词狡辩，称彼时支持增加关税和附加税税率是为了使中国实际上能切实征得5%的关税，而不是指将要将中国切实征收5%的关税税率再提高一倍，即切实征收10%：

> 这项提议只是建议将当时的进口关税税率和子口税税率增加一倍。在这份说帖中，本会小心地避免支持对进口洋货征收两倍以上的关税。易而言之，该说帖可以被认为是对将关税税率切实提高至5%的赞同，即反对目前中国实际正在征收的仅略高于3%的关税税率，但绝不能被认

---

① "Current Comment,"*JAAA*, vol. 2, no. 4(May, 1902) : 74.

② "Hay to Foord, April 10, 1902,"*JAAA*, vol. 2, no. 4(May, 1902) : 79 - 80.

为是在赞同将切实 5% 的关税税率增加一倍，也即当时关税税率的三倍，并相应增加子口费……不应认为说帖中的任何一条内容构成了美华协会所坚决反对和本协会执委会也抗议的提案的一部分。[1]

美商自认为理直气壮反对增税的法理依据乃 1858 年《天津条约》。[2] 该条约规定洋货支付子口半税后可自由通行中国全境，故美商坚持中国裁厘分属应当，不应再由外商为此付出任何代价。除此之外，《辛丑条约》第 6 款对关税税率的规定也为美商提供了反对增税的说辞。该条款在规定切实值百抽五的增税上限同时没有明确具体提高多少才能达到切实值百抽五的效果，因此，美商既可借口维持上述条款来避免对中方提出的具体增税要求做出承诺，又可以借口中方提出的增税幅度超过了"切实值百抽五"而随意对中国的增税方案提出反对。

鉴于美华协会的反对和美亚协会的态度转变，美国政府无法向商约谈判代表就裁厘加税问题下达明确指令。于是，在 1902 年 6 月 27 日美国代表向中方递交的 40 款条约草案中，无

---

[1] "Foord to Hay, April 12, 1902," *JAAA*, vol. 2, no. 4(May, 1902) : 80.

[2] 除进出口货物一律征收 5% 关税的条款外，1858 年中英《天津条约》也在第二十八款对子口税做出规定："惟有英商已在内地买货，欲运赴口下载，或在口有洋货欲进售内地，倘愿一次纳税，免各子口征收纷繁，则准照行此一次之课。其内地货，则在路上首经之子口输交，洋货则在海口完纳，给票为他子口毫不另征之据。所征若干，综算货价为率，每百两征银二五钱，俟在上海彼此派员商酌重修税则时，亦可将各货分别种式应纳之数议定。此仅免各子口零星抽课之法，海口关税仍照例完纳，两例并无交碍。"参见王铁崖编《中外旧约章汇编》第 1 册，第 100 页。

一语涉及"裁厘"，遑论"加税"。[1]

自 1902 年 6 月 27 日第一次会晤后，中美谈判代表双方约两个月没有再行正式会面；而中英两国代表则于 1902 年 8 月中旬议定新商约各条款，其中规定对进口洋货征收十二五关税，并对以往免征关税之货物课征同等关税。对于英约在"提高关税"方面做出的承诺，在华英商物议沸腾，[2] 美商亦甚不满。在上海英商积极联合工部局和英国本土商人呼吁英国政府勿授马凯画押之权的同时，[3] 上海美商也积极致电美亚协会，要求政府力拒马凯约。美亚协会立刻在 8 月和 9 月的会刊上接连表示坚决反对，认为：

> （裁厘加税）除对中外贸易带来一个新障碍外，别无其他收获……在美国棉纺织品的主要市场——中国北方地区，厘金系统很不发达，因此，它带来的唯一变化，将是斜纹布和阔幅宽布价格的大幅上涨，以及中国北方消费者需求的骤然减少……

美亚协会坚持认为，政府即使要接受裁厘加税条款，也应至少等到厘金被切实裁废之后：

> 以 1858 年中英天津条约为例，条约中关于子口税的规定在地方政府眼中不过具文而已。如果新协议以废除所

---

① 中国近代经济史资料丛刊编辑委员会主编《辛丑和约订立以后的商约谈判》，中华人民共和国海关总署研究室编译，中华书局，1994，第 147—157 页。
② 李永胜：《清末中外修订商约交涉研究》，第 122 页。
③ 王彦威、王亮辑编《清季外交史料》第 6 卷，第 2869 页。

有本国和外国商品贸易中的厘金为前提，那么它至少不会遭到这样明显的反对……①

尽管遭到了英美两国商界的强烈反对，英国政府还是在1902年9月5日照原议与中国签订《续议通商行船条约》。其中，第8款规定：

1. 中国将原有各厘卡及抽类似厘捐之关卡概行裁撤，但各地常关均可照旧保留；

2. 此后进口洋货应税12.5%，出口土货纳税7.5%，完税之后，其洋货无论在华人之手或在洋人之手，亦无论原件或分装，均得全免重征各项税捐，以及查验或留难情事；

3. 外国鸦片的税厘仍保留不动，但厘金的名目应该改为附加税，原有"征抽图药税项之权"不受影响，只是征抽办法须加改变，不得有碍于其他货物；盐厘现行课征的数额并入正项盐税，或在产区抽收，或在运入销区后抽收；

4. "不出洋之土货"从一处运往另一处时，只需在第一道常关缴纳2.5%附加税或在销售地"任便"征收销场税。②

"裁厘加税"载入英约后的第四天，中美双方代表亦开始第一轮会谈的第二次会议。在此次会议过程中，盛宣怀以英约

---

① "Current Comment," *JAAA*, vol. 2, no. 7（Aug. , 1902）: 169.

② 王铁崖编《中外旧约章汇编》，第2册，第101—114页。

为援，主动提出裁厘加税问题，但美方代表古纳再次回避，表示在厘金问题上尚未接到政府的指示，所有关于厘金的问题最好都先不讨论。① 此后，由于美方代表回避"裁厘加税"这一核心问题，中方代表刘坤一、盛宣怀亦相继因故开缺，交涉难以为继，1902 年 10 月 17 日至 1903 年 2 月 28 日，中美新商约谈判一度陷入停顿。

美国政府之所以迟迟未就"裁厘加税"问题对美方谈判代表做出具体指示，主要还是因为美国商界对英约增税条款的强烈抵制。1902 年 10 月 3 日，当中美双方谈判代表仍在磋商商标、版权、矿务、关栈等事宜之际，美华协会与美亚协会先后召开会议，继续对英约第 8 款②表示强烈反对。10 月 4 日，美华协会致信海约翰，以代表美国在华商业利益的组织身份正式对英约第 8 款提出抗议。③ 与此同时，美亚协会亦向政府重申中国不可能废除厘金的观点，强调增税不但无法结束中国债务国的身份，而且会"阻碍她的内部发展和繁荣，并通过降

---

① 中国近代经济史资料丛刊编辑委员会主编《辛丑和约订立以后的商约谈判》，第 158—159 页。

② 即裁厘加税条款，具体内容为：此后进口洋货的税率在值百抽五的基础上增加一倍半（连正税共为 12.5%），出口土货的税率增加一半（连正税共为 7.5%），用以抵补原来对洋货抽收的厘金、子口税以及其他各项税捐；中国应将原有"各厘卡及抽类似厘捐之关卡概行裁撤"；但各地常关均可照旧存留；原有"征抽土药税项之权"不受影响，只是征抽办法须加改变；"盐厘"（只须改名"盐税"）仍可按现征数目等征抽；"不出洋之土货"可在其销售处"任便"征抽一种"销场税"；凡洋商在中国通商口岸或华商在中国各处用机器制成的棉纱、棉布及其他与洋货相同的货物，都须缴 10% 的"出厂税"；等等。参见张振鹍《清末十年间中外关系史的几个问题》，《近代史研究》1982 年第 2 期。

③ "Lewis to John Hay, Oct. 4, 1902,"（原文记为 1903 年，因刊于 1903 年 7 月号上，疑误）*JAAC*, vol. 1, no. 11（Jul., 1903）: 3.

低其购买力，严重影响中外贸易"。鉴于此，美亚协会执行委员会坚决地建议政府，应"在主要贸易国支持下，努力谈判以纠正中英商约这一具有重要缺陷的条约。"① 日后，华尔街的《纽约商报》也对两会的主张表示支持，认为中英商约注定失败；华尔街众多商业巨头亦表示，无论如何都不可能接受政府将中英新商约作为谈判基础来修订天津条约。②

面对美国商界普遍抗拒加税的态度，美国政府陷入两难境地。海约翰在 11 月向富尔德述说他所面临的处境：一方面，任何不为其他列强同意的条约都是无效的，因此美国政府认为应不得不将中英商约视为现有商约谈判的基础；另一方面，美国商人"如此强烈地抗议中英商约的某些条款"，使他不能违背他们的意愿继续谈判。为寻求商界对政府决策的认可与支持，海约翰将一份折中的新商约草案交给富尔德，请他在此基础上与商人进行协商，以便推进新商约的议定。在这份条约草案中，中国政府必须彻底废除所有内地税，而为弥补此举造成的损失，中国可以在维持进出口关税 5% 税率不变的同时，增加 5% 的进口附加税和 2.5% 的出口税。③ 要而言之，美国政府

---

① "Resolutions," *JAAA*, vol. 2, no. 11（Dec., 1902）: 300. 此外，劳伦斯在其研究中还指出，两会对中英商约的态度与柔克义十分一致，见 James J. Lorence, "Organized Business and the Myth of the China Market: The American Asiatic Association, 1898 – 1937,"*Transactions of the American Philosophical Society 71(4)*, 1981: 40。

② James J. Lorence, "Organized Business and the Myth of the China Market: The American Asiatic Association, 1898 – 1937,"*Transactions of the American Philosophical Society 71(4)*, 1981: 40.

③ James J. Lorence, "Organized Business and the Myth of the China Market: The American Asiatic Association, 1898 – 1937,"*Transactions of the American Philosophical Society 71(4)*, 1981: 40.

所提出的折中方案的核心是将英约议定的 12.5% 进口税率减至 10%，而这显然是为了迎合美华协会和美亚协会的意见。

几天后，富尔德作为商界代表前往华盛顿，与政府协商条约草案的相关问题。在此期间，柔克义提醒富尔德：

> 目前我们迟迟不向中国政府提交条约草案的唯一原因是国务卿决心在得到贵会经过深思熟虑的建议之前，不在该问题上采取任何行动。易而言之，我们是积极参与谈判，还是袖手旁观……直到中国与其他非主要贸易国家缔结条约后根据最惠国条款获取利权，都取决于你们。①

对此，富尔德承诺将尽一切努力促使商界与华盛顿达成一致意见。美国商人在此次中美新商约谈判过程中的分量可见一斑。

美国本土从事对华贸易的商人经过讨论，在 1902 年 12 月由美亚协会召开会议，决定在海约翰所提供的草案基础上向政府提交包含下述要点的请愿书：

> 1. 倘不能完全废除常关，至少应保证大大减少常关数量；
> 2. 裁撤征收鸦片税的土药税所和稽查私盐走私的盐报验公所；

---

① James J. Lorence, "Organized Business and the Myth of the China Market: The American Asiatic Association, 1898–1937," :41.

3. 不准中国对其国内贸易和商品征收销场税;①

4. 出口税最高应不超过值百抽五,从价抽取;进口税定为值百抽十,或将目前税率增加一倍,以补偿各省废除厘金和其他各项内地税的损失。②

从上述请愿书的内容中可以发现,在增税问题上态度反复的美亚协会,其反对中国提高关税的态度并不像美华协会那么坚决。该会充分尊重了海约翰所提出的加税一倍的折中方案,至于其他有关取消销场税,以及裁撤常关、土药税所及盐报验公所的要求,主要是出于避免厘金以其他形式继续存在的目的,这符合该会在此前提出的最低限度的要求,即至少在提高关税税率前确保中国切实取消一切内地税。③

当美国政府在 1902 年底寻求美国商界对其新商约计划的支持时,中方代表也曾多次催促美方代表续议商约修订事宜,但美方代表始终以未奉国务院指令为由拒绝。④ 直到 1903 年 2 月,在美国国务院结合美商去年 12 月的意见,拟定了新的条约草案后,美国代表才接到国务卿的指示,与中方代表继续交涉。因美国本土商人在"加税"问题上的妥协,新的条约草案不再回避"裁厘加税"问题,而是专门在第 4 款规定了具

---

① 盖外商认为,因为中国地方官可以借征销场税之机对洋货额外课税,所以英约第 8 款有关中国各地仍可继续征收销场税的规定,无异使裁厘成为一纸空话,最终的结果只是徒增关税。出于这样的考虑,取消销场税成为英美等国商人的共同目标。

② "The American Commercial Treaty with China," *JAAA*, vol. 2, no. 7 (Jan. , 1903): 334 – 335.

③ "Current Comment," *JAAA*, vol. 2, no. 4(May, 1902): 74.

④ 李永胜:《清末中外修订商约交涉研究》,第 30 页。

体方案。新约稿第 4 款与英约第 8 款有两项重要区别：其一，新约稿规定进口税增加一倍，而非英约的一倍半；其二，新约稿不但裁撤厘金和厘卡，而且要取消包括内地常关、土药税所、盐报验公所等一切可能留难进口洋货的机构。① 可以发现，除未满足免征销场税这一条，第二版约稿基本体现了美商去年 12 月请愿书的精神。

此后，中美双方谈判代表进行了长达六个月的交涉。美国政府虽一直有意跟随英约的"加税"方案，但不能罔顾美商的意志。出于对美国商界的安抚，美国政府极力满足其在"彻底裁厘"方面的强烈愿望，为此频频以反对加税至 12.5% 来迫使清政府在裁撤内地常关上做出让步。② 经过双方谈判代表的激烈争锋，中美两国谈判代表终于在 1903 年 10 月 8 日签订《通商行船续订条约》。

从最终签订的中美新商约来看，美商反对加税一项虽然失败，其他方面的要求却大多得到满足。③ 如裁厘问题，美华协会要求中国保证裁厘，并对中国整套财政、行政体系进行全面改革；美亚协会则要求"在中国全境彻底取消对进口商品征

① 中国近代经济史资料丛刊编辑委员会主编《辛丑和约订立以后的商约谈判》，第 162—166、170、176 页。
② 如崔志海指出，在后来加税免厘的谈判中，美方代表也不时以反对加税至 12.5% 来要挟中方满足他们在免厘方面所提的要求。在免厘加税条款基本达成协议后，美方代表曾向吕、伍透露说：美国政府实际上在西历 3 月份即同意加税至 12.5%，条件是"必须将内地常关撤去"。4 月初中国驻美公使梁诚在拜见美国国务卿后也致电清政府，报告美国政府可能会同意加税至 12.5%，不致与中国为难。参见崔志海《试论 1903 年中美〈通商行船续订条约〉》，《近代史研究》2001 年第 5 期。
③ 1900—1903 年间美华协会、美亚协会的要求和 1903 年中美新商约内容的对比，参见附表 6。

收的其他税"；"倘不能完全废除常关，至少应保证大大减少常关数量"。① 对此，1903 年签订的中美《通商行船续订条约》第 4 款规定，洋货完纳关税及附加税后，"无论在华人之手，或洋商之手，亦无论原件或分装，均得全免重征各项税捐以及查验或留难情事"；与此同时，"中国允将十九省及东三省陆路铁路及水道所设征收行货厘捐及类似行货厘捐之各项局卡，概予裁撤"。② 在降低出口税方面，美华协会曾要求中国更改规定为在商品出口到另一国时，向商人退还一定金额以便直接用于支付关税。③ 美亚协会则要求"出口税最高应不超过5%"，按购入地和出口口岸之间课税税率一半以上的比例向出口商退税。④ 对此，中美《通商行船续订条约》第 8 款规定，退税单自美商申请之日起，限于二十一日内发给，并可在发给退税单的新关"按全数领取现银"。⑤ 对于美商裁撤征收鸦片税的土药税所和稽查私盐走私的盐报验公所的要求，约文正文虽不曾提及，但附件中则表示二者"均任由中国政府自行办理，但不得与本约第 4 款所载别项货物转运时不得阻滞各节有干碍"。⑥ 在关栈问题上，美华协会要求所有能够提供相

---

① "Memorandum on the Revision of the Commercial Treaty with China, April 11, 1901," *FRUS, 1901, Appendix: Affairs in China*, p. 217.

② 因中英《续议通商行船条约》规定，"裁厘加税"条款须俟各国一律允准后方可实行，而中国与俄、法、德、意和瑞典等国之谈判皆不利，故"裁厘加税"条款最终并未实现。

③ "V. G. Lyman to Hon. E. H. Conger, Februry 6, 1901," *JAAC*, vol. 1, no. 8 (Jul., 1902) : 4 – 5.

④ "Memorandum on the Revision of the Commercial Treaty with China, April 11, 1901," *FRUS, 1901, Appendix: Affairs in China*, pp. 217 – 218.

⑤ 王铁崖编《中外旧约章汇编》第 2 册，第 186 页。

⑥ 王铁崖编《中外旧约章汇编》第 2 册，第 189 页。

应设施，且愿意遵守中国相关规定的公共仓库都可以成为关栈。① 对此，约文第 6 款规定，经过通商口岸相关管事官员核准的美国仓库可以作为关栈。② 在保护传教士问题上，美华协会要求中方必须保证其地方政府会对传教士的工作进行切实保护。③ 对此，约文第 14 款规定，所有"安分习教、传教"的人，不得因奉教致受欺侮凌虐或因此稍被骚扰；允许中国人自愿信奉基督教；中国官员不得歧视入教、不入教者。至于外人定居中国通商各口岸方面，约文第 3 款规定美国人民准在中国已开或日后所开外国人民居住通商各口岸往来、定居、赁买房屋行栈、租赁或永租地基、自行建造房屋；第 14 款又规定，教会公产俟地方官查明地契并妥当盖印后，可由传教士自行建屋。此外，有关外国人在华开矿问题，约文第 7 款规定，在遵守中国相关章程和规定的前提下，美国人民得在中国地方开办矿务。④

尽管美国政府对美商的意见进行了充分的考虑，但美华协会仍未餍足。1902 年 7 月，该会在会刊上刊登《展望》一文，总结过去六个月中国发生的变化，其中指出：中英新商约中没有能够确保中国实行改革的条款，这样一来就使外国人在付出更高的关税代价后得不到任何回报；中国政府是否真的有意愿去落实条约中规定的改革措施是所有中外新条约谈判过程中最

---

① "V. G. Lyman to Hon. E. H. Conger，Februry 6，1901，" *JAAC*，vol. 1，no. 8（Jul.，1902）:5.
② 王铁崖编《中外旧约章汇编》第 2 册，第 185 页。
③ "Open Letter to the American People in Regard to the Settlement of the China Question，" *JAAC*，vol. 1，no. 7（Jan.，1901）:9 – 11.
④ 王铁崖编《中外旧约章汇编》第 2 册，第 187、183、188、185 页。

大的不稳定因素，而该会同时也怀疑中国政府是否有彻底整顿现在这个腐败的行政系统的能力；"过去中外之间签订的所有条约最终都成为一纸虚言，既然中国在过去无法履行条约义务，那现在人们对她是否打算去履行这些新条约也持怀疑态度就不足为奇了"。[1] 彼时中美商约已大体达成定议，上海方面谈判亦暂告一段落。上述评价与其说是针对早已签订十个月之久的英约，不如说是针对延续英约 12.5% 进口税率的中美商约。

三 "监督"中国履行商约情形[2]

根据中美《通商行船续订条约》第 7、9、13 款的规定，中国必须修订矿务章程、商标保护条例，并统一全国货币。[3] 美商认为自己对中国履行上述三项条约义务负有"监督"的权利，因此在 1904—1905 年对三项内容进行广泛干预。

阻挠商标法出台

自中国与英、美、日三国的商约谈判结束后，外商便不断通过本国驻华公使敦促中国尽快出台相关的商标法规。

1904 年初，外务部致函总税务司赫德，请其协助拟订商标注册章程。赫德于 3 月 8 日将其结合英国公使萨道义（Ernest Satow）和英国驻沪领馆商务参赞的意见而制定的商标法草案送

① *JAAC*, vol. 1, no. 11(Jul. , 1903) : 1 - 2.

② 关于这一问题，崔志海在《中国近代第一部商标法的颁布及其夭折》一文中对各国政府的外交活动进行了细致考察。参见崔志海《中国近代第一部商标法的颁布及其夭折》，《历史档案》1991 年第 3 期。

③ 王铁崖编《中外旧约章汇编》第 2 册，第 185—188 页。

交外务部审核。海关草案不但将中国商标管理权置于海关管辖之下、将治外法权拓展到对商标侵权控告的审判、对洋商商标放宽要求而对华商商标要求苛刻，还在规定商标注册规费时压低各项收费标准。同年4月，商部在审核海关草案后对上述四大不平等规定进行修改，拟定商标章程二十二条，在向总税务司征求意见后，复参照各国商标法，与英、美、日三使磋商，终于拟定《商标注册试办章程》二十八条、《细目》二十三条，在是岁8月4日上奏光绪，并获准于同年10月23日起施行。[1]

1904年7月28日和29日，《字林西报》与《北华捷报》相继对《商标注册试办章程》的内容进行报道。[2] 上海外商随即开启对于这一章程的讨论。彼时驻华公使康格已就这一章程提出了一些建议，并致信上海总领事古纳，征询在沪美商的意见。[3] 于是美华协会执行委员会在8月3日下午5时30分，于九江路3号的同孚洋行办公室召集本地会员，聚议商部拟定之商标章程，[4] 其中，美国驻沪总领事古纳也应邀列席。

在这次会议上，商人们提出了四条修改意见：

1. 删去章程第9条关于商标有效期20年的限制；

2. 允许以商号注册商标；

① 崔志海：《中国近代第一部商标法的颁布及其夭折》，《历史档案》1991年第3期。

② "THE REGISTRATION OF TRADE MARKS, "*The North-China Herald and Supreme Court & Consular Gazette (1870 – 1941)*, Jul. 29, 1904, p. 252.

③ "Goodnow to Jameson, Aug. 3, 1905, "*JAAC*, vol. 1, no. 14 (Jan., 1905): 33 – 34.

④ "Jameson to Resident Members, Jul. 30, 1905, "*JAAC*, vol. 1, no. 14 (Jan., 1905): 33.

3. 商标注册局接受外国监督；

4. 降低注册手续费用。

古纳对前两点表示完全赞同，但认为后两点对美国来说不太重要；出于尽快推进该章程落实的考虑，他建议美商不要对其余两点过分坚持。[①] 此后，康格也在 8 月中旬向美商表示，最好让《商标注册试办章程》暂时生效并与中方达成如下谅解，即中方在日后修改该章程时应适当考虑美国商人的意见。[②] 美商虽对《试办章程》存在不认同之处，但"并无普遍的对立情绪"，因此认为未尝不可，暂时没有采取进一步活动。

上海其他外商对商部拟定的《试办章程》的态度，起初大致与美商相同，即期望中国能尽快出台商标注册制度来保护外国商标。[③] 然而，由于英国公使萨道义等人对《试办章程》的强烈反对及其对上海外商的撩拨，最终，上海英、德等国商人也开始主张《试办章程》延期生效。

1904 年 8 月 18 日，英国公使萨道义根据《中英烟台条约》，对《商标注册试办章程》第 20 条有关商标侵权纠纷的审判办法向外务部提出反对。[④] 该章程第 20 条规定，如控辩双方均系华人或均系洋人，则由各衙门管理；如被告系洋人，则应由中国地方官照会该国领事会同审判；如被告系华人，也

---

① "Goodnow to Jameson, Aug. 3, 1905,"*JAAC*, vol. 1, no. 14(Jan. , 1905) : 33 –
34.

② "Goodnow to Jameson, Aug. 17, 1905,"*JAAC*, vol. 1, no. 14(Jan. , 1905) : 34.

③ "Little to Satow, Sep. 30, 1904,"*JAAC*, vol. 1, no. 14(Jan. , 1905) : 45.

④ "Ernest Satow to Prince Ch'ing, Aug. 18, 1904, " *JAAC*, vol. 1, no. 14(Jan. ,
1905) : 42.

应由该国领事照会中国地方官会同审判。这一条与中英《天津条约》原则一致。① 然而，萨道义却引据《中英烟台条约》第 2 条，认为"只要原告被告所在国家的法律有异，那么审判此类混合案件的原则就只有一个，即由被告所属国家的官员按照本国法律审理案件，而原告所属国家的官员只可旁听"。对此，商部据理力争，表示按照烟台条约第 2 条第 3 款规定，商标章程第 20 条并无问题。② 与此同时，德使穆默（Alfons Mumm）也以收费标准太过高昂、章程所涉内容缺乏条理及领事裁判权等为由，要求推迟施行《商标注册试办章程》。对此，商部则以"现在既经奏明，通行各国大臣并各省将军督抚，晓谕中外各商在案，碍难作辍"为由，断然拒绝。③

在中外交涉无果的情况下，英使萨道义电令英使馆商务参赞贾米森（J. W. Jamieson）联络上海外商总会，向上海外商寻求支持。④ 贾米森随即在 8 月 29 日将商部《试办章程》之译本转交上海外商总会会长李脱（William D. Little），询问外商对此章程的态度。⑤ 9 月 8 日，贾米森再次致信李脱，转达萨道义与奕劻在 8 月的交涉通信副本，进一步摆明英国使馆在商标章程问题上的态度。⑥ 接到第二封信后，外商总会立刻领会

---

① 咸丰八年（1858）签订之中英《天津条约》第 16 款规定："英国民人有犯事者，皆由英国惩办。中国人欺凌扰害英民，皆由中国地方官自行惩办。两国交涉事件彼此均须会同公平审断，以昭充当。"

② "Prince Ch'ing to Ernest Satow, Aug. 29, 1904," *JAAC*, vol. 1, no. 14 (Jan. , 1905）: 42.

③ 屈春海：《清末中外关于〈商标注册试办章程〉交涉史实考评》，《历史档案》2012 年第 4 期。

④ "Little to Satow, Sep. 30, 1904," *JAAC*, vol. 1, no. 14 (Jan. , 1905）: 45.

⑤ "Jamieson to Little, Aug. 29, 1904," *JAAC*, vol. 1, no. 14 (Jan. , 1905）: 43.

⑥ "Little to Jamieson, Sep. 8, 1904," *JAAC*, vol. 1, no. 14 (Jan. , 1905）: 44.

贾米森与萨道义的用意。在接信的当天，李脱便将上述萨道义与奕劻的往来信件副本，以及贾米森与该商会的来往信件转发英国中国协会、美华协会和德国协会（Deutsche Vereinigung），将它们拉入反对《试办章程》的阵营，共同要求推迟《商标注册试办章程》生效时间。三会在此事上并无利益冲突，也没有为中国而开罪彼此的道理，因此无不赞同。9月17日，李脱复信贾米森，表示外商总会与英、美、德三会一致支持将《商标注册试办章程》的生效日期推迟到6个月后。①

然而萨道义仍不满意，进一步要求外商总会与英、美、德三会提供更详细的反对意见，以便他能更有的放矢地与清政府进行交涉。于是，9月22日，上海外商总会召开全体会员特别会议，对《商标注册试办章程》进行审议，②并最终提出5条修订意见：

1.《试办章程》没有规定注册局官员的国籍和商标侵害控告的上诉机构。总商会认为，应明确规定注册局官员必须由外国商标问题专家担任；当控告侵害商标过程中发生争议时，应向各国驻华公使上诉。

2.《试办章程》规定，外国申请必须附有中文译本。总商会认为，以英文申请即可。理由是：根据1902年英约第7条，注册局隶属于帝国海关，而英语是海关的通用语言；翻译造成的谬误可能会导致申请不被通过；翻译申

---

① "William D. Little to J. W. Jamieson, Sep. 17, 1904," *JAAC*, vol. 1, no. 14 (Jan., 1905): 43 – 44.

② *JAAC*, vol. 1, no. 14(Jan., 1905): 44 – 45.

请书将产生一笔开支。

3. 为避免延误，总商会认为上海注册分局应享有签发执照和处理与商标相关的一般事务的权利。

4. 总商会成员一致认为《商标注册试办章程》所规定之费用过于高昂，违反了 1902 年中英商约第 7 条的精神。此外，章程第 2 条和细目第 21 款规定，如商行合伙人发生变动，在每次变动时，商行都需要支付 20 两。鉴于外国商行的在华合伙人变动频繁，这项规定将造成非常庞大的开支，因此，该商会对此提出强烈抗议。

5. 在保护已有商标方面，试办章程第 8、19 和 21 条规定，已使用两年以上（但尚未注册）的旧商标，他人不得注册；如他人违规注册，一经证明属实，持有人有权起诉，使其受到惩罚。总商会认为，这一规定把沉重的负担压在了旧商标持有人的头上，他们必须持续保持警惕，确保他们的商标不受侵犯，否则，就只能选择注册所有旧商标。在目前的收费规定下，后者对那些上海的老洋行来说意味着要花费高达 1 万两至 2 万两的高额费用。鉴于此，商会建议，已在国外注册的商标所有人和在中国使用了两年以上的商标所有人，应向注册官提交商标信息以及所有权证明，以便登记官在拒绝后续注册申请时有必要的依据。如上述建议未能获准，另一个解决办法是准许这些商标的所有人按照规定的 30 两费用支付首笔注册手续费后，以每个商标 1 两的费用注册其他所有商标。①

----

① "Little to Satow, Sep. 30, 1904,"*JAAC*, vol. 1, no. 14(Jan. , 1905):45 – 47.

9 月 30 日，李脱通过英国驻沪总领事霍必澜将上述意见转达萨道义。10 月 6 日，美华协会主席詹姆斯也在英商的催促下将外商总会上述函件副本送呈美国总领事古纳。美华协会对外商总会的上述意见表示赞同，并请古纳将这些内容转达美使康格，以便康格发挥他的影响力，进一步确保《试办章程》的延期生效。[①]

10 月 20 日，德使穆默关于展期施行《商标注册试办章程》的交涉没有得到外务部的认可。因《试办章程》原定生效日期在即，德国协会召开特别大会，提出各自让步方案，即由中国政府在章程生效前对以下三个要点做出明确声明：

1. 已在国外注册过的商标，是否无须在中国注册也可以享受同等保护。［此点最初由英使馆商务参赞贾米森在上海外商总会特别大会上提出，并得到了英国中国协会会长查尔斯·德贞（Charles Dudgeon）的附议］

2. 缴纳一次商标注册费用，能保证商标在所有类目被注册，还是在任意数量的类目被注册，或是在每个类目都需要缴纳一次注册费用。

3. 在 10 月 23 日前递交注册申请的商标不得享有优先权。

方案出台的第二天，德国协会也联络美华协会，请求其对

---

① "Jameson to Goodnow, Oct. 6, 1904," *JAAC*, vol. 1, no. 14(Jan. , 1905) : 43.

上述提案给予支持。① 这次，美华协会没有立即做出反应。除了与英德两国商人亲疏有别外，美华协会的这一态度也与美国官方的态度息息相关。

当时各国政府对《试办章程》的态度各异，其中，英、德、法、意、奥五国坚持缓行《商标注册试办章程》；美国在1903年商约交涉时就对商标问题没有太多意见，《试办章程》奏准后，便拒绝德国驻美大使有关美国与他们一起要求推迟实行《试办章程》的请求，② 并训令驻华公使康格敦促美商尽快按照中国规定注册商标。③ 当康格在 10 月 12 日将美商 10 月 6 日意见转呈国务院后，他很快就接到了不得参加列强推迟商标法实施行动的训令。④ 此后，他通过古纳敦促美商立即按照商部试办章程注册商标；古纳也在 1904 年 11 月 9 日写给美华协会的信中表示，尽管某些公使看衰这一章程的前途，但情况混乱，美商最好还是听从康格的建议立即注册商标，并将注册商标清单副本寄送总领事馆以便备案，希望美华协会尽快将上述消息和建议通知所有在华美商。⑤ 在了解到古纳和康格的明确态度后，美华协会从善如流，立刻向在华美商广发信件，通告康格和古纳的意见，并积极倡导美商尽快按照中方拟定章程注

---

① "Ch. Brodersen to Jameson, Oct. 21, 1904," *JAAC*, vol. 1, no. 14 (Jan., 1905):47-48.

② "The Secretary of State to German Ambassador, October 10, 1904," *FRUS, 1906*, p. 241.

③ "The Secretary of State to Minister Conger, Oct. 12, 1904," *FRUS, 1906*, pp. 241-242.

④ Hay to Conger, November 12, 1904, Diplomatic Instructions of the Department of State, 1801-1906, microfilm, Washington, D. C.: National Archives.

⑤ "Goodnow to Jameson, Nov. 9," *JAAC*, vol. 1, no. 14(Jan., 1905):48.

册商标。① 不过，这并不意味着美华协会就此放弃干预《试办章程》。

1905 年，英德两国公使为推出一部符合其侵略野心之《商标章程》积极展开交涉；英德两国商人自然也不遗余力。1 月 27 日，贾米森又一次致信美华协会会长詹姆森，请该会支持近期英国中国协会有关商标注册问题的决议以及德国协会围绕商标注册问题起草的《试办章程》修订办法：

> 昨日接电，要我前往北京协助公使与清政府交涉《商标注册试办章程》修订事宜……在出发前，如果能了解到贵会对中国协会最近决议的意见，那将对我有很大帮助……德国协会近日也召开会议，起草了一套修订办法。这套修订办法涵盖了迄今为止所有对《试办章程》的公开意见……此外，英国、法国和德国三国公使也已掌握各自政府将要提出的对修正案的意见。我们可以大胆地预测，这个有些复杂的问题即将得到最终的解决。②

三日后，美华协会姗姗复信，答允在下次执行委员会会议上对此进行讨论，③ 但一直没有后文。迟迟没有收到回音的英商不得不在 2 月 7 日以英国中国协会的名义致信美华协会，递交该会近期就商标条例问题召开的特别会议报告，催促美华协

---

① "Jameson to all American merchants, Nov. 9, 1904," *JAAC*, vol. 1 no. 14(Jan. , 1905) : 48.
② "J. W. Jamieson to J. N. Jameson," *JAAC*, vol. 1, no. 15(Jul. , 1905) : 41 – 42.
③ "C. S. Leavenworth to J. W. Jamieson, Jan. 30, 1905," *JAAC*, vol. 1, no. 15 (Jul. , 1905) : 42.

会尽快支持其决议；① 德商也由德国协会出面，在 3 月 9 日向美华协会递交其结合上海外商总会和英国中国协会意见所撰写的《修订商标注册试办章程的建议》（以下简称《建议》）一式六份，希望该会对此予以支持，以便这份小册子为列强所接受。②《建议》主要提出的修改意见包括：登记局应设在中国商业中心上海；商标应在注册前六个月于《商标公报》上公示；拒绝注册"开放商标"（open marks）；当公司更换合伙人时，无须对商标进行重新登记；对上诉法庭（Court of Appeal）做出相关规定；降低了注册手续费；根据优先权原则，在中国已使用过一定时间的商标，可以享受优待；保护商号；等等。③

对于以上来信，美华协会并不着急做出答复，而是在接到英商来信的次日，由该会会长詹姆森致信美国驻沪代理总领事达飞声，向他询问北京交涉情形：

> 1904 年 10 月 6 日，本会曾通过贵处向美国驻北京公使康格先生提交一封信件……请您提供有关上述问题的北京谈判现状的信息，谢谢。④

达飞声于同日做出答复，称其所收到的情报表明部分大国公使对最近颁布的商标章程并不完全满意；中国政府表示将会推

---

① "P. F. Lavers to C. S. Leavenworth,"*JAAC*, vol. 1, no. 15（Jul., 1905）: 42.

② "Ad. Widmann to Leavenworth, Mar. 9, 1905,"*JAAC*, vol. 1, no. 15（Jul., 1905）: 43.

③ "Ad. Widmann to C. S. Leavenworth, March 9, 1905,"*JAAC*, vol. 1, no. 15（Jul., 1905）: 43 – 44.

④ "J. N. Jameson to J. W. Davidson, Feb. 8, 1905,"*JAAC*, vol. 1, no. 15（Jul., 1905）: 43.

迟注册商标的生效时间，直到与各国达成一致协议；同时，所有
注册申请都应被提交至商部所设之注册局归档。达飞声在信中特
别提醒詹姆森，"美国驻上海总领馆有一本记录簿记录着所有商标
注册的申请，同时记录了本领事馆收到申请的日期以及将此申请
送交注册局的日期，以便人们在商标注册先后问题上出现争议时
有据可循"，意在催促美商尽速注册商标，以免失去优先权。①

探得北京方面的消息以及美国公使馆对此事的态度后，美
华协会分别在 2 月 10 日和 3 月 11 日分别复信英国中国协会和
德国协会，不对英德两会的意见进行表态，而是表示这一问题
将在该会下次的执行委员会会议上进行讨论。②

英德两国商人对美商支持意见的渴望实际上反映的是英德
两国公使希望通过美商促使美国公使加入他们反对《试办章
程》的阵营。然而，美商在去岁 10 月 6 日支持英、德两国延
宕《试办章程》生效时已经碰壁；现在美国公使馆既然态度
依旧，美商便也倾向于持观望态度，以备随时投机。

4 月 22 日，在没有取得美使康格支持的情况下，英、德、法、
意、奥五国公使将所谓《商标注册修改章程》照会外部。该《修改
章程》对洋商的偏袒较 3 月 8 日海关草案有过之而无不及，③ 因

---

① "J. W. Davidson to J. N. Jameson, Feb. 8, 1905," *JAAC*, vol. 1, no. 15 (Jul., 1905): 43.

② "C. S. Leavenworth to P. F. Lavers, Feb. 10, 1905," *JAAC*, vol. 1, no. 15 (Jul., 1905): 42; "C. S. Leavenworth to Ad. Widmann, March 11, 1905," *JAAC*, vol. 1, no. 15 (Jul., 1905): 44.

③ 据崔志海总结，首先，该章程对洋商治外法权的保护比以前进了一步；在商标的定义、商标权的获得以及规费等问题上也极力袒护洋商，损害华商利益；此外还降低了商标注册及其他手续的收费标准。见崔志海《中国近代第一部商标法的颁布及其夭折》，《历史档案》1991 年第 3 期。

此中方坚决不同意。5月，清政府就《商标注册修改章程》提出修改意见，但五国公使毫不让步，于是此事陷入僵局。大约同时，新任驻华公使柔克义也行将抵达北京。此后，美华协会的态度立刻发生了转变。

5月16日，美华协会向达飞声寄去《建议》的副本，并向他明示该会对该文件的态度：首先，执行委员会基本赞同《建议》的观点。其次，该会在商品分类问题上存在异议，为解决这一问题，该会已成立一小组委员会进行专门讨论。复次，执行委员会希望在文件中增加一些内容，如"应使申请人可以选择用中文或英文提出申请，不附翻译，因为英文是帝国海事海关与外国人打交道的语言，向海关提交的英文文件不需要翻译"等。最后，该会请达飞声在新任驻华公使柔克义抵达后将德国协会的《建议》及本信的副本转交他，以供他参考。① 次日，达飞声回信称已如其所请，将上述内容转达柔克义。②

6月23日，美华协会终于对德国协会做出正面答复，表示它对德国协会《建议》基本赞同，并转发该会5月16日致达飞声函，说明该会为此做出的努力。③ 在1905年7月发行的《美华协会杂志》上，该会进一步对德国协会的《建议》进行公开宣传，并公布了该会对《建议》的几点修改意见：

　　首先，由于英语是清政府海关与外国人打交道时使用

① "Jameson to Davidson, May 16, 1905,"*JAAC*, vol. 1, no. 15(Jul. , 1905):44.
② "Davidson to Jameson, May 17, 1905,"*JAAC*, vol. 1, no. 15(Jul. , 1905):45.
③ "Leavenworth to Widmann, Jun. 23, 1905,"*JAAC*, vol. 1, no. 15(Jul. , 1905):45.

的语言，申请人应当被允许选择用中文或英文提出申请，而不需要另外附加译件。如果章程允许以任何其他语言提出申请，可能会使事情复杂很多并会造成很多麻烦。

其次，商标期限届满的通知应在其届满前一年于《商标公报》（Trade-marks Gazette）中公布；

最后，章程应在商品分类上做出一些改变，此点可留待将来讨论。①

此后，商标注册章程一事在列强的阻挠下迟迟没有进展。1906年，商部曾重拟商标注册章程，并在商标纠纷审判和规费两事上均做让步，试图与五国公使磋商，但仍以失败告终。1907年，农工商部取代商部，继续催促各国公使尽速对重拟之章程做出答复，但英、法、德公使坚持1905年原议。

由上述历史可以发现，由于当时没有相关法规保护外国商标，所以英美等国商人从自身贸易利益角度出发，对中国的商标章程并不十分反感。然而，当英德两国公使对英德两国在华商人进行煽动后，两国商人为借公使的影响力使自己攫取更多利权，也加入了反对《商标注册试办章程》的活动。在英德两国公使希望将美国公使拉入其阵营的同时，英德两国商人也开始不懈寻求美华协会对他们意见的支持。出于发展在华贸易活动、维护与其他国家尤其是英国商人的合作关系等考虑，美华协会对英、德两国商人阻挠《商标注册章程》的活动进行了呼应。这种呼应一度因未能获得时任驻华公使康格的支持而陷入低潮，但美华协会并未放弃观望投机。当新任驻华公使抵

---

① JAAC, vol. 1, no. 15(Jul., 1905): 19 - 20.

达后，该会立刻重新开始支持英德两国商人的决定，最终与英德等国商人一起促成该章程无限期推迟生效。[1]

抗议矿务章程

与商标注册章程不同，中国的矿务章程早于商约之前便在王文韶、瞿鸿禨的主持下制定完成。1902 年 3 月 17 日问世的《筹办矿务章程》第五条规定："开办者，或华人自办，或洋人承办，或华洋合办，均无不可"，即允许外商直接投资中国矿业。[2] 对此，英美两国以"矿章过于繁难，看恐不能鼓励矿商，振兴各矿"为由，要求对矿章进行进一步修改。[3] 于是，在 1902 和 1903 年间陆续签订的英美两新商约中都有要求中国修订矿章的条款。

1903 年秋，在全国性的矿务章程尚未颁布之时，湖南省巡抚赵尔巽上奏的《湖南矿务总公司章程》获准。该章程凡八章六十三条，[4] 对请领开矿执照、华洋股份所占比重以及税收做详细说明，并规定"集股开矿，总宜以华股占多为主，倘华股不敷，必须附搭洋股，则以不逾华股之数为限"。[5] 因其主旨是借口商办来排斥外资染指湖南各矿，所以引起列强不满。

彼时，德、英两国都与湘省商痞私定矿务合同；日本人常

---

[1] "Correspondence: Provisional Regulations for the Registration of Trade-marks," *JAAC*, vol. 1, no. 14(Jan. , 1905) : 31 – 33.

[2] 《筹办矿务章程十九条》，台北"中央研究院"近代史研究所编《矿务档》第 1 册，编者印，1960，第 87—90 页。

[3] 《光绪二十八年二月二十五日收美康使照会》，《矿务档》第 1 册，第 91 页。

[4] 《矿务档》第 8 册，第 2379—2385 页（第 1381 号文附件）。

[5] 《矿务档》第 1 册，第 104 页。

以游历为名，对湖南等地矿藏心存觊觎；①美国仍握粤汉铁路合同在手，有意染指沿路矿权；法商则于1902年春应闽浙总督许应骙之招，开采福建建宁、邵武和汀州三地矿产。②总而言之，德、英、日、美、法皆不愿轻易放弃外资采矿权利。从1904年2月5日起，五国驻汉口领事相继以该章程违反中外商约精神为言，提出抗议。③驻京公使也采取措施进行响应。其中，德使穆默在接到汉口领事报告后，便照会外务部，要求清政府立即命湘抚废除这一章程；其后至3月9日，穆默进一步照会外部，指责该章程"实不准洋商干预矿务，及将洋商例得各权，置之不论"，并表示，倘德商因该章程蒙受任何亏损，将向中国索偿。④英使萨道义和美使康格亦向外务部提出类似要求。⑤外务部与湖南政府虽有意坚拒各使所请，⑥但由于中英、中美商约中确实有"招徕华洋资本兴办矿务"和一年内修订矿章，以便"招致外洋资财无碍"的规定，所以不得不做出一定妥协。⑦1904年4月，赵尔巽将该章程中明显拒纳外资的条款删去，但该章程垄断全省矿权和仅限本国绅商投

---

① 李恩涵：《晚清的收回矿权运动》，台北"中央研究院"近代史研究所，1978，第76—77页。
② 李恩涵：《晚清的收回矿权运动》，第82页。
③ 《矿务档》第8册，第2390页（第1387号文件附件一）；《矿务档》第8册，第2395页（第1387号文件附件二）；《矿务档》第8册，第2402页（第1390号文）；《矿务档》第8册，第2403页（第1391号文）；《矿务档》第8册，第2405页（第1393号文）。
④ 《矿务档》第8册，第2386页（第1383号文）。
⑤ 《矿务档》第8册，第2388页（第1384、1385号文）。
⑥ 《矿务档》第8册，第2411页（第1398号文）；《矿务档》第8册，第2397页（第1389号文附件）。
⑦ 王铁崖编《中外旧约章汇编》，第2册，第185—186页。

资入股的性质并未发生实质性的改变。①

在中外就湖南省矿章进行交涉的过程中，商部也在 1904 年
3 月 17 日奏准颁行了《奏定矿务章程》三十八条作为完备矿章
出台之前的暂行章程。其中，第四条规定中国矿业仅允许"中
国商民承办或华洋商合办"，第十六条又规定华洋合办时"总宜
以华股占多为主。倘华股不敷，必须搭洋股，则以不逾华股之
数为限……并不得搭洋股外，另借洋款。倘有蒙准开办者，查
实即将执照注销，矿地充公"，② 总之，对洋商插手中国矿业设
置了极大的限制，因此再次引起各国的不满。

1904 年 4 月 15 日，康格照会总署，以新颁章程违反美约
第 7 款所谓重订的矿务章程须"于招致外洋资财无碍"这一
精神，提出抗议。与此同时，美华协会也"被要求注意中国
的采矿条例"。③ 该会随即向上海总领事古纳索要《奏定矿务章
程》的副本，古纳也态度十分积极地为美商搜寻该章程译本，并
向该会强调：矿务是一个非常重要的问题，希望贵会委员会"非
常仔细地审视这些文件，并让我们知道它们是否令人满意"。④

5 月 18 日，古纳将他从美国公使馆处取得的《奏定矿务
章程》副本寄送美华协会。⑤ 该会随即召开会议对章程内容进

① 李恩涵指出：参阅光绪三十年四月修订的《湖南全省矿务总公司章程》。
该章程全文中并无一言不准外商入股，但亦无明文规定可准外商入股……
外商即欲参入股份，在华商抵制的情形下实不可能。见李恩涵《晚清的
收回矿权运动》，第 94 页。

② 《奏定矿务章程三十八条》，《矿务档》第 1 册，第 100—110 页。

③ "Correspondence relating to Mining Regulations," *JAAC*, vol. 1, no. 14 (Jan.,
1905): 31.

④ "John Goodnow to J. N. Jameson, Apr. 11, 1904," *JAAC*, vol. 1, no. 14 (Jan.,
1905): 31.

⑤ "Goodnow to Jameson, May 18, 1904," *JAAC*, vol. 1, no. 14 (Jan., 1905): 32.

行讨论。5 月 25 日，该会向古纳表态：

> 执行委员会认为这个问题非常重要，并希望能够与驻华公使采取一致行动，对这一新规定提出抗议。[①]

为了给反对矿务章程造势，该会还在会刊上向美商公布了 1902 年 3 月外务部和路矿总局具奏的《筹办矿务章程》十九条与 1904 年 3 月商部奏准颁行的《奏定矿务章程》三十八条的全部内容，鼓动商人们对这两份章程中有关限制外资入股的规定进行积极讨论。[②]

6 月 22 日和 23 日，《中国公报》（*China Gazette*）刊登了《湖南全省矿务总公司章程》的英译本内容。数日后，美华协会致信古纳，内附相关剪报，并将《湖南矿务总公司章程》第 10 条中的"阜湘公司原拟集股三百万两，共分六万股，无论本省或外省或外埠各绅商人等，皆可入股，但不准参入非本国之人"和第 55—57 条中的"分公司股本须确系华商，不准暗参以非本国之人，或为出名有弊者，查出合同作废"特别列出。该会提醒古纳：

> 中国政府授予湖南全省矿务总公司对湖南全境矿产的

---

① "Leavenworth to Goodnow, May 25, 1904," *JAAC*, vol. 1, no. 14（Jan. , 1905）: 32.

② *JAAC*, vol. 1, no. 13（Jul. , 1904）: 13 - 25. 前者由原规定洋商不能出面领办，改为洋商、华商均可自办。见《矿务档》第 1 册，第 88 页。后者则对请领开矿执照、华洋股份所占比重以及税收做了说明，规定"集股开矿，总宜以华股占多为主，倘华股不敷，必须附搭洋股，则以不逾华股之数为限"。见《矿务档》第 1 册，第 104 页。

控制权和矿务的垄断权。附文为该项特权的权威译本。该文第 10 段规定禁止外国人持有该总公司的股份；第 55—57 段则规定，在分公司融资过程中倘有"任何外国人加入，都会使其协议无效"。虽然我不能肯定这篇文章翻译得是否准确（如果您处有关于这一章程的官方译本，那么也许您会比我更清楚），但为防万一它是真的准确，又考虑到此事对所有在华美侨的重要性，我有理由请您对此问题进行考虑。联系该章程的内容和 1904 年 1 月批准的《中美通商行船续订条约》第 7 条的规定，我不得不认为后者已经全然被中国无视。①

古纳收信后向美华协会表示，倘若报告属实，那么该矿章无疑违反了美约第 7 款的规定。在做出答复的同时，古纳又将美华协会的这一报告转呈美使康格。当时，各国公使关于湖南矿章一事的交涉已告一段落，因此康格答复道："毫无疑问，他们违反了我们条约的规定。因此，我已经和其他公使一起对此事进行了强烈抗议。"②

外资在华造路开矿者以托拉斯为主，而 20 世纪初的旅华美商则以从事棉纺织品、煤油、面粉等商品贸易者居多。1904 年 4 月，后知后觉的美华协会是在"被要求注意"后，才开始关注中国矿章问题。而提出这个要求的显然是美亚协会背后的托拉斯。由于在矿务方面的切身利益微末，美华协会在

① "Jameson to Goodnow, June 27, 1904,"*JAAC*, vol. 1, no. 14(Jan. , 1905) : 32.《湖南矿务总公司章程》原文引自《矿务档》第 8 册，第 2379—2385 页（第 1381 号文附件）。

② "Goodnow to Jameson, Jul. 12, 1904,"*JAAC*, vol. 1, no. 14(Jan. , 1905) : 33.

"被要求注意"后虽对中国的矿务问题进行了干涉，但围绕矿务章程所展开的活动十分有限。1904 年 9 月 4 日，国务院曾训令康格与中国进一步交涉，以便订立更符合中美商约精神、更有益于工商的矿章，[①] 但因没有接到进一步的授意，美华协会围绕矿务章程的活动也随之偃然。

鼓吹货币改革

自 19 世纪 70 年代开始，国际银价持续走低，这不但导致中国在对外经济活动中的购买力下降，同时也加重了政府财政负担，因此，改革币制的重要性日益凸显。1901 年 9 月，列强勒索中国以"还金"形式支付 4.5 亿两庚子赔款后，清政府在每年支付赔款本息之余还须支付高达数百万两的"镑亏"。为消除金银汇价浮动造成的巨额损失，清政府开始认真讨论引入金本位制问题。与此同时，金银汇价浮动也对中美进出口贸易造成不小的损失，所以美国无论官方或在华利益集团都视币制改革为中国在庚子事变后亟待解决的问题。以是之故，美华协会在 1902 年中美开启商约谈判后便对此事进行密切关注。

1902 年，该会通过关税谈判专使席莱茨（T. S. Sharretts）与汇丰银行副经理艾惕思（C. S. Addis）取得联系，并从彼处得到《关于中国货币的备忘录》，刊登在 7 月发行的会刊之中。该备忘录具体分"现行货币体系""现行货币体系的弊端""解决方案""执行方法"4 节，主旨是要中国采取银本位制。[②]

---

① "Mr. Adee to Mr. Conger, Sept. 2, 1904,"*FRUS, 1904*, p. 160.

② *JAAC*, vol. 1, no. 10(Jul. , 1902):2 – 3, 9 – 10.

同年年底，清政府致电驻美代办沈桐，命他偕同墨西哥驻美代表，就如何稳定金本位国家与银本位国家之间的货币比价问题向美国寻求帮助。[①] 1903 年 1 月 22 日，沈桐与墨西哥驻美大使各向美国国务卿发出照会。华盛顿方面对此反应积极迅速。经国会批准，国务院于 1903 年 3 月 3 日成立国际汇兑委员会（Commission on International Exchange），由国会拨款 5 万美金为活动经费，选派蒙大拿州财政局总办罕纳（H. H. Hanna）、美国银行总办高兰（Ch. A. Conant）和康奈尔大学财政学教授精琪为成员，全面推行金本位制。[②] 该委员会在成立两个月后，启程前往欧洲，争取英、法、德、俄、荷兰等国对美国的支持。

为配合宣传该委员会的活动，美华协会曾在 7 月发行的会刊上转载了高兰在同年 4 月 23 日美亚协会第五次年度晚宴上发表的演说。[③] 同期还刊登有英国中国协会上海分会主席德贞向伦敦英国中国协会干事提交的关于如何促进中外汇率稳定的报告。报告指出：

> 中国必须要解决铜钱和白银并行的复本位制问题。要解决这一问题就必须在中国建立一个全国统一的货币体系，而建立统一的货币体系就必须成立一个国家银行。这个国家银行应当由政府委员会管控、聘用外国顾问、具备

---

① 转引自崔志海《精琪访华与清末币制改革》，《历史研究》2017 年第 6 期。
② 《外务部收驻美大臣梁诚文附件一美外部海约翰来文》（光绪二十九年五月二十六日）、《外务部收驻美大臣梁诚函》（光绪二十九年闰五月十七日），黄嘉谟主编《中美关系史料·光绪朝》第 5 册，第 3562—3563、3588 页。
③ *JAAC*, vol. 1, no. 11（Jul., 1903）: 8 – 9.

控制国内所有造币厂的权利、能够根据规定的储备金发行纸币，并能使现在流通的货币在某个规定时间停止通用。此外，上述政府委员会应有权采取必要措施来确定官银、银币和铜钱之间的汇率并维持该汇率不变。[1]

可以看出，美华协会在这一阶段，虽为争取列强对货币改革的支持而大力鼓吹统一币制和实行改革对中外贸易的好处，但对币制改革的方案并无具体倾向。

1903 年 9 月，国际汇兑委员会返回美国。次月 1 日，该委员会向国务院提交《国际汇兑的稳定性：关于在中国及其他用银国引入黄金汇兑标准的报告》，声明应中国政府之邀，美国愿与英、法、荷、德和俄国等欧洲国家协商一固定之金银汇兑标准以促进中国国际贸易。在此过程中，精琪被任命为来华"会议货币专使"，依国务院之指示，先赴日本争取其支持与配合，[2] 再前往菲律宾调查该地币制改革情况，以便为在华施行同类改革提供经验。[3]

---

[1] *JAAC*, vol. 1, no. 11(Jul. , 1903) : 9 – 13.

[2] 崔志海指出，精琪赴日期间，日本对美国的货币改革方案明确表达了支持态度，1903 年 11 月 30 日海约翰在致柔克义的信中说道：据正在日本访问的精琪来电所云，日本将支持美国的货币改革方案，"如果需要，我们有理由期望获得日本的坚定支持"。

[3] 崔志海指出，美国政府任命精琪为赴华"会议货币专使"，是因为精琪当时不但是美国国内一位难得的财政和货币方面的专家，而且对远东问题也有一定的研究。他当时除了在大学任教，还同时在美国政府多个部门和委员会中兼任专家或委员，曾分别就托拉斯、货币、劳工、移民等经济问题向美国政府提交报告，1901—1902 年，他是美国国防部殖民地管理委员会的委员，撰写了一份关于远东地区英国和荷兰殖民地经济问题的报告，也因此受到美国政府的器重。

1903 年 10 月，中美签订《通商行船续订条约》。虽然国际汇兑委员会主张的金本位制因遭清政府拒绝而未能纳入约条，但商约规定币制改革为中国的条约义务。[①] 次年 1 月，"会议货币专使"精琪来华与中国政府商议币制改革的新计划。此后，美华协会围绕币制改革问题展开的活动便以为精琪之改革计划张目为重心。

2 月 22 日，精琪觐见光绪后便南下汉口、上海、杭州、苏州、广州、天津、厦门、烟台等地，一面实地考察各地推行新币制的可行性，一面向地方绅商平民宣传、阐释改革方案，以消除误解，并获取他们对新币制的支持。精琪抵沪后便受到美华协会的接待。币制改革本为居华美侨利益所需，美国主导这一改革更符合他们扩大美国对华影响力的意向，以是之故，该会极力配合精琪宣传其币制改革计划之优越性，而精琪也为该会特别撰写《中国的币制改革》（Monetary Reform in China）一文，发表在当年 7 月的会刊上。

在该文中，精琪指出，应使现在流通之旧币和银锭尽快退出市场，而以新制银、镍、铜币取而代之成为全国通用的货币。这些通货在中国任何地区都应以其票面金额所规定的价值在当地流通，并成为中国支付赔款的法定货币。为免银价下跌引发汇率波动进而给贸易带来严重阻碍，上述新币皆应保持固定的金平价。

在简单概括其币制改革计划后，精琪又大力宣传这一改革计划对中国的好处：

---

① 《中美通商行船续订条约》第 13 款规定："中国允愿设法立国家一律之国币，即以此定为合例之国币。"

近年来，因银价波动，中外贸易风险越来越高，导致许多人不敢贸然进行大宗交易。如果中国有优良的货币制度，这些损失是可以避免的。实行新的货币制度对那些与中国有贸易往来的国家固然有益，但对中国自己的好处更大，因为她从中得到的好处是所有与其贸易的国家的贸易总和。此外，她也能从国内贸易中获取更多的利益：之前外商迫于汇率波动带来的商业风险而抬高进口商品单价，因此，新制度推行后中国进口的商品会比以前更便宜；之前外商因同样原因压低中国土货的收购价，因此，新制度推行后，他们会愿意用比以前更高的价格来收购中国土货。这样一来，中国人既可以用更低廉的价格买到外国商品，又可以用更高的价格出售自己手中的商品。除了上述好处外，贸易的增长也会引来更多的外国资本，中国人进而可以获得更高的工资。最后，由于金本位制可以减轻中国政府在征税时的负担，从而更轻松地维持财政收入、偿付外国赔款，所以中国政府本身也将受益于这一新的货币制度。[①]

精琪撰写这篇文章的目的是争取中国各界对他改革计划的支持。因此，他在这篇文章中刻意回避了聘请外国人为司泉官全权主持中国币制改革这一主张。

精琪结束考察北上返京后，在 6 月 20 日至 8 月 24 日，与户部和外务部官员就币制改革问题举行二十余次会谈，劝说清

---

① *JAAC*, vol. 1, no. 13(Jul. , 1904):7 – 10.

政府即行金汇兑制度。但因清政府对其改革方案始终持保留态度，^① 精琪于 8 月 28 日离京南下并在 9 月 7 日自沪返国。

尽管精琪在 8 月 31 日对康格声称他已成功说服清政府，但是他的币制改革方案在事实上遭到了清政府的否定。10 月 8 日，清廷颁布上谕，将张之洞对精琪方案的反对意见"下所司知之"，并批准张之洞在湖北铸造以一两为单位的库平银币。次月 19 日，清廷又发上谕，接受财政处和户部所拟方案，公开宣布采用银本位制，以一两重库平银为中国本位货币，明确排除金本位制。^② 至此，精琪货币改革方案已经被中国彻底否决。

大约是因为居华集团的利益需要中国统一币制，所以在中国否决美国提出的货币改革方案后，美华协会仍继续支持中国进行货币改革。如 1905 年 7 月，该会刊登的《货币现状》一文便摘录《1904 年中国海关贸易报告》的第一部分，阐述币制改革的必要性。^③

不过，该会对中国未能接受美国改革方案始终耿耿于怀。在精琪之改革方案被拒后，美华协会仍继续为其背书。在 1904 年 12 月 29 日年会上，精琪被该会选为荣誉会员，而这项荣誉会员称号只授予对在华美侨利益有巨大贡献者。^④ 1905 年 1 月，该会刊登马尼拉《远东评论》(*Far Eastern Review*)

---

① 中国舆论亦称精琪之币制改革计划："人人皆以为不易实行"，见《时报》1904 年 6 月 19 日。
② 中国第一历史档案馆编《光绪朝上谕档》第 31 册，第 187 页。
③ *JAAC*, vol. 1, no. 15(Jul. , 1905) : 15 - 16.
④ "Leavenworth to Jenks, Jan. 19, 1905," *JAAC*, vol. 1, no. 15 (Jul. , 1905) : 39 - 40.

10月号的一篇讲述菲律宾群岛同时期货币改革进展的文章，借此说明"精琪教授的类似货币改革方案在菲律宾地区取得的成功进一步说明了精琪教授所坚持的'用美国方法来解决其他国家多年来一直努力解决的问题'这一方针是有道理的"。①

1905年，各地开始大量铸造十文铜元，该会对这一现象进行了密切的关注。是岁5月15日，美华协会会长詹姆森致信达飞声，指出各省大量铸造十文铜元将导致通货膨胀的危险，并借口中国此举违反中美商约第十三条关于中国应建立一个统一的国家货币体系的规定，要求驻华公使对此提出抗议。信中同时吐露出该会对中国未能接受精琪方案的不满。② 次日，达飞声复函詹姆森：来函收悉并已转达柔克义。③ 同年7月，该会又在会刊上发表《中国的货币》一文，呼吁警惕造币厂铸币过剩问题；④ 同期还刊有1905年6月2日上海外商总会会长李脱致驻京使团团长信件副本，内称关于十文铜元有两个问题需要中方注意，一个是该货币的发行量应视需求而定；一个是货币的质量应得到保证。⑤

1906年1月，该会又在会刊上刊登精琪特别为该会撰写的《铜钱问题》⑥ 以及希孟的《中国的币制改革》⑦。其中，希孟在介绍中国的新币制计划后表示，虽然人们对新货币方案

---

① *JAAC*, vol. 1, no. 14(Jan., 1905): 1 – 2.

② "Jameson to Davidson, May 15, 1905," *JAAC*, vol. 1, no. 15(Jul., 1905): 48.

③ "Davidson to Jameson, May 16, 1905," *JAAC*, vol. 1, no. 15(Jul., 1905): 49.

④ *JAAC*, vol. 1, no. 15(Jul., 1905): 1 – 2.

⑤ "Little to the Doyen of the Diplomatic Corps, Jun. 2, 1905," *JAAC*, vol. 1, no. 15(Jul., 1905): 17.

⑥ *JAAC*, vol. 2, no. 1(Jan., 1906): 29 – 31.

⑦ *JAAC*, vol. 2, no. 1(Jan., 1906): 31 – 33.

的成功前景有些怀疑，但他认为如果清政府大力推行这一计划并严格保证货币纯度标准，这一计划终将取得成功。精琪则在《铜钱问题》一文中重点讨论了币制改革中新币之间的兑换比率和新旧货币更迭问题。他声明自己制定的币制改革计划不但在一开始就没有忽视铜钱的问题，而且所提议建立的这套完整货币体系，囊括了上至一鹰元下至一文钱的所有货币。在这一体系中，所有银币都要与铜币保持一元等于一千文钱的平价；与此同时，所有的银币也将与黄金保持一定平价。关于有论者提出的保留现有的一文钱和十文钱，然后确定它们与新银币之间的兑换比率这一看法，精琪并不认同。他表示，不可能以现有货币为主要基础制定任何新的货币体系，因此必须铸造新的货币取代旧币。精琪强调，"在引进新币制时必须非常小心，既不能减少货币供应量，也不能使现有货币贬值，以免持有旧币者蒙受损失。新货币应该在改革一开始就被引入。政府可以为人们提供充足的方式使他们能以合理的汇率用旧币兑换新币。当人们看到政府愿意接受这种交换时，人们就会开始将旧币换出。只要使新币的供应速度与旧货币回收速度相对等，就可以防止货币供应量的减少；以合理的价格收购旧币则可以防止人们的损失"。他指出，只要官员有一定程度的耐心和判断力，小心地按照回购旧币的详细指示采取行动，那么引入新币体系就不会有任何困难。精琪特别强调，"新币制体系的引入，必须在一个兼具权力和智慧的中央的权威领导下进行。"因为倘若负责新币制的机关没有决心和权力来惩罚失信的行为，那么币制改革将成为官员"压榨"百姓的机会。只要新币制由一个统一的中心来按照制度管理，改革所面临的大部分困难便能克服，新币制也可以很容易地逐步引入，甚至由一省及于另一省。

  总体来说，美华协会十分乐见中国进行货币改革。但由于币制改革问题要求专业的经济学知识，所以美华协会对改革的具体计划并无定见。在美国政府插手中国的货币改革之前，该会一开始鼓吹的是英国中国协会上海分会主席德贞的改革计划，美国插手此事后，该会为使美国在中国财政改革方面获得主导地位，便不顾精琪方案与中国国情的不相适应和中方的排斥态度，极力为精琪张目，希望借机为美商今后的在华商业行动谋求特权。

第六章　因应抵制美货运动

从会刊内容统计结果来看，该会围绕商业之外的其他利益所展开的活动在庚辛以后骤然消减，至 1905 年才重新出现。庚辛以后会内商人与传教士的合作减少是因为双方关系在逐利过程中逐渐撕裂；而合作的重新出现则是为了共同因应抵制美货运动对其在华利益与人身安全的冲击。

自国人赴美之日始，美国排斥华民、虐杀华工之事屡有所闻。美国政府中，民主党支持排华；共和党则持反对态度。1878 年，排华最激烈的加州地区就移民问题进行全民公决，其中支持排华者占大多数。美国国会随即在 1879 年通过限制华人移民的法案。[①] 时任总统暨共和党人海斯（Rutherford B. Hayes）以此举违反《蒲安臣条约》精神而行使否决权，然后国会的反华议员不得不对上述法案进行修订。1880 年，清廷于中美新工约谈判中妥协，允许美国整理或限制华工入境。于是，美国国会中的反华议员趁势反弹，先后炮制 1882 年排华法案[②]、1888 年斯科特法案[③]和 1892 年盖瑞法案[④]。至 1894

---

① *Congressional Record*, 47th Congress, 1st session, 1882, p. 1482.

② 该法案禁止华人劳工移民来美、要求中国移民来美必须登记并持有护照，并拒绝华人成为美国公民。

③ The Scott Act，限制短期回国探亲的华人再度返回美国。

④ The Geary Act，将 1882 年法案有效期延长十年，并加入更多苛刻限制。

年，美国国务卿葛礼山复与中国驻美公使杨儒签订工约，[①] 规定十年内严禁华工来美，并对华人入境美国进行严格限制。该约最后一款声明，除非双方中任意一方在届满前六个月声明不再续约，否则本约届满后将会自动延长十年。十年之后，清廷在中外舆论压力下照会美国不再续约。尽管如此，美方排华人士仍决意逼迫中国接受一个新的排华工约。中外华民唯恐清廷慑于帝国主义淫威，轻许不平等工约，遂于1905年举行抵制美货运动。对此，美华协会保持密切关注，并做出了积极的因应。在抵制初期，该会多持同情态度，不但积极动议美国本土放松排华法案，而且要求美国海关公平对待中国旅美之官、商、学阶层人员，力求调和美中关系。至连州教案和大闹会审公廨事件相继爆发后，该会态度骤变，不但要求美政府惩戒中国，而且呼吁美国海军进入长江流域。美华协会前后态度的逆转既出自上海美国人对中国抵制运动实际情况的狭隘无知，同时也受其调和抵制的动机所局限。

既有关于抵制美货运动的论著以中国视角为主，而美国视角稍逊之；从两国官方层面切入较多，而考察两国非官方群体者又逊之。至于少数论及美国非官方群体活动的研究，则多瞩目于美国本土的商业利益集团，而忽视身在中国的美国侨民。[②] 鉴于美国本土政商两界对中国抵制运动的因应多基于上

---

① 即《限禁来美华工保护寓美华人条约》（Gresham-Yang Treaty）。
② 既有关于1905年抵制美货运动的专题研究，大多从中外关系史、经济史、华侨史、区域史、报刊史和思想史等多个领域切入。对于2012年以前的相关研究情况，苏全有已做出详细梳理。参见苏全有《1905年抵制美货运动研究述略》，《平顶山学院学报》2012年第6期。至于国外论及美国非官方群体与1905年抵制美货运动者，主要从美国本土商业利益集团入手，如霍华德·K.比厄的《西奥多·罗斯福与美国崛起》、（转下页注）

海美侨所传递的情报，后者扮演的角色应被揭示。

一　调和排华问题

1882 年《排华法案》后，美国本土的排华运动愈演愈烈。至 20 世纪初，不但华工被排斥入境，赴美之中国官、商、学阶层人员也遭到百般刁难。1904 年春，清政府拒续工约后，

（接上页注②）保罗・A. 瓦格的《开放门户的外交官》和《中国市场的虚实》、赫伯特・厄什科维茨的《商界对美国移民政策的态度》以及詹姆斯・J. 劳伦斯的《商业与改革》和《企业联合和中国市场的神话》等。其中，詹姆斯・J. 劳伦斯的研究第一次对美亚协会在其中扮演的角色进行系统研究。他利用一批美国政府档案，对美亚协会围绕抵制美货运动与美国政府高层的互动进行探讨，但因中国同时期历史资料的缺失，未能呈现出美亚协会游说美国政府活动的中国源头，进而忽视了美华协会在其中扮演的重要角色。参见 Howard K. Beale, *Theodore Roosevelt and the Rise of the United States as a World Power*(Baltimore: The Johns Hopkins University Press, 1956) , pp. 211 – 252; Paul A. Varg, *Open Door Diplomat: The Life of W. W. Rockhill*(Urbana: University of Illinois Press, 1952) , pp. 62 – 70; Paul A. Varg, *The Making of a Myth: the United States and China, 1897 – 1912* (East Lansing: Michigan State University Press, 1968) , pp. 134 – 137; Herbert Ershkowitz, *The Attitude of Business Towards American Foreign Policy, 1900 – 1916*(University Park, Penn. : The Pennsylvania State University Press, 1967) , pp. 21 – 23; James J. Lorence, "Business and Reform: The American Asiatic Association and the Exclusion Laws: 1905 – 1907,"*Pacific Historical Review* 39 (4) ,1970; James J. Lorence, "Organized Business and the Myth of the China Market: The American Asiatic Association: 1898 – 1937,"*Transactions of the American Philosophical Society* 71(4) ,1981。19 世纪 90 年代以后，我国国内部分学者尝试纠正以往 "美国资产阶级鼓动排华运动" 的片面印象，也开始挖掘美国商业利益集团放松排华法案、缓和中美关系的努力，不过，受史料限制，这些研究多与劳伦斯的研究一样，忽视了中国上海的美国中华协会。参见李晶《美国利益集团与排华问题：1905—1906》,《史学集刊》1993 年第 3 期；曲升《美亚协会争取修改排华法案的努力》,《山东师范大学学报》(人文社会科学版) 2005 年第 3 期。

美国国内排华势力为使其排华活动继续享有法律效力，迅即在国会展开活动，最终促使 1902 年排华法案无限期延续；而美商和传教士则为维持并扩大美国对华贸易和对华影响力，力求调和中美关系。

早在 1905 年 5 月上海商务总会提出抵制美货的倡议之前，美国排华问题已引起美国本土商人的重视。1904 年，溥伦率领中国代表团赴美参加圣路易斯世博会；4 月 1 日，代表团抵达旧金山，除溥伦以外，其他成员都被扣留监控长达数日乃至数周之久，其中还有部分成员因被怀疑为劳工或疾病携带者而被拒绝入境。不但如此，各国代表团中，唯有中国代表团被美国商务劳动部要求每人提供 500 美元保证金；帮助建设世博会会场的中国劳工则被要求如离开展览场地超过 48 小时，必须向美国官员报告，否则按照脱逃者处理。面对如此不公正待遇，驻美公使梁诚于当月发起强烈抗议。[①] 为恐此事扩大，损害在华之商业利益，美亚协会干事富尔德也在同月发行之《美国亚洲协会杂志》上发表文章，对旧金山亚洲劳动移民委员会的排华行为提出尖锐批评。该文指出，排华问题的出现，不仅是因为此前中美条约对华工合法权利的践踏，而且也是因为移民局官员的歧视态度。富尔德公开指责罗斯福总统在移民局的高层职务中安插劳工领袖的错误决定，认为劳工领袖在排华问题上毫无理智可言，而且正是劳工领袖使问题愈演愈烈。文末，富尔德以美亚协会的名义提出：不但要签署新的合理工

---

① Irene E. Cortinovis, "China at the St. Louis World's Fair," *Missouri Historical Review*, 72(1), 1977: 66.

约，还要改派令人满意的移民局官员。①

由于世博会排华事件发生在美国本土，中国国内知之甚少，并没有引起太多反响，所以上海美华协会对此事并不关注，也没有发表任何评论。一直到三个月后，该会才第一次将注意力放到排华问题上。率先做出反应的是上海的美国传教士，不过，引起他们注意的不是旅美华工长期以来的悲惨境遇，而是中国留美学生的锐减。②

1904 年 6 月 10 日，《北华捷报》发文报道中国留学生出国去向，并指出美国入境海关官员的排华行为对中国学生不愿赴美负有直接责任：

中国政府南洋公学的 20 名学生在本周四出发前往比利时，学习诸如铁路建设、采矿等科学课程。有消息表明，中国其他西式学堂的年轻学生有可能会跟随他们的脚步前往欧洲进修。我们有理由相信，如果不是因为美国海关官员过分解读排华法案，并将这一法案套用在中国学生、来自上层的绅士和游客身上，这其中的一大批年轻学生会选择来美国学习进修。由于美国海关官员的这一行为，已经有许多中国学生转而去往其他地区。他们会在那些地方挥洒他们的青春并与那些国家产生友谊。而这种友谊会在

---

① *JAAA*, vol. 4, no. 3(Apr. , 1904):66.

② 1904 年 6 月 10 日，《北华捷报》发文报道中国留学生出国去向，内称"在过去的半年中，只有一名出国留学的中国学生选择美国为目的地"，其余大多数流向欧洲，并指出美国移民局官员的排华行为对此负有直接责任。参见 "Notes on native affairs," *The North-China Herald and Supreme Court & Consular Gazette (1870 - 1941)*, Jun. 10, 1904, p. 1218。

他们返国身担重任后对他们产生重要的影响。在过去的半年中，只有一名出国留学的中国学生选择美国为目的地。[1]

因美华协会曾对中国学生留学前景表示乐观，[2] 所以该文发表后很快被美华协会在会刊上转载以示重视。该会在转载的文末特别做出澄清声明：美国始终欢迎中国学生。[3] 然而此后，美国海关官员阻挠中国留学生入境事件仍屡屡见诸中国土洋各报。[4]

1904 年 10 月，美华协会成员、苏州博习医院的监理会传教士斐尧臣（John Burrus Fearn）以居华美侨的名义向海约翰发出一封请愿书，指责美国对留美学生的不友好态度，正将"塑造中国青年思想"的特权拱手他人，要求美国当局停止限制中国学生入境美国的行为、鼓励中国学生赴美留学并善待赴美华人。[5] 美华协会很快对斐尧臣的行动表示支持，明确表态反对美国海关苛待中国学生，[6] 并向美国政府提出改进意见，具体包括推动驻华领事认证中国学生身份并颁发通行证，以便其入境时少生枝节。[7]

至 1904 年 12 月 16 日，《北华捷报》刊登社论，称美国关于中国商人、学生、游客入境的规定已经有所改善：

---

[1]　"Notes on Native Affairs,"*The North-China Herald and Supreme Court & Consular Gazette (1870 – 1941)*, Jun. 10, 1904, p. 1218.

[2]　*JAAC*, vol. 1, no. 11(Jul. , 1903):2.

[3]　*JAAC*, vol. 1, no. 13(Jul. , 1904):4 – 5.

[4]　*JAAC*, vol. 1, no. 14(Jan. , 1905):28.

[5]　*North-China Daily News*, 27th October, 1904.

[6]　*JAAC*, vol. 1, no. 14(Jan. , 1905):8.

[7]　*JAAC*, vol. 1, no. 14(Jan. , 1905):28.

只要他们能够出示一份真实的护照，就可以快速进入美国国境；并且，等到中美签订新约后，这类护照的签发将在中国人出国之前进行，如果他们被拒，那么他们就不必浪费时间和金钱前来美国再被遣返。①

无论实情与否，美华协会认为此论足以安抚中国人心，于是该会围绕中国留美学生入境问题所展开的活动暂告一段落。

美华协会在这一时期围绕美国排华问题展开的活动，主要有两大特点：其一，焦点落在中国留美学生上，对旅美华工问题毫不关心。造成这一现象主要是该会的在华利益使然。出于留学生归国后将在中国社会扮演重要角色的认识，该会担心排斥中国留学生将不利于未来中美特殊关系之维持。该会执行委员会在 1904 年年度报告和 1905 年 5 月 18 日请达飞声转呈柔克义的信件中都对这一点进行强调："这些学生在未来几年，会成为统治中国或者引领中国舆论的人。届时，他们自然会对他们曾身处并接受教育的国家最友好。"② "当这些学生回到中国，在自己的国土上担当要职时，他们与其受教育的那个国家的感情和纽带是最强的。因此，随着越来越多的在美国受教育的中国学生重返中国，美国在中国的影响力和在中国的商业势力肯定会增加。然而，如果法律允许学生进入美国，但又因侮辱性的、烦琐的规章制度和不愉快的延误使中国留学生感到麻烦和羞辱，那么他们肯定会转投那些不对他们设限的国家去接

---

① "The Admission of Chinese to the United States," *The North-China Herald and Supreme Court & Consular Gazette (1870 - 1941)*, Dec. 16, 1904, p. 1333.
② *JAAC*, vol. 1, no. 14(Jan. , 1905):28.

受教育。而这会使美国未来的对华影响以及中美之间的商业等往来蒙受严重的损失。"① 至于中国劳工，在该会眼中不过为中国政府之弃子，不名一文，故该会对其处境置若罔闻。

其二，该会对中国留美学生处境的关注，停留在口头呼吁的层面，并未采取进一步行动。这是因为当时排华问题尚未在中国本土引起太大反响，中国本土民众对排华问题的反应只对美国在华传教事业造成直接损害，而未触及美国在华之根本商业利益，所以该会无意为之耗费太多精力财力。

事实上，美国排华问题并没有得到任何改善，为此，寓美华侨不得不发出抵制美货的呼吁。早在 1904 年 8 月，旧金山华人商业组织"中华会所"（Chinese Six Companies）便提出抵制，但是，为了等待 1905 年春季召开的国会对新工约的最终表态，中华会所迟迟未实施计划。1905 年以后，美国国会内部排华议员势头不减；与此同时，因与驻美公使梁诚交涉工约不利，美国国务院决意绕过梁诚与清廷直接谈判，并在同年 1 月任命柔克义为新任驻华公使赴北京与外务部交涉工约。② 寓美华侨此时已积累了足够的资金去实施抵制计划，为免清廷迁就订约，使排华问题无可挽回，会所先传电广州，要求该地商民采取抵制，后或虑及广州对美国贸易的影响不如上海，复与上海商会成员及绅士取得联络。对此，美国驻沪总领事罗志思报告称："为吸引绅商支持，抵制运动的策划人以高额的利润诱使中国商人们囤积美货，指出当前的日俄战争导致东北贸易停止并极大地限

---

① "James N. Jameson to James W. Davidson, May 18, 1905," *JAAC*, vol. 1, no. 15(Jul. , 1905):49 – 51.

② 黄贤强：《1905 年抵制美货运动——中国城市抗争的研究》，高俊译，上海辞书出版社，2010，第 20 页。

制了北方港口的贸易，倘若此时在南方发起一场抵制运动并维持下去，那么等不久以后战争结束，所有美国商品的价格必定暴涨，届时那些坐拥美国大订单的人自然会发财；为加强这一理论的可信度，并打消商人的疑虑，策划者还聘请多位外国专家充任顾问，向商人进一步阐释并论证这一道理。"①

1905 年 5 月 5 日，柔克义即将来华之际，反映上海工商界声音的《时报》刊登美国政府传电，说明柔克义来意，并呼吁国人坚拒不平等条约：

> 彼其所拟条款，虽未得窥内容，然梁大臣亲当折冲之人，今既不肯画押，则该约必比前约更有大不利于我者……此约若成，辱国病商，损我甚巨，且人不以人类平等待我，而我顺受之，当更将为各国所耻笑矣。此事关系极大，一国之荣辱系焉。今既移其交涉于北京，深望爱国之士，共起而谋……勿使天下轻量秦之无人也。②

5 月 10 日，上海商务总会负责人集会讨论，决定向清政府与柔克义同时施压，并将如下决议通电全国各埠：倘若美国政府在两个月内不改善其对旅美华侨的移民政策，那么他们将发起抵制美国的运动。③ 在民族自尊心和商业利润的双重刺激

---

① Mr. Rodgers to Secretary of State, Aug. 24, 1905, Despatches from U. S. Consuls in Shanghai, 1847 – 1906, FM 112, Roll 52.
② 《时报》1905 年 5 月 5 日。
③ 《华工禁约由出使大臣梁诚与美政府磋商数月，美政府一意坚持，无所通融。现因梁使不肯画押，美政府拟由新派驻华公使直接与我政府交涉》，《时报》1905 年 5 月 21 日，第 3 页。

下，上海等埠绅商纷纷响应。至此，中国士商的活动终于引起了美华协会对美国排华问题的重视。

5月16日，上海美商飞电美亚协会，郑重通报中国抵制美货决议：

> 上海商务总会召开各行会商董大会，决定：如排华条约不能保证公平对待所有前往美国的中国旅客、学生和商人，便建议人们在八月份后抵制所有美国学校、美国商品和美国船只。恳请华盛顿对此进行慎重考虑。①

5月18日，美华协会又通过达飞声和美亚协会向新任驻华公使柔克义及美国国务院发去一封长信。信中重申上海商务总会的5月10日决议，并提醒负责谈判的柔克义及其背后的美国政府：美国不但要在新工约中允许中国学生、商人和游客等"非受限阶层"人员正常进入美国，而且还要让移民局切实履行这一规定，否则中国人将同样不满。为加强上述观点的说服力，美华协会在信中详析美国海关阻挠中国学生、商人和旅客等入境对美国利益的损害，强调沪、闽、粤三地商会在中国的强大影响力，并指出他们所号召的抵制运动将对美国在华贸易造成灾难性影响：

> 上述商会在中国的影响力非常强大；中国人对排华法案的反应非常激烈；即使抵制活动只局限于流言的范畴，

---

① "AMASCH to John Foord, Telegram, May 16, 1905," *JAAC*, vol. 1, no. 15 (Jul., 1905):49.

也足以对美国在华的商业等利益造成危害；如果价格差别不大，中国人很容易就会转而购买其他国家生产的商品。因此，移民问题的长期激荡会对美国在华贸易利益和其他利益造成伤害甚至是灾难性的损失。

最后，针对中国人关于"美政府予我以不禁之名，而关吏等乃厉行禁之之术，故我国士商，往往有费数百川资而不得上陆者，或则又疾病瘰死于木屋中者"①的抱怨，该信进一步建议柔克义和美国国务卿：将审核入境华人身份的工作移交给美国在华外交机构，使所谓的"非受限阶层"在前往美国之前就接受严格审查，并在验证身份属实后，由美国驻华领事馆官员签发通行证，这一方面可免去中国人进入美国境内时的审查程序，另一方面亦可避免不符合条件的中国人白费船资：

> 如果美国政府能够将调查入境人员的工作移交给美国在华的移民机构或检查员，那么自称属于非受限阶层的人就能在前往美国之前被严格审查。若情况属实，美国驻华领事馆官员可以给他们签发通行证。这样一来，非受限阶层的身份在中国境内就得到了核实，且得到了通行证的佐证，当他们到达美国的入境口岸时，他们就可以与船上的其他乘客同时入境，不会再被烦扰、羞辱或耽搁。通过一个入境人口清查系统以及美国驻华检查员，可以追踪和防止不法之徒使用非受限阶层的伪装帮助劳

---

① 《时报》1905年5月22日，第3页。

工阶层进入美国。①

美亚协会对上海美商的担忧深表认同，于得电同日，迅将此电转达时任总统西奥多·罗斯福，强调抵制活动对美国棉纺织业的严重威胁，并要求政府同意中国方面有关不限制"非劳工阶层"人员入境的请求：

> 请阁下注意此种运动可能给美国对华贸易，尤其是美国棉纺织业的繁荣造成的严重后果。因中国为其过量产品销售市场，美国棉纺织业已经摆脱了国内市场的破坏性竞争。根据本协会的理解，中方提出的要求是，新的移民条约应当明确界定"劳工"一词的含义，并在排除所有被指定的人员后，允许其他类别的中国游客与其他国家人员一样自由入境。这种要求显然是正当的……②

会内美商积极联络美亚协会时，会内的美国传教士也积极联络教会力量，为平息中国的抵制运动而努力。1905 年 5 月 19 日，郭斐蔚与其所在的中国教育协会（the Education Association of China）其他美籍会员明恩溥、柏尔根（Paul D. Bergen）、李维斯、盖葆耐（Brownell Gage）、慕高文在上海举行会议，就美国排华法案，尤其是其中排斥中国学生的内容提出

---

① "James N. Jameson to James W. Davidson, May 18, 1905," *JAAC*, vol. 1, no. 15(Jul., 1905):49 – 51.

② "Foord to Leavenworth, May 26, 1905," *JAAC*, vol. 1, no. 15(Jul., 1905):53 – 54.

抗议，并将会议决议寄呈美国总统、国务卿及两院议员。① 上述内容很快被刊登在美华协会会刊上，其后还紧随一篇卜舫济的社论：《美国对中国教育的关怀》。卜舫济在文中指出，通过"废科举"与兴西学，目前中国的教育事业正处于转折时期，因此，他呼吁美国在这一关键时期善待中国学生，以便维持未来美国与中国之间的特殊关系。② 最终，中国教育协会的这封信由柔克义转达，并在 1905 年 8 月 10 日得到了代理国务卿劳伦斯·穆瑞（Laurence O. Murray）的答复。③

在美华协会的不断呼吁下，美国驻华使领才开始对抵制美货运动采取措施。5 月，新任美国驻华公使柔克义偕妻女乘坐中国皇后号抵达上海，④ 代总领事达飞声随即将上海商务总会 5 月 10 日决议并美华协会 5 月 18 日来信转告柔氏。达飞声虽不认为抵制活动诚如美华协会所言"可能会对美国对华贸易造成灾难性影响"，但仍希望柔克义能够出面与沪上士商会晤，澄清新工约将越禁越严的传言。为避免中国爆发抵制运动，并安抚上海美商的不安情绪，新任美国驻华公使柔克义与新任驻沪领事罗志思（J. Rodgers）⑤ 等与上海商务总会商董在 1905 年 5 月下旬进行了两次会晤。

5 月 21 日上午，柔克义偕正副总领事罗志思、达飞声及翻译白保罗，与上海商董严小舫、徐雨之、周金箴、谢纶辉、

---

① *JAAC*, vol. 2, no. 1(Jan. , 1906): 17 – 20.

② *JAAC*, vol. 2, no. 1(Jan. , 1906): 21 – 25.

③ 穆瑞在信中否认了关于美国政府排斥中国学生入境的指责，并辩称被拒者系因身患传染病才遭遣返。参见"W. W. Rockhill to F. R. Graves, Oct. 5, 1905," *JAAC*, vol. 2, no. 1(Jan. , 1906): 20 – 21。

④ 《申报》1905 年 5 月 21 日。

⑤ 罗志思在 5 月中旬抵达上海，5 月 29 日正式与代总领事达飞声交接工作。

苏宝森、李云书、曾少卿、邵琴涛等在美国驻沪领馆会面。会上，柔克义以续约签允需经年底召开的国会批准为由，请求上海商人展缓抵制开始期限，也即待 1905 年 12 月美国国会召开以后再决定是否实行抵制。同时，他还命翻译出示备忘录，向上海商董声明新工约将越禁越严的传言实属误导：美国"自总统以及庶民，举莫不有优待华人之心"；美国海关官员绝无故意设置歧视性条款排斥中国移民之意；美国绝不禁止"合例之华工重回美境"，更不会对非劳工之华人增加入境阻力。①会后，柔克义的备忘录被登诸华文报端，以安抚中国商民；②又被达飞声转达美华协会，以安抚上海美商。此后又数日，罗志思再次与上海商务总会代表进行会晤。③

此后，美国驻华使领又在 5 月 23 日和 24 日先后两次向上海美商保证新的移民条约将确保中国旅客、学生和商人等非受限阶层人员在美国的平等待遇。④

美华协会因此对前途表示乐观，在 5 月 24 日给美亚协会的信中写道：

已向贵处寄出本会与代副总领事达飞声 5 月 18 日、23

---

① 参见"Minister Rockhill to the Secretary of State, Jul. 6, 1905, Department of State," *FRUS, 1905*, pp. 205 – 207。

② 以上关于 5 月 21 日会晤的内容，除另外注释者外，主要来自以下两份文献："Minister Rocihill to the Secretary of State, Jul. 6, 1905," *FRUS, 1905*, pp. 205 – 206；《申报》1905 年 5 月 22 日。

③ Mr. Rodgers to Mr. Loomis, Jul. 27, 1905, Despatches from U. S. Consuls in Shanghai, 1847 – 1906, FM 112, Roll 52.

④ "James W. Davidson to James N. Jameson, May 23, 1905," *JAAC*, vol. 1, no. 15, (Jul., 1905):51 – 52; *JAAC*, vol. 1, no. 15(Jul., 1905):18.

日来往信件并报纸副本一份。……达飞声在其回信中对中美新移民条约内容做出保证。对此，我们甚感欣慰。[①]

　　尽管后来的事实证明，上海商务总会并未就此打消抵制的计划，但从美方档案来看，自 5 月 21 日和 25 日中美双方代表在上海美国领事馆进行两次会谈以后，无论是美华协会、美亚协会、美国驻华使领抑或是美国政府均认为：中国商人已经对美方做出的让步心满意足；有关抵制美货的倡议即使不取消，它的真正实施也要等到 12 月美国国会召开之后。如罗志思便曾多次向国务院指出，在这场抵制运动中，商人早已妥协并承诺静候两国缔结新工约。[②] 不但驻华领事如此，美国商人也抱有同样想法。在 1905 年 7 月下旬以前，无论是美华协会还是美亚协会，都将中国的抵制运动描述为"一场威胁要去实施的抵制运动"。

　　美国领事和美商并无为曾铸之外的中国商人粉饰的必要，因此罗志思一再为他们澄清责任的表现，以及他有关中国商人早已承诺会静候两国缔结新工约的认识或许并非是他的一厢情

[①] "Leavenworth to Foord, May 24, 1905," *JAAC*, vol. 1, no. 15(Jul. , 1905):
53.

[②] 7 月 17 日，罗氏报告："5 月 25 日，总领事曾与商会代表举行会面，并得中方承诺，彼等将静候两国使节交涉结果。"8 月 24 日，他在写给代理国务卿的信中再次表示，"通过商会代表与柔克义的 5 月 21 日会面及他们和笔者的 5 月 25 日会面，双方达成谅解，静候两国使节交涉结果"。在抵制美货开始的前一日，当罗志思要求上海道袁树勋请中国商会立即放弃抵制时，他使用的措辞也是"照前议"静候新工约签订。参见
Mr. Rodgers to Department of State, Jul. 27, 1905；Mr. Rodgers to Mr. Loomis,
Aug. 24, Despatches from U. S. Consuls in Shanghai, 1847 – 1906, FM 112,
Roll 52；《申报》1905 年 7 月 20 日，第 2 版。

愿。盖将中国商人从抵制美货运动中彻底撇清，最大受益人为
从事美货贸易的中国商人，因此，虽然曾少卿等坚持抵制者不
曾给出这一承诺，但其他希望推迟抵制开始时间的中国商人未
必没有给美方造成这一印象。上海华商与美商既有贸易往来，
便需维持明面上的融洽，故不愿真的为华人入境平等待遇而撕
破脸皮，进而损害此后的商业合作。即便是曾少卿也在 7 月
10 日写给罗志思的信中表示："贵国在沪大商，素与敝国商人
和好，并与贵总领事有往还"，正是看在双方的友谊上，商务
总会才会屡屡协商，"据实以闻"。① 到 7 月 20 日上海商务总
会集会上，也有不少中国商人向会方要求将抵制运动延期至少
四个月，以便他们出清存货，同时也寄望于届时美国国会将采
取相应措施修订排华法案，挽回局面。

　　由于美商认为他们已 "使中国的商人群体相信，美国政
府即将承认他们对自由进入美国港口的公正要求"；② 所以，
他们的下一步活动便是要处理好美国国内对非受限阶层人员的
歧视问题。6 月 12 日，纽约方面由富尔德率领一个代表团，
挟美国东部、南部制造商和美国出口贸易的庞大利益，开赴华
盛顿当面游说罗斯福。③ 该代表团人数众多、代表利益广泛，
影响力不容小觑。因此，既欲讨好美国东部商业利益集团，又
不愿失去美国西部劳工党选票的罗斯福在与之进行数次会晤
后，于 6 月 24 日正式发布行政命令，在继续限制中国劳工入
境的同时，训令商务部长麦特卡夫（Victor Metcalf）命移民局

① 《美国华工禁约问题》，《时报》1905 年 7 月 11 日，第 3 页。
② JAAA, vol. 5, no. 10(Nov. , 1905)：294.
③ "Foord to Leavenworth, May 26, 1905," JAAC, vol. 1, no. 15(Jul. , 1905)：53 - 54.

官员不得对中国非受限阶层人员"过度严厉"，违者将受到免职处理。此外，罗斯福还采纳了美华协会在 5 月 18 日信中提出的相关建议，承诺会向国会建议加强驻华领事馆在中国境内的签证审核工作，并保证，只要中国人在美国驻华领事处得到真实有效的入境签证，美国移民局就必须接收他们入境。①

美商对于此次请愿活动的成果十分满意。在 6 月 28 日写给美华协会的信中，美亚协会的干事富尔德怡然写道：

> 通过我们的呼吁，官方和民众已经充分认识到政府在执行排外法时所施加的不必要的压迫……我们已为政府批准与中国签订一项更自由的移民条约，并对移民法进行修订铺平了道路。这将使访美的华人和合法居住在美国的华侨不会再发出任何抱怨。②

此事造成的影响不小，一度见诸沪上华报。如 6 月 28 日，《时报》便以"美总统传命优待华商及游历人"为题，发布 6 月 24 日行政令的消息："美总统刻已传命查口员，谓嗣后遇中国商人及游历人之来美者，宜以优礼相待，倘有疏慢，当将该员撤调。"③

1905 年 5—6 月取得的一系列进展使得美华协会产生了这样一个认知：既然上海商务总会已经获得柔克义承诺改良工约的备忘录，旅美华侨更是得到了罗斯福要求移民局善待中国赴

---

① *JAAA*, vol. 5, no. 10(Nov. , 1905) : 294.
② "Foord to Leavenworth, Jun. 28, 1905, " *JAAC*, vol. 2, no. 1(Jan. , 1906) : 43.
③ 《时报》1905 年 6 月 28 日。另见《时报》1905 年 7 月 17 日。

美官员、商人和学生的行政命令，那么中方对美方的让步应当心满意足；而他们同意柔克义关于抵制延期六个月的建议，则是理所当然，毋庸置疑的。

然而，中国方面对美方所做让步的态度以及对抵制运动开始时间的看法，却与美华协会大相径庭。首先，柔克义的备忘录并没有起到美方想象中的效果。国人对美方有关改良工约的承诺颇多质疑，如《申报》便援引梁诚来电，指出梁电与柔克义备忘录相互抵牾之处，进而怀疑柔克义所言之真实性：梁诚所拟约稿"请专禁工人、优待别项"，已是"于无可挽回之中，稍求挽回于一二"，却仍不得美政府答允；而柔克义却称"除华工而外，更绝无加重种种之阻力""自总统以及庶民，举莫不有优待华人之心"，可见柔氏或有不便言说之内情。①《时报》也在刊登美国上海总领事馆送来的启事后发表长篇评论，列举《华工禁约记》中美国虐待华工、海关人员虐待中国士商游客等实例，对美方说辞进行一一反驳，最后表示，除非美国切实改约，否则"吾人惟有尽其力之所能为者，以图抵制之策焉矣"。② 由于怀疑美方言论的真实可靠性，中国方面要求美国将其所定之约稿内容公示，以证美国已"切实改约"。7月10日，曾铸致函罗志思，催促美方迅速公示约稿内容："倘以所言为然，幸即电请贵国公使，迅示改良办法，以便电传各埠，力劝照常交易。"③ 十日后，上海道袁树勋也向罗志思询问"禁约改良之切实证据"。④ 对此，美领罗志思虽

---

① 《申报》1905 年 5 月 24 日。
② 《时报》1905 年 5 月 22 日。
③ 《时报》1905 年 7 月 11 日。
④ 《申报》1905 年 7 月 20 日。

然答复称会请柔克义"开示改良办法","一俟接到复电，即行奉闻可"，但之后并没有回音。① 由于美国方面迟迟不肯将其约稿内容公之于众，只是一味澄清辩解，双方交涉陷入僵局。此后，尽管美国使领分别向中国中央和地方政府施压，要求镇压抵制运动，但抵制运动代表态度强硬。

其次，罗斯福6月24日行政令的实际效果也很难使在华美侨满意。该行政令在不触及排华法案的前提下对移民局采取一定的行政约束，这对美国国内的排华势力来说不痛不痒。被劳工党掌握的美国移民局继续以排华法案为法理依据，不但就粗暴对待华人的指控向众议院提出反驳，而且还指责反排华法案者是"为其狭隘的利益或传教的热情所驱使"而妨害执法。② 因此，行政令发布后美国海关对旅美华人的态度依然如旧。

复次，按照中方的会后记录，5月21日会晤中柔克义提出的有关抵制运动延期到12月以后的建议并未得到中方的认可。③ 抵制运动的领导者仍然坚持上海商务总会5月10日的决

① 《时报》1905年7月17日。
② 李晶：《美国利益集团与排华问题：1905—1906》。
③ 5月22日，《申报》对前一日举行的会晤记述如下："昨日十点钟，美新派驻沪总领事劳治君柬邀沪上绅商在总领事署会商续订华工事。商董严小舫、徐雨之、周金箴、谢纶辉、苏宝森、李云书、曾少卿、邵琴涛诸君同时到署。总领事劳治君偕翻译白保罗君肃客入厅事。在坐有美新公使柔克义君，副领事达非声君。柔克义君云，今日诸君辱临，不胜欣慰，且可借谈近日公□。李云书君答云：愿安承教。公使云：外间近日颇有敝国续定苛约腾为口实者，然其实并无此事。本政府拟定续约，极欲改良，务使两国均沾利益。外间所说似有误会。按续约须由下议院议准，然后签允，为时当在六个月后。今议抵制，殊非其时。且敝国与贵国睦谊最笃，商情亦素所最洽。一旦不用美货，于两国交情，或有关碍。曾少卿君答云：续约改良，众所愿闻，然旧约如何□，有苛待明文，而流弊如此。至两国交谊，则诚如贵公使所云，久为敝国上（转下页注）

议，即限美国政府在两个月内改良工约。此后曾铸在 7 月 10 日致信罗志思，催促美方出示工约改良办法时，理由便是两月之期将届；7 月 19 日，罗志思要求袁树勋转告商会立即"照前议"静待新工约签订后，[1]曾少卿的回答也是："记得限二个月。君言六月，仆等未之允也。"[2]

鉴于此，当美华协会认为中国人应对美国 6 月 24 日行政命令等一系列措施感到满意时，这种一厢情愿的"让步"实际

（接上页注③）下所公认。然贵国所以不以平等相待者，盖非本意，工党为之。仆于书肆，购得华工禁约记，特专呈阅。内有历届约章以及种种苛待，言之极详，窃愿贵公使一为流览。柔君云：禁约改良，容当商榷，不过稍待时日，而不用美货之说，贵商董当体两国政府平日交谊，劝谕众人，千万不可纷扰。苏宝森君答云：贵国洋布，仆消最多。各货有定至年底者。贵公使顷言签约尚待六个月后，当非虚语。然贵国一日不定约，即华人一日不定心。不必不用美货，即此逐步减消，于仆即大有不便。何能待至六个月。惟贵公使熟思审处焉。柔公使又以洋文四纸令白翻译操华语演说。大意宣明两国交谊并旧约并无苛待等语。（此约已令白翻译译成华文，明日送交商会）周金箴君云：贵国本文明之国，所以不满人意、授人口实者，不过偏护工党耳。诚如公使所云，完全文明，贵国当为天下公认。言至此，众皆拍手。阅报时，钟已十二下，众与辞，为总领事劳君、副领事达君重言声明，一再挽留，故及至辞出，已钟鸣十二下三刻矣。"参见《申报》1905 年 5 月 22 日。

[1] 原文如下："日前沪道询问美领事禁约改良之切实证据。兹闻美领事昨已函复沪道，略谓：'现敝国刚值议院停议之期，须至西历十二月方可开院。十八日，上海实行停用美货之说，曾君早数月曾函致敝处，中述敝国大总统有优待中国官商及游历学生之谕。曾君既知大总统已降此谕，而柔大臣在沪亦具说略送于商会，逆料将来总能满足两国商民之意。可知彼此立约，本有欲使此后益加亲睦，万不稍起争端。不然又奚用此新约为乎？十八日停用美货之说果确，该会求速而反以致缓。因事既决裂，该约成立之期，转未可必。希贵道转致商会，仍照前议，以待新约之成。如必欲强而致之，则非本总领事所敢预知也。至商会如有信函欲致驻京柔大臣，本总领事仍愿代为转寄云云。'"见《申报》1905 年 7 月 20 日。

[2] 《曾少卿与美总领事面商工约事》，《时报》1905 年 7 月 22 日，第 1 页。

上很难对中国人民的抵制运动产生实际效果。在中美双方对事态的认知错位下，抵制运动在 6 月持续酝酿，并在 7 月 20 日如期开始。

二　谴责抵制运动

7 月 20 日之后，中国各口岸纷纷响应上海的号召，开始抵制美货的活动。在运动开始之际，美国商人仍尝试挽回局面。7 月 20 日总商会大集会上，部分美国商人和新闻记者曾要求会方允许他们上台说明情况，解除"误会"；[①] 7 月 26 日，《申报》刊登美华协会与美亚协会的来往电报，内称美商"愿尽力调停"，使政府改良公约，"务使两平允"。[②] 然而，抵制运动仍在继续发展。

美国对华贸易很快蒙受巨大损失。据《1905 年中国海关贸易统计和贸易报告》显示，华南、华中和长江流域的十九个口岸受到此次抵制运动的影响。[③] 8 月中旬，罗志思向国务院报告，遭抵制的外货总值高达 2500 万美元左右，其中约有价值 800 万美元的棉布囤积待售。他确信这一运动对中美两国商人都带来了严重困难。[④] 同月 19 日，广州领事雷伏礼（Julius G. Lay）则报告：

① 黄贤强：《1905 年抵制美货运动——中国城市抗争的研究》，第 38 页。
② 《上海怡和行致纽约怡和电》，《申报》1905 年 7 月 26 日，第 2 版。
③ Margaret Field, "The Chinese Boycott of 1905," *Papers on China* 11(1957): 66.
④ Mr. Rodgers to Mr. Loomis, Aug. 12, 1905, Despatches from U. S. Consuls in Shanghai, 1847 – 1906, FM 112, Roll 52.

美国贸易蒙受的准确损失很难确定。但从本地美国代理人处得知，即便是仍在继续销售油产品的美孚石油公司，也已因抵制而造成高达 10000 桶的损失，价值 25000 墨西哥元……面粉商人报告，8 月份销出的待转运面粉数量为零，也就是说，以往同时期可以卖出的 500000 袋将不可能实现。其他方面的销售也受到不同程度的损失……①

据统计，抵制造成的损失占美国对华贸易总额的 20%，不少美国公司因此倒闭。对专门从事对华贸易的商人而言，抵制运动已经对他们的生计造成了非常严重的影响。② 美国国内从事对华贸易的制造商也认为事态已经非常严重。如西雅图的一家大型面粉公司便宣称抵制运动使他们的生产陷入瘫痪，自 1905 年 7 月 15 日以后，没有达成任何订单，而且原定于 9 月的出口订单也被取消。③ 由于美国南部棉纺织业在中国的重要进口港牛庄地区的商人从 1905 年 6 月开始也申明支持抵制运动，④ 所以美国南部各州的棉纺织业也面临同样的困境。于是，美国在华几大洋行，如新英格兰棉花制造公司、美孚石油

---

① Mr. Lay to Mr. Loomis, Aug. 19, 1905, Despatches from U. S. Consuls in Canton, 1790 – 1906, Roll 8.
② "The Boycott," *South China Morning Post* (*1903 – 1941*), Feb. 1, 1906, p. 7.
③ *The Straits Times* (Singapore), Oct. 12, 1905.
④ 《时报》1905 年 6 月 15 日。牛庄的商人行会在 1905 年 7 月 21 日和 24 日收到了上海商人已经停止订购美货的电报。牛庄商人将这一消息理解为立即抵制所有美货，于是在 7 月 27 日，一艘由纽约驶来的装有美孚煤油的货船抵达牛庄后，中国买办决定不安排卸货。7 月 28 日，牛庄商人在西寺集会，正式发布抵制美货声明。尽管美孚石油公司试图以双倍工资来雇佣中国码头工人，但仍然遭到拒绝。美国牛庄领事的干预也没有产生作用。见《时报》1905 年 8 月 10 日。

公司、胜家缝纫机公司、英美烟草公司和纽约人寿保险等都纷纷向美国政府大发牢骚;① 美华协会也向美亚协会发出急电,报告抵制运动使在华商业活动"停摆",外商对此备感焦虑。②

由于 1905 年 7 月下旬以前,美华协会一直认为抵制运动发起者只是以此为要挟,并不打算真正实施,或至少不会在 12 月之前实施,所以 7 月下旬抵制运动正式开始并对美商造成严重商业利益损失后,美华协会形成了一种中国人违背承诺、践踏美国好意的印象。尽管美华协会在 8 月 16 日写给美亚协会的信中,仍然极力呼吁政府给予中国赴美商人、学生和游客以公平公正的待遇:

> 本协会的意见没有改变,希望美国政府制定的任何条约和国会通过的任何排斥中国劳工的立法都能在权利和政策层面给予中国的豁免阶层以公正的对待和考虑……③

但是,该会对中国人的态度已经发生转变:

> 在此次骚动中,鲜有中国人为美国说一句好话,他们枉顾美国人给予的友善对待以及美国政府对中国政府的帮助,一味疯狂地谴责美国。④

---

① 李晶:《美国利益集团与排华问题:1905—1906》。
② "Jameson to Foord, Aug. 16, 1905," *JAAC*, vol. 2, no. 1 (Jan. 1906): 44; "Foord to Roosevelt, Aug. 14, 1905," *JAAA*, vol. 5, no. 8(Sept. , 1905):231.
③ "Jameson to Foord, Aug. 16, 1905," *JAAC*, vol. 2, no. 1(Jan. , 1906): 44 - 45.
④ *JAAC*, vol. 2, no. 1(Jan. , 1906):3 - 5.

此后，随着抵制美货运动的迅速发展，越来越多的人要求新工约赋予包括华工在内的所有中国人平等入境的权利。这本是抵制美货运动的题中之意，要求并不过分，却进一步加剧了美华协会的态度转变。

自 5 月抵制倡议发起后，美华协会一直认为中国人发起抵制的主要目的只是争取中国非劳工阶层自由进入美国的权利。① 这受到当时上海报纸舆论的一定影响。上海商务总会在 1905 年 5 月 20 日发布的《筹拒美国华工禁约公启》中表示，之所以抵制美约，是因为美约"名为限制华工，实则禁绝一切华人入境"，拒约是为避免开"愈禁愈严"之先例。② 驻美公使梁诚所拟的约稿，其中也有"请专禁工人、优待别项"等语。为此，美华协会会长詹姆森在 5 月 18 日这样总结上海商务总会的要求："中国人计划在今年 8 月或更晚些时候对所有美国学校、企业、产品、货物和船只进行一次全面抵制，直到新移民条约保证包括旅客、学生、商人等在内的非受限阶层在希望进入美国时能得到公正和公平的对待。"③ 正是因为中国官、商、学阶层自由进入美国有利于美华协会的在华利益，所以该会展开了踊跃活动，一面积极向中方澄清，中美新工约不会把限制入境的范畴从华工扩大到中国官商学阶层，一面则敦促美国政府在新工约中明确界定"劳工"的范畴，从而在拒绝劳工的同时，允许其他非劳工华人自由进入美国。

---

① "Foord to Leavenworth, May 26, 1905," JAAC, vol. 1, no. 15 (Jul., 1905): 53 – 54.

② 《时报》1905 年 5 月 20 日。

③ "James N. Jameson to James W. Davidson, May 18, 1905," JAAC, vol. 1, no. 15(Jul., 1905):49 – 51.

美华协会对中方抵制诉求的错误认识，使得它进一步认为中方有关华工平等入境权利的要求是中方对自己"慷慨让步"的"得寸进尺"。加上同时期中国本土报纸对美华协会活动的报道多侧重于强调美商是迫于抵制运动的威力才做出妥协，①这便使美华协会开始担心，美国的一味妥协有可能会被视为软弱可欺。罗志思在 8 月 11 日对中国局势的描述准确地反映了美华协会对事态的观感：

> 目前广泛流传的要求是任何想要进入美国的中国人必须完全不受任何限制。人们开始相信抵制运动在目前的安排下肯定能够成功地使所有中国人获得他们的权利。这种观点已经在中国各地迅速传播，并使此地［长江以南］所有外国人都开始忧心忡忡。煽动者的演讲和文学作品中不乏排外言论。②

为此，美华协会提醒柔克义与国务院，如因抵制而妥协让步，将使中国人以此为得策，而开此类运动之滥觞：

> 中国人会［在条约签订时］立即宣布是他们迫使美国采取行动，并将同样的办法应用到解决未来所有国际问

---

① 如《华字日报》在报道美商要求美国政府妥协并改定新约时，评论此举是美国人担心美国政府再行拖延，将使他们因中国人的报复行动而遭到驱逐［《华字日报》（香港）1905 年 5 月 26 日、6 月 28 日］；《申报》刊登《美商惧华人抵制禁约》一文，称美商恳请美国商务部改约，"词意极形惊恐，苦求该部允许华人所求"。《申报》1905 年 7 月 22 日。

② Mr. Rodgers to Mr. Loomis, Aug. 11, 1905, Despatches from U. S. Consuls in Shanghai, 1847–1906, FM 112, Roll 52.

题上。中国人已经宣称，如果不是抵制，总统绝不会下令公平对待赴美的豁免阶级……①

值得注意的是，这一阶段美华协会对抵制美货运动虽然感到十分委屈愤懑，但对上海大部分商人仍然是极力回护的。当抵制运动发生并扩大后，为了继续挽回与美商之间的合作关系，此前同意推迟抵制开始时间的中国商人不得不再次通过美国领事向美商解释抵制运动的发生与扩大。他们的解释使美华协会将抵制运动划分为两个阶段："威胁称即将发生"抵制运动和"真正的"抵制运动。其中，后一阶段如无个别人的"阴谋煽动"，将不会发生或者至少不会在 12 月之前发生。②接着，美华协会很快就找到攻击对象，将抵制运动的实施和扩大归因于曾铸与学生们的煽动。上述中国商人与美国领事和美商的沟通结果在同一时期罗志思和美华协会的报告中有着直接体现。

抵制开始后不久，罗志思便报告国务院，已做出承诺的中国商人之所以出现在抵制行列是因骑虎难下才被迫参加此运动，同时，他将矛头指向曾少卿和学生，认为是他们从中作梗：

> 抵制运动业已开始。学生到处散播海报和标语，希望借此激怒苦力，使他们拒绝卸载美国货物……5 月 25 日，

---

① "Jameson to Rodgers, Nov. 7, 1905," *JAAC*, vol. 2, no. 1(Jan. , 1906): 45 - 46; "Jameson to Foord, Nov. 8, 1905," *JAAC*, vol. 2, no. 1(Jan. , 1906): 47.

② "Jameson to Foord, Jun. 28, 1905," *JAAC*, vol. 2, no. 1(Jan. , 1906): 44 - 45; *JAAC*, vol. 2, no. 1(Jan. , 1906): 3 - 5.

总领事曾与商会代表举行会晤，并得中方承诺，静候两国使节交涉结果。直到［抵制运动］被学生控制之前双方始终维持和平。但受金的事件刺激，商会被迫于7月11日宣布，除非［美方］保证达成一令人满意之自由条约，否则它将支持抵制运动。我已尽力平息众怒，但收效寥寥……部分商人对参与此种报复行为表现出极大不情愿，同时还有一些人偷偷违反协议，暗中促使运动失败……对于这种反美的激进行为和公开言论，大部分人都很不满。他们对此举公开表示遗憾……学生和文人则表现出截然不同的态度。这类人的观点和行为都十分激进，对美国的敌意更盛……他们不计后果，尽一切力量使形势变得更为紧张。他们一再诱使苦力们拒绝卸载美国货物，但迄今为止徒劳无功……虽然如此，此类行为并非没有可能发生，而这类行为一旦发生，将带来更大的灾难。因为劳工阶层会急于表现他们对［海外］华工的同情，并且很容易被说服去展示中国劳工在排外运动中所能做的事情。清朝中央政府正时刻警惕这一威胁，而我们也相信它会尽它最大的努力去镇压此类事件……学生们还在积极地撰写匿名恐吓信给那些美国公司的中国雇员。[1]

在8月发向华盛顿的电报和信件中，罗志思继续撇清中国大部分商人对当时仍在继续的抵制运动的责任。8月11日，他报告国务院称，因学生们控制着局面，所以上海商务总会虽

---

[1] Mr. Rodgers to Department of State, Jul. 27, 1905, Despatches from U. S. Consuls in Shanghai, 1847 – 1906, FM 112, Roll 52.

有意停止抵制，但无能为力：

> 近十日来，中国商会成员已经准备好结束此事，但遭到学生与不负责任之煽动者的阻止。于是这些本应对抵制负责的人发现此事已完全脱离其掌控。他们不得不违背他们的承诺与商业习惯，被迫同意取消订单。……[煽动者]通过恐吓与谴责等各种各样的方式，控制了这些商人。与此同时，反对美国商品和美国的风潮正在不断地、广泛地增强。从广义上说，美国在上海的所有利益都受到了严重的影响。[①]

在 8 月 24 日的报告中，罗志思更绘声绘色地描述了曾铸等人在抵制运动中扮演的角色：自旧金山中华会所开始联络上海商人实施抵制计划后，虽有部分商人被说动，但大部分商人对抵制并不热衷；"与此同时，由数名商会成员和学生组成的抵制委员会成立，主席为福建行会的会长曾少卿"；此后，"通过商会代表与柔克义在 5 月 21 日会面及他们和我在 5 月 25 日会面，双方达成谅解，静候两国使节交涉结果……但被大量文人、学生和改革派追随的曾少卿不愿放弃之前的计划，开始与其他几名贪婪的富商一起秘密策划抵制运动。在不知名人士［极有可能是商人］的大额资助下，学生团体和中华会所财务向中国各大行会迭发信电。此举很快奏效。到 6 月下半叶，行动已经从秘密转向公开……在曾少卿指挥下的学生团体

---

① Mr. Rodgers to Mr. Loomis, Aug. 11, Despatches from U. S. Consuls in Shanghai, 1847 – 1906, FM 112, Roll 52.

开始散播煽动性的文字、传单和海报……"①

美华协会对此持相同论断。在该会向柔克义和国务院递交的一封请愿书中，该会也以学生的煽动为抵制运动持续的首要原因：

> ……对抵制的煽动并没有停止，有些人甚至认为它没有减弱。这种煽动显然展示了对我国的敌意。它有意损害我国过去的良好声誉并诋毁我国政府和人民对中国的友好行为。
>
> 现在的骚动和几个月前的唯一区别在于，起初这一运动是在中国商人的领导下进行的，而现在几乎只有学生在继续。上海许多正致力于恢复中美贸易的中国商人遭到这些学生的恐吓。中国新闻界几乎每天都有关于上海和其他地区会议的报道，并零星刊登专文讨论这个问题，敦促人们在确保某种正义之前保持对美国的强硬态度，暗示美国人根本没有正义感。几乎每个重要城市都有学会，学生们在那里集会、发表激动人心的演说、谴责美国人所做的一切并且通过谴责我国政府的决议。他们无视朝廷颁布的谕令，似乎决心把事情掌握在自己手中，认为他们有着比京城的官员更好的判断力。他们决心继续煽动抵制，直到达成一项令他们满意的条约。他们似乎无视了两国政府为磋商一项新的令人满意的条约而展示的公平性。最近，主要由留美学生组成的寰球中国学生会（World's Students Chi-

---

① Mr. Rodgers to Mr. Loomis, Aug. 24, Despatches from U. S. Consuls in Shanghai, 1847 – 1906, FM 112, Roll 52.

nese Federation）语出惊人，该会致电华盛顿的中国公使，
称与美国修订新约纯粹是无稽之谈，建议中国废除过去与
美国签订的一切条约。①

及至抵制运动已基本平息后，美华协会在对这次运动进行
总结时也仍坚持原先的看法：

　　……中国的商会在 1905 年 7 月底召开了一次会议，
无视一切承诺，罔顾行政长官和旅华美侨的多次友好调
停，断然宣布抵制活动立即开始。他们的领导者是曾铸
（曾少卿），一个不从事美国商品贸易的商人。除非他花
钱支付抵制运动的开销，否则他在抵制运动中不会蒙受任
何损失……学生阶层很早就参加了这次骚乱，他们将曾少
卿视为他们的领袖而非商人的领袖……
　　总而言之，此次骚乱是因为有人利用不实描述煽动中
国对美国的敌意。这些煽动者如此诽谤我们的政府和人
民，以至于那些曾经是他们朋友的人都对他们感到厌恶和
愤慨……中美缔结条约的职能已经被中国人，或者更准确
地说，被部分商人和学生所掌握。几天前，本委员会的一
位委员和曾少卿先生的谈话可以说明这批人对此事的看
法：当被告知将由两国政府或政府专门任命的代表来解决
这个问题时，曾少卿宣称中国政府没有任何人能够处理此
事，因为中国政府没有他曾少卿。如果中国政府有 20 个

---

① "Jameson to Rodgers, Nov. 7, 1905," *JAAC*, vol. 2, no. 1(Jan. , 1906): 45 -
46; "Jameson to Foord, Nov. 8, 1905," *JAAC*, vol. 2, no. 1 (Jan. , 1906): 47.

　　*曾少卿，那它可能还有所作为。*①

　　美华协会的上述印象使该会对抵制运动真实动机的揣测走上歧途。此后，在美华协会的一再敦促下，罗斯福政府一面通过美国驻华使领向中国各地商民重申 6 月 24 日行政命令以求安抚人心，一面则训令柔克义以 1858 年《中美天津条约》第 15 款为依据，威胁清政府要对美国在华所受一切损失负责。② 柔克义如之，在 8 月 14 日、18 日三次照会清廷。③ 清政府虽欲利用此次运动挽回利权，但也不愿与美国交恶，遂在 8 月 23 日将拟定之新工约草案电告梁诚，命其与美国速商。此后，梁诚将美国允许和平修订工约的态度回报外务部，并建议清政府配合柔克义的提议，待美议院修订排华法案后再议新约，同时劝导商民不要抵制太过，以免惹怒美国，适得其反；④ 大约同时，柔克义又再次照会外务部，催促清政府立即禁止抵制。⑤ 于是，清廷在 8 月 31 日颁布上谕，遵循美方口径，以美政府已允优待华商、教习、学生等非劳工群体为言，令各省督抚晓谕商民照常贸易，静候两国政府交涉结果，⑥ 并请美使将此谕转达美国国务院。作为交换，罗斯福公开批评美国现行移

---

①　*JAAC*, vol. 2, no. 1 (Jan., 1906): 3 – 5.

②　"Mr. Rodgers to Mr. Jameson, Aug. 7, 1905," *JAAC*, vol. 2, no. 1 (Jan., 1906): 44; "Minister Rockhill to the Secretary of State, August 17," *FRUS, 1905*, p. 215.

③　广西师范大学出版社编《中美往来照会集（1846—1931）》第 10 册，广西师范大学出版社，2006，第 243、247 页。

④　《驻美梁星使电述美总统允改工约禁例情形》，《申报》1905 年 10 月 8 日，第 2 版。

⑤　《中美往来照会集（1846—1931）》第 10 册，第 249 页。

⑥　《光绪朝上谕档》第 31 册，第 113 页。

民政策，并做出推动国会修改排华法案的姿态。①

中美两国政府的勾结使得大规模的抵制美货运动在 9 月以后逐渐平息。这本应使美华协会围绕抵制运动的活动就此告一段落，但是 10 月 28 日连州教案的爆发，却使事态走向相反的方向。

早在连州教案之前，上海西报便多将抵制运动与 "排外" 甚至义和团运动进行联系。如 8 月 17 日，一篇题为《抵制运动》的社论评论道："北京政府现在必须认识到此次运动的严重性，因它正从反美发展到排外甚至反朝廷"，"这场抵制运动现已是一种疯狂的现象，因此政府必须粉碎它。从政府在粉碎这场抵制运动中做出的努力可以看出政府的诚意。抵制运动必须被尽快压制，否则它将造成需要花费数月乃至经年才能恢复的损失"；②《北华捷报》则在 1905 年 9 月 8 日一篇题为《抵制者与义和团民》的社论中，明确将抵制者与义和团民比作 "手足"，并做出如下论断："第一眼看上去它们似乎性质不同，但重新审视就会发现二者起因相同……都是亚裔对抗盎格鲁 - 撒克逊人。"③

受这些舆论的影响，美华协会在认为抵制运动已经脱离初衷而遭人 "利用" 的基础上进一步得出结论，抵制运动被煽动的最终目标是掀起一场针对美国人的排外运动。8 月 16 日，美华协会会长詹姆森在给富尔德的信中写道：

---

① Roosevelt, "Speech at Atlanta, Ga.," Oct. 20, 1905, *JAAA*, vol. 5, no. 10 (Nov., 1905): 299.

② *North China Daily News*, Aug. 17th, 1905.

③ "Boycotter and Boxer," *The North-China Herald and Supreme Court & Consular Gazette (1870–1941)*, Sep. 8, 1905, p. 560.

　　……由于煽动者的阴谋诡计，最初作为威胁手段的抵制运动已超出其发起人的想法，过早地演变为实际的抵制运动。中国人停止购买美货，有关抵制美国和美货的倡议已经扩大成一场骚乱。这在外侨看来，包含着明显的排外情绪。

　　上海外商总会……认识到形势的严重性，已经将此事提请领事团注意。领事团迅速采取行动，目前已将此事报告给北京的公使团……①

　　沪领罗志思的言论和报告也体现出外国人对抵制美货运动将演变为排美甚至排外运动的忧虑。早在抵制开始后不久，罗志思便在写给上海道袁树勋的信中明确表示，抵制运动有可能"酿成拳乱"："……外间抵制之议，现仍纷腾未已。查此种抵制之事，使有司不能思患预防大之，终恐酿成拳乱……"② 至抵制运动发展到高潮后，罗志思又再次向国务院报告：因"抵制者群体中有大量排外言论，该运动很容易演变成暴乱"，并成为类似义和团的"排外"运动；③ "外国人普遍认为，这场运动的动机远远超过抗议排华法案。他们认为这场运动的根源在于政治，是排外和反朝廷的"；④ "如果抵制运动能保持在现有的范围内，那么尽管它造成了破坏，我们完全有理由认可它；但如果一些夸大的报复性报道传到那些外国势力不强的地

---

① "Jameson to Foord, Aug. 16, 1905," *JAAC*, vol. 2, no. 1 (Jan. , 1906): 44 – 45.

② 《申报》1905 年 7 月 28 日。

③ Mr. Rodgers to Mr. Loomis, Aug. 12, 1905, Despatches from U. S. Consuls in Shanghai, 1847 – 1906, FM 112, Roll 52.

④ Mr. Rodgers to Mr. Loomis, Aug. 21, 1905, Despatches from U. S. Consuls in Shanghai, 1847 – 1906, FM 112, Roll 52.

方，就可能会产生极端严重的后果……尽管很多抵制者无疑希望维持和平，但他们同时也意识到他们对那些很少接触外国人、很容易产生幻想并很难被镇压的人们的影响力十分微弱"。①

上海租界舆论场这种对抵制运动已经演变成单纯排外运动的错误认识，直接导致美华协会在连州教案爆发后做出了十分过激的反应。

三　要求武力威慑

1905 年 9 月以后，虽然大部分地区的抵制美货运动逐渐平息，但广东等地的抵制行为仍然存在。10 月 28 日，正当抵制美货运动在广州继续发展之际，粤省北部连州地区爆发教案，致 5 名美国长老会传教士丧命。连州教案的爆发，印证了美华协会对抵制运动将演变为第二次义和团运动的恐惧。因抵制运动矛头指向美国，而连州教案受害者亦是美国国民，所以，在 1905 年秋天之前犹能冷静斡旋的美华协会至此彻底转变态度，不但停止调和中美新工约和排华法案等问题，而且与鼓吹对华用武者共情，呼吁美国政府不能向抵制妥协。

美华协会在一开始就错误地把连州教案视为抵制美货运动的一部分。其在 11 月上旬传信柔克义和国务院时，便指出连州教案是抵制运动未能被尽早停止的直接后果：

现在中国南方传来的消息似乎印证了报刊上的言论，即

---

① Mr. Rodgers to Mr. Loomis, Aug. 24, 1905, Despatches from U. S. Consuls in Shanghai, 1847 – 1906, FM 112, Roll 52.

持续的不顾后果的抵制运动在广东省造成的对美国人的敌意是连州教案的直接原因……①

该会成员潘慎文在案发后不久撰写的《连州教案》一文，也将此案直接归因于抵制美货运动，并因此要求美国政府立即采取行动制止抵制美货运动，以免该运动造成更加严重的后果：

……在1900年可怕的经历之后不久，这种暴行就再次发生……

由于目前官方的调查报告尚未公布，我们尚不可能就此次暴乱发生的原因得出明确的结论。但其中一个原因十分明显，那就是抵制美货运动。该运动在中国中南部地区官员的扶植下逐渐发展成一个全面的排外运动。它蔓延得如此迅速和激烈，以至于如果我们不加以制止，就会导致全中国都爆发广泛、联合的攻击外国人的活动，而这导致的后果可能会比义和团起义更为严重。②

为此，美华协会要求本国政府敦促中国政府再次颁布一条强有力的法令，严格禁止传播对美国的"虚假指控"，并呼吁美国政府在抵制运动结束之前，不与中国缔结任何新工约：

……对抵制的煽动并没有停止，有些人认为它甚至没

---

① "Jameson to Rodgers, Nov. 7, 1905，" *JAAC*, vol. 2, no. 1(Jan. 1906) : 45 – 46;
　"Jameson to Foord, Nov. 8, 1905，" *JAAC*, vol. 2, no. 1(Jan. , 1906) : 47.

② *JAAC*, vol. 2, no. 1(Jan. , 1906) : 6 – 7.

有减弱。这种煽动显然展示了对我国的敌意……为制止当前这种非理性的骚动，中国政府应该在全国颁布一项强有力的法令，禁止并惩罚通过白话报刊和其他出版物散布针对美国人民和政府的虚假指控的行为。

……我们的总统和政府已经对中国的愿望表现出十分的关心，并愿意修改条约和现行法令；但中国人仍在继续鼓动，并且似乎没人知道他们到底想要什么。我们相信，在骚乱持续进行的同时，签署一项新条约是不妥的，并且中国政府应认识到这一点……①

并且，该会还态度强硬地表示：

美国人至今为止还没有一个政府软弱到可以容忍他人干涉内政，更不用说这一干涉还来自中国。美国要制定什么样的法律是美国人的事。我们接受建议，但绝不接受干涉和指挥。中国在这件事上只有与美国缔结条约的责任……

目前看来，如果美国的新移民法或中美新移民条约使中国的煽动者不满意，那么抵制行动就会继续下去。然而，这些煽动者有可能真的被满足吗？中国政府可能会认可我们做出的让步，但我们担心煽动者们不会。罗斯福总统在现行法律方面做出的修改被中国无视，或者说藐视。有些人要求美国允许中国劳工和其他国家的工人一样进入美国。有人则连自己要的是什么都不知道，只是一味要美

---

① "Jameson to Rodgers, Nov. 7, 1905," *JAAC*, vol. 2, no. 1(Jan. , 1906): 45 - 46; "Jameson to Foord, Nov. 8, 1905," *JAAC*, vol. 2, no. 1(Jan. , 1906): 47.

国改变。这造成的结果是，无论美国政府做出任何公正或合理的行为都不能令煽动者满意或感恩。这种未被约束、未加禁止的骚乱已经演变成反美情绪，并助长了更大规模的排外情绪，并随时有爆发暴乱和起义的可能。①

柔克义在收信后对美华协会的上述请求做出答复，称驻华公使馆正在敦促中国政府采取各种有力措施制止骚乱；美国政府亦对此次抵制美货运动的严重性有着充分的认识。② 此后，驻华公使馆进一步向清政府施压，③ 而华盛顿也果然在 11 月 15 日命海军部长查尔斯·波拿巴（Charles J. Bonaparte）"尽快向中国港口派遣最强大的海军力量"。④

两周后，美国的炮舰自马尼拉抵达广州港，安抚了当地美侨的情绪；但随后上海地区发生的大闹会审公廨⑤事件，又使上海美侨们陷入恐慌。

---

① *JAAC*, vol. 2, no. 1(Jan. , 1906) : 3 – 5.

② "Rodgers to Jameson, Nov. 14, 1905," *JAAC*, vol. 2, no. 1(Jan. , 1906) : 47; Mr. Rodgers to Mr. Loomis, Nov. 15, 1905, Despatches from U. S. Consuls in Shanghai, 1847 – 1906, FM 112, Roll 52.

③ "Rodgers to Jameson, Nov. 14, 1905," *JAAC*, vol. 2, no. 1(Jan. , 1906) : 47; Mr. Rodgers to Mr. Loomis, Nov. 15, 1905, Despatches from U. S. Consuls in Shanghai, 1847 – 1906, FM 112, Roll 52.

④ Mr. Roosevelt to Charles J. Bonaparte, Nov. 15, 1905, in Elting E. Morrison, ed. , *The Letters of Theodore Roosevelt* (Cambridge, Mass. : Harvard University Press, 1952), p. 77.

⑤ 会审公廨，系由上海道台任命的中国谳员与外方陪审会同审理上海租界内与华人有关的诉讼案件的司法机构。该司规定，倘案涉洋人或洋人雇佣之华籍仆人，则由外国领事参加会审或观审；倘纯系华人案件，则由中国谳员独自审断。然而事实上，各国领事依仗工部局和巡捕房，经常越权干扰，甚至强行陪审并讯断纯华人案件，导致中外关系紧张。

　　12 月 8 日，上海会审公廨的中国谳员关絅之与英国陪审官德为门（Twymen）因黎黄氏案发生矛盾。在德为门的唆使下，巡捕在公堂上大打出手，打伤廨役及副谳员金绍成，抢走人犯，并扬长而去。[①] 此事发生后激起上海市民公愤。广肇公所首先发起声援，接着沪上士商学生及工人纷纷集会抗议外国人暴行，要求释放黎黄氏，撤换德为门。经多方调停，公使团于 12 月 13 日命令上海领事团将黎黄氏等交还公廨释放，但工部局巡捕房在 15 日却藐视公廨，直接将黎黄氏一行送到广肇公所释放了事；领事团更是断然拒绝撤换英国副领事德为门。上海商务总会立刻发表声明，呼吁租界华商罢市抗议。18 日，上海中国商人罢市、英商船坞工人罢工、租界华捕罢岗。同日上午 9 时许，中国民众包围老闸巡捕房，将其焚毁；工部局市政厅前亦有群众集会示威。在此次冲突过程中，华人死伤计有 30 余人，其中死者 11 人；洋人亦有被殴致伤者，其中包括德国总领事和美国陪审员。[②] 此后，上海道袁树勋亲自前往现场调解，并出示安民，于是此事逐渐平息。[③]

　　大闹会审公廨事件虽源于中国人民对西方列强侵害中国司法主权的不满，但因有攻击租界巡捕房和在工部局集会示威等活动，所以被上海美侨视为与抵制美货运动为一体，并被描述为中国人继连州教案后又一次有预谋的"排外行动"。12 月 26 日、27 日，该会执行委员会在向柔克义和美国国务院汇报此次事件时，这样写道：

---

① 《申报》1905 年 12 月 9 日。
② Mr. Rodgers to Mr. Loomis, Dec. 22, 1905. Despatches from U. S. Consuls in Shanghai, 1847 – 1906, FM 112, Roll 52.
③ 《申报》1905 年 12 月 9 日。

……过去数月来，租界一直充斥着一种不安和排外的情绪，并且，随着对抵制美货持续不断的煽动而越来越强烈。这种不安和排外的情绪于本周一上午，亦即18日上午，在上海达到高潮。一群目无法纪的中国暴徒有预谋地侵入公共租界。随后，该地区最重要的几条商业街和中心发生暴乱。这帮人抢劫了遇到的所有外国人，其中包括德国代总领事和会审公廨的美国陪审员；市政厅遭到袭击；老闸巡捕房被焚毁。[①]

为了应对接下来可能发生的进一步"排外暴乱"，美华协会在信中要求政府派出一艘美国军舰在吴淞口外永久驻留：

警察召集了租界的义勇队来协助保护人们的生命和财产；英、德、意三国的海军陆战队士兵也迅速登陆租界。正是由于港口停泊了战舰，使得武装力量能够迅速登陆上海，才没有造成更大的生命和财产损失。现在生活在公共租界的991名美国公民显然应当感激这些驻扎在上海的欧洲战舰，正是它们这样的存在为他们的生命和财产提供了保护。

在这个危急时刻，尤其是此种骚动已经持续了好几个月的情况下，上海港口没有一艘美国战舰。这对我们的国民来说是一种羞辱……

上海作为一个正在增长的超级港口，仅从商业的角度看，便完全值得我国政府为持续关注在该地区的利益而提供该地所需的一部分外国海军力量。除去商业这一点，不

[①] "Mr. Jameson to Mr. Rodgers, Dec. 26, 1905," *JAAC*, vol. 2, no. 1 (Jan., 1906): 55 - 56;

断增多的定居或访问上海的美国公民（其中有相当部分
是妇女和儿童）的生命和财产安全也值得保护。

不受约束的中国暴民可能很快且很容易地再次对上海
外侨的生命财产造成威胁；我们希望我们的建议会迅速得
到我国政府的批准，一艘美军舰将在今后有需要时随时待
命，以便使上海美侨感到放心。①

12 月 28 日，罗志思将此信转报驻京公使时，也对这一提
议表示赞同与支持。在附和美华协会关于在上海常驻军舰的要
求的同时，罗志思还在 1905 年 12 月 29 日召集会议筹组上海
美国义勇队。美华协会对此举表示热烈赞同，并在 1906 年 1
月发行的会刊上发表评论称：

本协会一直认为应当成立这样一支义勇队来和英国共同
捍卫上海公共租界，并希望该义勇队能够迅速地与其他国家
的义勇队一起，在工部局的指挥下保护上海的外侨。上海美

---

① "Mr. Jameson to Mr. Rodgers, Dec. 26, 1905," *JAAC*, vol. 2, no. 1 (Jan.,
1906): 55 – 56; "Mr. Jameson to Mr. Foord, Dec. 27, 1905," *JAAC*, vol. 2,
no. 1(Jan.,1906): 56. 此后，美华协会逐渐认识到此事与抵制美货运动并
无直接联系。虽然如此，该会在 1906 年 1 月回顾此次事件时，还是认为
此事系中国官员故意挑衅，而抵制美货运动则起到了推波助澜的作用：
"……从前段时间领事团团长克纳贝（W. Knappe）发来的一封信来看，
道台（按：指谳员）十分清楚英国陪审员会下达什么样的命令。这样看
来，在这起案件中，中国官员似乎故意挑起争端，激怒工部局，尤其是
英国陪审员。工部局巡捕和谳役进行了较量，最后巡捕获胜。中国谳员
丢了'脸'，冲到他的上司那里，抱怨被外国陪审员'侮辱'，被巡捕
'殴打'。他还寻求中国商会介入此事。事实上，这确实是一个借助爱国
主义，趁着当下正在高涨的骚乱反击的绝佳机会……"见 *JAAC*, vol. 2,
no. 1 (Jan.,1906): 5 – 6。

侨已经多次得到其他国家的保护，现在是时候报答了。[1]

　　美华协会在连州教案和会审公廨事件后发表的言论，反映出上海美侨对中国人民反帝国主义情绪的深深恐惧。这种恐惧与商业利益造成的经济损失以及他们对中国事态的错位认知共同作用，最终导致美华协会在 1905 年 11 月以后选择武力威慑的手段。美国国务院在同一时期对中国局势的判断显然也受到了美华协会的影响。1906 年 2 月 26 日，美国国务卿训令柔克义向中方提出以下几方面要求：第一，必须采取有效措施，镇压抵制运动，避免 1900 年的暴行重演；第二，所有同情排外运动、镇压不力或没有履行保护外侨职责的官员都必须受到严惩；第三，赔偿外国公民的生命与财产损失。三方面要求基本与上海美侨一致，并且也将抵制美货运动视同 1900 年的义和团运动。[2] 不仅如此，美华协会的派舰要求也在美国国务院那里得到了满足，至迟到 1906 年 2 月，该会在义和团运动时便开始企盼的那艘美国军舰已被派驻到上海港口。[3] 3 月 5 日，在美国的外交、军事压力以及对抵制运动本身的忌惮下，清廷又一次发布措辞严厉的上谕，要求各省严格防范抵制活动，切

---

① *JAAC*, vol. 2, no. 1(Jan. , 1906) : 2 - 3.

② Rockhill to the Secretary of State, March 5, 1906, Despatches from U. S. Minister to China, 1843 - 1906, FM 92, Roll 121.

③ "Bacon to Foord, Feb. 9, 1906," *JAAA*, vol. 6 (March 1906) : 46; "Chinkiang: Peace and Plenty intimations of Modernity Naval Visitors a Crying Need a Launch Tragedy," *The North-China Herald and Supreme Court & Consular Gazette (1870 – 1941)*, Feb. 23, 1906, p. 432, 除向上海派舰外，罗斯福还命一艘军舰开赴广州。参见 James J. Lorence, "Business and Reform: The American Asiatic Association and the Exclusion Laws, 1905 - 1907,"*Pacific Historical Review* 39 (4), 1970: 421 - 438。

实保护外国人。① 此后，各地抵制美货运动基本停止。

相较于因物伤其类而反弹严重的上海美侨，安枕于太平洋彼岸的美国本土商人态度变化较小。因罗斯福曾公开表示移民问题的最终解决要落到国会立法层面，② 并在 12 月 6 日召开的美国国会上提出在禁止华工的前提下允许中国五类人自由赴美的主张，所以美亚协会转而游说国会，试图通过修正排华法案来平息中国人的怒火。12 月上中旬，美亚协会派干事富尔德前往华盛顿，与国务院的高层就修正案进行会商。最终，在国务卿的支持和美亚协会小组委员会的监督起草下，由佛蒙特州参议员大卫·福斯特（David J. Foster）出面，向国会提交了福斯特法案。③ 该法案沿袭此前居华美侨对抵制运动的共识，即中国人提出抵制是为争取非劳工阶层自由入境的权力，一面对"劳工"这一概念做出了非常宽泛的定义，借此取媚于西海岸的排华势力；另一面则按美华协会和美亚协会此前提出的具体建议，在中国出境港口设置签证审核环节，从而使中国旅美人士中的"非受限阶层"在入境时免于向移民局官员证明他们的身份。

此后，中国境内以美国在华商业利益为要挟的抵制运动既遭瓦解，美国本土商业利益集团为旅美华人奔走的活动随之失去动力。在美商的施压活动逐渐疲软之际，美国本土排华势力有增无减，于是，美国政府无须在排华问题上左右为难。最终因支持排华的劳工党以选票要挟加州参议员，美亚协会在国会

---

① 王彦威、王亮辑编《清季外交史料》第 7 册，第 3558—3559 页。

② 在 10 月的亚特兰大演讲中，罗斯福承诺会继续为阻止抵制活动而努力，但重申移民问题的最终解决要落到国会立法层面。

③ *JAAA*, vol. 5（Jan., 1906）: 353; "Foord to Jameson, Jan. 4, 1906," *JAAC*, vol. 2（Jul., 1906）: 47 - 48.

推动的福斯特法案未能通过；美国仅在罗斯福总统的敦促下，对华人入境的规定进行了细微修改，[①]至于旅美华工的待遇则未得到丝毫改善。

以抵制美货的倡议、抵制运动的实施和连州教案为时间节点，美华协会在1905年对抵制美货运动的态度经历了大致三个阶段的变化。

第一阶段为1905年5月至7月。这一时期，抵制运动停留在口头威胁的层面，这对于上海美侨而言，不仅是可接受的，甚至还是受欢迎的。迎合"不限制中国非劳工阶层入境"的要求，不仅无损于美国在华之商业利益和传教利益，而且还能获得中国人的好感，有助于美国在华发展商业贸易和传教活动；并且，当美国在华利益集团为此游说美国政府和国会时，中国国内抵制美货的声势甚可以作为他们施压活动的重要筹码。出于上述原因，美华协会在抵制美货运动正式开始之前，始终持同情态度。

第二阶段是1905年7月至9月。当抵制运动在7月20日真正爆发后，美侨很快就以1858年条约[②]和5月21日中方有关展期抵制的承诺为根据，将其视为对美国条约权利的践踏及

---

① 主要包括两项内容：扩大"学生"所涵盖的范畴；任命美国官员在中国移民离埠前对其进行身份认证。

② 因1858年《中美天津条约》第15款规定："各港口开放贸易，美国国民可以从国外进口、购买、出口全部中国法律没有禁止输入或输出的商品"，所以美方多以抵制运动侵害美国在华自由贸易权为言。如8月12日，罗斯福便命柔克义以抵制运动违反1858年《中美天津条约》第15款为由，要求中国禁止抵制，并威胁中国政府要对抵制运动造成的所有损失负责。参见"Minister Rockhill to the Secretary of State, August 17,"*FRUS*, *1905*, p.215。

对美侨友好行为的背信弃义。从这一阶段开始，美华协会对中国事态走向的判断由乐观逐渐走向消极。当持续扩大的抵制运动造成美商庞大的商业损失后，自觉占据法理和道德高地的美侨更加出离愤怒。不过，为挽回商业利益计，这一时期的美华协会仍能保持理智，在谴责中国人的同时继续推动美国修改排华法案。

第三阶段为 1905 年 10 月到 12 月。这一时期，连州教案与大闹会审公廨事件的接连爆发，使上海美侨在错愕和愤懑之外又倍添恐惧。对人身安全的忧虑盖过对经济损失的惋惜，于是，该会停止对排华问题的调解，转而利用一切渠道要求美国政府对中国采取强有力的武力威慑。

1905 年抵制美货运动高潮集中在 7 月底至 9 月初，此后虽有地区性的抵制迹象，但影响力已大不如前。由上述三个阶段来看，在抵制运动的高潮阶段，美华协会仍能将事情的解决诉诸美国移民政策的调整；[①] 然而，当进入抵制运动逐渐趋于平息的 10 月以后，该会的态度反而变得十分强硬，再三要求美国惩戒中国，进而推动了美国政府在 1905 年底进一步对中国进行武力威慑。罗斯福政府对中国问题的态度，与该会对抵制运动的前后态度转变几乎同步：1905 年 10 月之前，当美华协会将事情的解决诉诸改善本土排华问题时，迫于美国东部、南部商界压力的罗斯福政府也倾向于在排华问题上做出让步；至连州教案和大闹会审公廨事件爆发后，该会放弃调和，转而

[①] 如其在 8 月 16 日向美亚协会告急的信函中曾强调，该会对于解决此事的态度不曾改变，仍寄望于美国在缔订中美新工约和国内法案时，"公正对待中国的非受限阶层"。参见 "Jameson to Foord, Aug. 16, 1905," *JAAC*, vol. 2, no. 1(Jan. , 1906): 44 – 45。

呼吁武装威慑，于是持"大棒政策"的罗斯福政府也乐于向清政府展示武力，将军舰派往上海、广州等地示威。

美华协会在后两个阶段的异常表现是该会对中国形势的一连串认知错位造成的连锁反应。这种认知错位，一方面来源于对中国抵制运动实际情况的狭隘无知。从美华协会向美国驻华使领和本土发出的情报内容来看，美华协会对于中国抵制运动的了解，主要来自在华西报、会内商人、传教士及与他们有密切交往的中国商人等渠道。因与中国其他人群缺乏交往，该会很难对此次抵制运动形成一个完整和正确的认识。不过退一步说，即使美华协会认识到中国商民的真正诉求，碍于美国西部庞大的排华势力及其在华主要利益，他们也不敢触及华工待遇。改善中国非劳工阶层入境待遇的要求已经遭到重重阻碍，将争取范围扩大到包括劳工在内的所有旅美华人，必将引发与劳工党更大的正面冲突，对此，美侨及其在本土的同胞既没有太多胜算，也无意为之虚耗精力和财力。于是，尽管美华协会面对的是一场因旅美华工遭遇而起的抵制运动，但该会却始终将华工置之度外，视其所受之非人待遇为无物。

另一方面也受该会调和抵制的动机所局限。该会对抵制运动进行调和的主要目的，是维护并进一步扩大美国对华贸易、传教和影响力。因此，美华协会在 1905 年的活动，始终以中国官、商、学阶层为中心。会内传教士关注排华问题是在留美学生事件之后；会内商人在游说罗斯福时也屡以美国对华贸易为言，称其对美国的工商业利益构成重大威胁，如不尽快补救美国将被排除在华人市场之外。[1] 出于这样的动机，美华协会

---

[1]　*JAAA*, vol. 5, no. 10(Nov. , 1905): 294.

虽能在最初尽力维持所谓的中美"特殊关系"、塑造美国有别于其他列强的友好姿态，但在 11 月商业利益受损、自身安全受到威胁后，其主要活动便集中在呼吁政府进行武力威慑上，几乎没有再为排除修订排华法案的障碍做出任何努力。

结　语

　　19 世纪末之前，定居上海的美国商人与传教士之间始终保持一种十分松散的联系，虽有联合的基础，但缺乏契机。至 1898 年前后，随着美国本土生产过剩危机的逐渐暴露、列强瓜分中国竞赛的开始、美西战争的胜利及美亚协会的成立等诸多客观因素，上海美商与传教士终于有机会改变以往各自游离的关系，做出联合的尝试。美华协会在 1898 年的成立，是美侨自 1784 年抵达中国后第一次为维护其群体利益而采取的有组织的联合；而该会在 1898—1905 年的活动则是上海美侨初期联合最具代表性的片段。

　　通过考察美华协会成立的来龙去脉，以及该会在 1898—1905 年的历史活动，首先可以发现上海美侨寻求联合的努力早在晚清时期便已开始，而并非如一般研究认为的那样，迟至第一次世界大战后才发生。该会成立后对晚清政治进行了长期持续的观察与因应，其中在中外关系紧张的 1898—1905 年最为活跃。围绕庚子事变、庚辛和谈、中美商约谈判和抵制美货运动这一系列接踵而来的晚清政治事件，上海美侨逐渐形成了一套相互联合的行为模式。这些行为模式既包括对中国问题的刻板印象，如中国人排外守旧、只屈服于武力且难以理喻、中国政府应学习日本模式进行改革等；也包括该群体游说美国政府的手段，如利用美国在沪总领事、本土大型商业利益集团及国会议员等对美国政府决策施加压力；等等。这些对中国问题的态度与意见，以及游说美国政府的手段，一直被一战后乃至更久远的上海美国人社群所继承。对一战后上海美侨的社群联合进行考察时，不应忽视该群体在晚清时期践行联合的经验。

其次，上海美国人的初期联合存在该群体内外的两组分合。第一组分合处于上海美侨联合体内部，即上海美商与传教士之间的分合。从美华协会因应中国时局的历史活动，可以看出会内美商与传教士联合情况的演变过程。1900—1901 年，上海美商与传教士表现出空前高涨的协作意向，并联合促成了1900 年 7 月 13 日美国人大会和 12 月 20 日公开信这两项发动全体在华美侨的活动。然而，即便在义和团运动最高涨、二者合作最密切的时期，他们的意见分歧也已显露。当凝聚二者的共同威胁逐渐消退，美商与传教士开始分享成果时，双方对各自利益的细化追逐进一步加剧了协会内部的撕裂。美华协会虽曾努力弥合会内商人与传教士之间的裂缝，但 1901 年后协会围绕传教利益所展开的活动大大减少。如 20 世纪初的中美新商约谈判，虽然美国在华传教士的利益也牵涉其中，但该会的主要活动基本围绕与商业相关的条款展开，几乎不关注与传教事工相关的内容。至 1905 年抵制美货运动前后，因多数美侨将其视为义和团运动的重演，所以美商与传教士两群体再次开始协作。1904 年 12 月，传教士通过阐释留美学生对于美国在华影响力的重要意义,[①] 使得美华协会很早就注意到中国对美国排华问题的反应，并加入调解美国排华问题的行列。至1905 年 5 月，抵制倡议发起后，会内美商在联络美国本土商

---

① *JAAC*, vol. 2, no. 1(Jan. , 1906)：21 - 25.

人的同时，会内传教士也积极联络教会力量，扩大行动的影响力。在二者的协作下，美华协会在抵制运动的前期，对改善美国的排华问题起到了一定积极作用。美华协会最先向美国本土通报了中国人关于抵制的倡议，使得美亚协会能够及时采取应对措施，游说美国政府。此后，该会又多次致信美国驻华使领和美国政府，说明运动发展的最新情况，并敦促政府放宽华人赴美入境限制。如果没有美华协会的一再联络和斡旋，美亚协会代表团很难在 1905 年 6 月 12 日得到罗斯福有关改善旅美华侨入境待遇的三项承诺。然而会内美商与传教士之间这种合作，与义和团运动时期相比，不仅范围和力度均十分有限，而且只是昙花一现。造成清季上海美侨内部传教士与商人分合的关键，在于保障生命财产安全与逐利本性之间的矛盾。安全诉求凸显上海美商与传教士共同的"侨民"属性，因此常使二者团结合作；但当安全的威胁降低，逐利的本性重回首位后，商业利益与传教利益的一旦冲突，便会造成商人与传教士之间的巨大分歧。

第二组分合存在于上海美侨与美国本土民众之间，集中表现在美华协会与美亚协会的分合上。尽管在美亚协会的设想中，美华协会是为自己搜集中国情报的附庸机构，因此两会运行的逻辑应是美华协会提供中国情报，然后由美亚协会根据执行委员会近期在对华贸易上的诉求撰写说帖，组织代表团，游说政府与国会。然而，由于美华协会成为代表全体居华美侨利益的联合体，实际上具备了独立于美亚协会的意志，所以在美华协会的后续活动中，它的运行逻辑是美华协会从自身利益出发，就中国时局提出自己的意见和主张，并借重美亚协会的地位和渠道，将这种意见和主张呈现给美国政府和国会。美亚协会与美华协会对运行逻辑的不同理解，促生了一种密切而又复杂的关系：当它们诉求一致时，常能相辅相成，取得游说活动的最大效益；[1] 而当它们异趣时，来自远在大洋彼岸美侨的主张便难以得到华盛顿方面的重视。其中，美华协会对维护侨民安全的诉求是它与美亚协会出现分歧的主要原因。当两会共同以商业利益诉求为主时，两会的行动是协调的；而当上海美商为自身生命和财产安全计而要求政府采取行动时，没有安全诉求的美亚协会就会失去响应美华协会的内在驱动力。[2] 这说明，尽管两会在利益诉求方面是一致的，但美国本土商人不但没有上海美侨的安全诉求，也很难体会他们在义和团运动过程中的切身感受。既然美亚协会对美华协会在商业利益之外的追求毫无兴趣，那么当美华协会为这些目的开展活动时，便很难得到美亚协会的全力支持，甚至会因此发生矛盾而疏远。

最后，该会的历史活动也为人们凝视晚清政治及同时期的美国对华政策提供了一个全新的视角。

以义和团运动为例，关于这一时期中美关系的既有研究大多从中美官方交往入手，较少探讨美国民间在处理中国问题上

---

[1] 在1898—1905年唯一的例外是修订排华法案的努力，但这主要是因为美国劳工党对美国政府施加的压力比美华协会和美亚协会施加的压力更具影响力，并不属于本书的讨论范畴。

[2] 这一点集中体现在庚子年入夏后美华协会吁请增兵的活动。1900年6、7月，上海方面积极向美亚协会寻求支持，美亚协会实际上只在6月中下旬对美华协会的吁请做出响应，态度可谓冷淡。当美华协会的成员普遍对美国政府在庚子时期的对华行动表现出"遗憾"和"失望"情绪时，美亚协会的大部分会员却对美国政府的措施"相当满意"；至是年10月16日，富尔德还在美亚协会年会上公开批评上海协会的行动"不明智"，不能体谅"政府在制定对外政策过程中面对不同民意时的尴尬境地"。"The Association Record," *JAAA*, vol. 1, no. 11(Nov., 1900): 109.

的主张。实际上，义和团运动爆发后，尤其是1900年6月中旬至7月中旬京津两地外国使馆失联期间，上海美侨曾联合美国驻上海总领事古纳开展了空前活跃的请求美国增兵中国的活动。也就是说，庚子年使馆失联期间，除了清朝中央政府、地方督抚和驻美公使在安抚美国政府以促成中外尽快停战并保护长江流域免受列强军事入侵，还有上海美侨这一群体在努力抵消这种安抚对美国政府产生的影响。

对美国在庚辛和谈中扮演的角色，既有研究多从"门户开放"政策维护中国领土与政权完整的角度进行阐发，同样以中国"门户开放"为落脚点的上海美侨，却在要求列强"维持中国领土完整"之余，更加重视敦促中国切实改革。美华协会对惩凶、归政的强烈坚持，以及赋予清政府中的开明官员以实权，或至少保护这些开明官员免遭清算的主张，反映了"门户开放"政策的另一种内涵。

又如20世纪初的中美《通商行船续订条约》谈判，历时10个月之久，其中有半数时间处于停滞状态。对于谈判时日的迁延，学界多从中方的角度进行阐释。事实上，这也是美商的阻挠所造成的。① 美华协会借助美亚协会对美方谈判代表以及美国政府施加的压力，不但导致中美代表在裁厘增税问题上迟迟无法达成共识，而且对美方第二次约稿乃至最终签订的新商约内容也造成了相当的影响。早在《辛丑条约》签订前，

---

① 劳伦斯论述了美亚协会对商约谈判的影响，但没有注意到该会在美华协会影响下前后态度的转变，因此轻视了美华协会在其中发挥的作用。James J. Lorence, "Organized Business and the Myth of the China Market: The American Asiatic Association, 1898 – 1937," *Transactions of the American Philosophical Society*, 71 (4), 1981: 39 – 41.

美华协会便表现出只要"裁厘"不要"加税"的倾向。到
1902 年 9 月，中英《续议通商行船条约》签订并对裁厘加税
做出明确规定，美华协会更对英约相关条款提出强烈反对。这
导致原先一直赞同增税的美亚协会出尔反尔，进而使美国政府
陷入两难境地。[①] 此后，美国国务卿海约翰为与商界达成共
识，请求美商提交一份折中的约稿草案作为美方下一阶段谈判
的参考。1903 年 2 月，美国国务院根据美商提交的草案拟成
第二版约稿后才重启谈判。据柔克义称，美国政府迟迟不向中
国政府提交条约草案的唯一原因就是美商的不同意见；美方代
表在与中方谈判过程中的态度也完全取决于美商。[②]

此外，关于 1905 年抵制美货运动的研究多以中国视角为
主，而美国视角稍逊之；从两国官方层面切入较多，而考察两
国非官方群体者又逊之；至于少数论及美国非官方群体活动的
研究，则多瞩目于美国本土的商业利益集团，而忽视身在中国
的美国侨民。事实上，在抵制运动倡议之初，是美华协会最先
向本土预警了中国人民对排华问题的愤怒情绪。用美亚协会执
行委员会 1905 年年度总结中的评价来说："如果不是该机构对
抵制运动的及时通报，本委员会不可能采取如此敏捷和果断的
行动。"[③] 此后，该会一边与上海士商协商，一边推动美国政

---

① Lewis to John Hay, Oct. 4, 1902, *JAAC*, vol. 1, no. 11（Jul., 1903）: 3.
按：原文记发信年份为 1903 年 10 月 4 日，但刊于 1903 年 7 月号上，疑
误。

② 《1902 年 12 月 26 日柔克义致富尔德函》，转引自 James J. Lorence, "Or-
ganized Business and the Myth of the China Market: The American Asiatic Asso-
ciation, 1898 - 1937," *Transactions of the American Philosophical Society* 71
（4）, 1981: 40。

③ *JAAA*, vol. 5, no. 10（Nov., 1905）: 294 - 295。

府修订排华法案并给予赴美华人平等待遇。至抵制运动扩大，美国在华商业、传教利益受创，而连州教案与大闹会审公廨事件使上海美侨感到自身安全受到威胁后，该会才转而向美国本土宣传中国人的"恶劣"行为，并慨然请求政府对华强硬，不可妥协，甚至呼吁政府陈兵淞沪。

晚清时期，中国与列强之间错综复杂的关系以及频繁的互动，使得中国朝局政治与中外关系发生密切纠葛。既有研究已经对中外官方之间的交往在晚清政治中产生的影响做出了充分的研究，在此基础上进一步兼顾外国民间势力或利益集团对晚清中国的观察与因应，对于我们更全面地探知这一时期晚清政治的语境不无裨益。

参考文献

中文资料

故宫博物院明清档案部编《义和团档案史料》，中华书局，
　　1956。

孙毓棠：《中国近代工业史资料（1840—1895）》，科学出版
　　社，1957。

王铁崖编《中外旧约章汇编》，三联书店，1957。

朱寿朋编《光绪朝东华录》，中华书局，1958。

故宫博物院明清档案部编《义和团档案史料》，中华书局，
　　1959。

中国科学院历史研究所第三所主编《刘坤一遗集》，中华书
　　局，1959。

《德国外交文件有关中国交涉史料选译》，孙瑞芹译，商务印
　　书馆，1960。

台北"中央研究院"近代史研究所编《矿务档》第1、8册，
　　编者印，1960。

杨家骆主编《义和团文献汇编》，台北：鼎文书局，1973。

沈云龙主编《愚斋存稿》，台北：文海出版社，1975。

胡滨译，丁名楠、余绳武校《英国蓝皮书有关义和团运动资

料选译》，中华书局，1980。

中国社会科学院近代史研究所《近代史资料》编译室主编
　　《杨儒庚辛存稿》，中国社会科学出版社，1980。

中国社会科学院近代史研究所翻译室编《近代来华外国人名
　　辞典》，中国社会科学出版社，1981。

天津社会科学院历史研究所编《1901 年美国对华外交档
　　案——有关义和团运动暨辛丑条约谈判的文件》，刘心
　　显、刘海岩译，齐鲁书社，1984。

王照：《方家园杂咏纪事》，荣孟源、章伯锋主编《近代稗海》
　　第 1 辑，四川人民出版社，1987。

《德宗实录》，中华书局，1987。

翁同龢：《翁同龢日记》，中华书局，1989。

黄嘉谟主编《中美关系史料·光绪朝五》，台北"中央研究
　　院"近代史研究所，1990。

丁贤俊、喻作凤编《伍廷芳集》，中华书局，1993。

胡珠生编《宋恕集》，中华书局，1993。

中国近代经济史资料丛刊编辑委员会主编《辛丑和约订立以
　　后的商约谈判》，中华人民共和国海关总署研究室编译，
　　中华书局，1994。

中国第一历史档案馆编《光绪朝上谕档》，广西师范大学出版
　　社，1996。

李天纲编校《万国公报文选》，三联书店，1998。

苑书义、孙华峰、李秉新主编《张之洞全集》，河北人民出版
　　社，1998。

中国史学会主编《义和团》，上海人民出版社、上海书店出版
　　社，2000。

《中国野史集成·续编》编委会、四川大学图书馆编《中国野史集成·续编》第 29 卷，巴蜀书社，2000。

广西师范大学出版社编《中美往来照会集（1846—1931）》第 10 册，广西师范大学出版社，2006。

恽毓鼎：《崇陵传信录》，中华书局，2007。

顾廷龙、戴逸主编《李鸿章全集》，安徽教育出版社，2008。

路遥主编《义和团运动文献资料汇编》，山东大学出版社，2012。

王彦威、王亮辑编《清季外交史料》，李育民等点校整理，湖南师范大学出版社，2015。

中国第一历史档案馆、北京大学、澳大利亚拉筹伯大学编《清代外务部中外关系档案史料丛编》，中华书局，2017。

姚斌：《康格与海约翰庚子事变往来函电选译》，《近代史资料》总 137 号，中国社会科学出版社，2018。

外文资料

Arlington, Lewis C.. *Through the Dragon's Eyes: Fifty Years' Experiences of a Foreigner in the Chinese Government Service*, London: Constable & Company Limited, 1931.

Davids, Jules. ed., *American Diplomatic and Public Papers: the United States and China, Series Ⅲ: The Sino-Japanese War to the Russo-Japanese War, 1894 – 1905*, Wilmington, Del.: Scholarly Resources Inc., 1981.

Despatches from U. S. Consuls in Canton, 1790 – 1906, Microcopies of Records of the Department States, Washington D. C.: The National Archives, 1946.

Despatches from U. S. Consuls in Shanghai, 1847 – 1906, Microcopies of Records of the Department States, Washington D. C. : The National Archives, 1946.

Despatches from United States Ministers to China, 1843 – 1906, Microfilm, FM 92, Washington D. C. : National Archives, 1958.

Documents Relating to the War Power of Congress, the President's Authority as Commander-in-Chief and the War in Indochina, Senate Committee on Foreign Relations, 91st Cong. , 2nd sess. Washington, D. C. : U. S. Government Printing Office, 1970.

Foreign Relations of the United States, 1898 – 1905, Washington D. C. : United States Department of State.

Freemasons, Proceedings of the Grand Lodge of the Most Ancient and Honorable Fraternity of Free and Accepted Masons of the Commonwealth of Massachusetts, Boston: The Grand Lodge, 1895, 1896, 1900 & 1901.

Journal of the American Asiatic Association(JAAA)

Journal of the American Association of China(JAAC)

Morrison, Elting E. , ed. *The Letters of Theodore Roosevelt.* Cambridge, Cambridge, Mass. : Harvard University Press, 1952.

The Directory & Chronicle for China, Japan, Corea, Indo-China, Straits Settlements, Malay States, Siam, Netherlands India, Borneo, the Philippines, Etc. , for the Year of 1895, Hong Kong: "Daily Press" Office, 1896 – 1899.

Wright, Arnold. *Twentieth Century Impressions of Hongkong, Shanghai, and Other Treaty Ports of China: Their History, People,*

Commerce, Industries, and Resources, London: Lloyds Greater Britain Publishing Company, 1908.

中文著作

莱特：《中国关税沿革史》，曾鹫译，商务印书馆，1963。

李恩涵：《晚清的收回矿权运动》，"中央研究院"近代史研究所专刊（8），1978。

廖一中等：《义和团运动史事要略》，人民出版社，1981。

张力：《四川义和团运动》，四川人民出版社，1982。

骆惠敏编《清末民初政情内幕》，刘桂梁译，知识出版社，1986。

上海社会科学院经济研究所、上海市国际贸易学会学术委员会：《上海对外贸易1840—1949》，上海社会科学院出版社，1989。

陈恭禄：《中国近代史》，《民国丛书》第二编第75卷，上海书店，1990。

C. B. 戈列里克：《1898—1903年美国对满洲的政策与"门户开放"主义》，高鸿志译，黑龙江教育出版社，1991。

乔明顺：《中美关系第一页——1844年（望厦条约）签订的前前后后》，社会科学文献出版社，1991。

杨国伦：《英国对华政策（1895—1902）》，中国社会科学出版社，1992。

侯宜杰：《二十世纪初中国政治改革风潮》，人民出版社，1993。

韩德：《中美特殊关系的形成：1914年前的美国与中国（1784—1914）》，项立岭、林勇军译，复旦大学出版社，1993。

王尔敏、陈善伟编《清末议订中外商约交涉》，香港中文大学出版社，1993。

魏尔特：《赫德与中国海关》，陆琢成等译，厦门大学出版
　　社，1993。

孔华润：《美国对中国的反应》，张静尔译，复旦大学出版
　　社，1997。

王立新：《美国传教士与晚清中国现代化》，天津人民出版
　　社，1997。

吴心伯：《金元外交与列强在中国（1909—1913）》，复旦大学
　　出版社，1997。

何大进：《晚清中美关系与社会变革——晚清美国传教士在华
　　活动的历史考察》，江西人民出版社，1998。

王树槐：《外人与戊戌变法》，上海书店出版社，1998。

吴义雄：《在宗教与世俗之间：基督教新教传教士在华南沿海
　　的早期活动研究》，广东教育出版社，2000。

马克·威尔金森：《上海的美国人社团（1937—1949）》，熊月
　　之等选编《上海的外国人（1842—1949）》，上海古籍出
　　版社，2003。

相蓝欣：《义和团战争的起源》，华东师范大学出版社，2003。

顾长声：《传教士与近代中国》，上海人民出版社，2004。

桑兵：《庚子勤王与晚清政局》，北京大学出版社，2004。

李永胜：《清末中外修订商约交涉研究》，南开大学出版社，
　　2005。

周锡瑞：《义和团运动的起源》，张俊义、王栋译，江苏人民
　　出版社，2005。

马士：《中华帝国对外关系史》，上海书店出版社，2006。

陈才俊：《美国传教士与19世纪的中美国外交关系（1830—

1899)》，中国社会科学出版社，2009。

黄贤强：《1905 年抵制美货运动——中国城市抗争的研究》，
　　高俊译，上海辞书出版社，2010。

弗雷德里克·A. 沙夫、彼德·哈林顿编著《1900 年：西方人
　　的叙述——义和团运动亲历者的书信、日记和照片》，顾
　　明译注，天津人民出版社，2010。

吴翎君：《美国大企业与近代中国的国际化》，台北：联经出
　　版公司，2012。

谌旭彬：《中国：1864—1911》，浙江人民出版社，2012。

赵树好：《晚清教案交涉研究》，人民出版社，2013。

罗元旭：《东成西就：七个华人基督教家族与中西交流百年》，
　　三联书店，2014。

何振模：《上海的美国人：社区形成与对革命的反应 1919 –
　　1928》，张笑川、张生、唐艳香译，上海辞书出版社，
　　2014。

欧内斯特·O. 霍塞：《出卖上海滩》，周育民译，上海书店出
　　版社，2019。

崔志海：《美国与晚清中国（1894—1911）》，社会科学文献出
　　版社，2022。

邹依仁：《旧上海人口变迁的研究》，上海人民出版社，1980。

蒯世勋等编著《上海公共租界史稿》，上海人民出版社，1980。

外文论著

Allen, Roland. *The Siege of the Peking Legations: Being the Diary of
　　the Rev. Roland Allen.* London: Smith, Elder, & Co. , 1901.

Anderson, David L. *Imperialism and Idealism: American Diplomats in*

China, 1861 – 1898. Bloomington: Indiana University Press, 1985.

Arlington, Lewis Charles. *Through the Dragon's Eyes: Fifty Years' Experiences of a Foreigner in the Chinese Government Service.* London: Constable & Company Limited, 1931.

Barnett, S. W. & J. K. Fairbank, eds. *Christianity in China: Early Protestant Missionary Writings.* Cambridge: Harvard University Press, 1985.

Beale, Howard K. *Theodore Roosevelt and the Rise of the United States as a World Power.* Baltimore: The Johns Hopkins University Press, 1956.

Campbell, Charles S. Jr. "American Business Interests and the Open Door in China," *The Far Eastern Quarterly*, vol. 1, no. 1 (Nov., 1941), pp. 43 – 58.

Christopher, Jespersen T. *American Images of China.* California: Stanford University Press, 1996.

Cohen, Paul A. *History in Three Keys: The Boxers as Event, Experience, and Myth.* New York: Columbia University Press, 1997.

Dennett, Tyler. *Americans in Eastern Asia: A Critical Study of the Policy of the United States with Reference to China, Japan and Korea in the 19th Century.* New York: Octagon Books, 1979.

Doolittle, Justus. *Social Life of the Chinese.* New York: Harper & Brothers, Publishers, 1865.

Ershkowitz, Herbert. *The Attitude of Business Towards American Foreign Policy, 1900 – 1916.* University Park, Penn.: The Pennsylvania State University Press, 1967.

Fairbank, John K. *The Missionary Enterprise in China and America.* Cambridge: Harvard University Press, 1974.

Gulick, Edward V. *Peter Parker and the Opening of China.* Cambridge, Mass. : Harvard University Press, 1973.

Hunt, Michael H. *The Making of a Special Relationship: The United States and China to 1914.* New York: Columbia University Press, 1983.

——. *Frontier Defense and the Open Door: Manchuria in Chinese-American Relations, 1895 – 1911.* New Haven: Yale University Press, 1973.

Isaacs, Harold R. *Scratches on Our Minds: American Images of China & India.* Connecticut: Greenwood Press, 1958.

Israel, Jerry, ed. *Building the Organizational Society: Essays on Associational Activities in Modern America.* New York: Free Press, 1972.

Key, V. O. *Politics, Parties, and Pressure Groups.* 4th ed. , New York: Crowell, 1958.

Latham, Earl . *The Group Basis of Politics.* Ithaca, N. Y. : Cornell University Press, 1952.

Latourette, Kenneth Scott. *The History of Early Relations between the United States and China, 1784 – 1844.* No. 29. New Haven: Yale University Press, 1917.

Liu, Kwang-Ching, ed. *American Missionaries in China: Papers from Harvard Seminars.* Cambridge: Harvard University Press, 1966.

Lockwood, Stephen Chapman. *Augustine Heard and Company, 1858 –*

1862, American Merchants in China. Cambridge, Mass.: Harvard University Press, 1971.

Martin, W. A. P. *A Cycle of Cathay: or, China, South and North, with Personal Eminiscences.* New York: Fleming H. Revell, 1900.

——. *The Awakening of China.* New York: Fleming H. Revell Company, 1901.

——. *The Lore of China.* New York: Fleming H. Revell Company, 1901.

——. *The Siege of the Peking Legations: China against the World.* New York: FH Revell Company, 1900.

Mason, Marry Gertrude. *Western Concepts of China and the Chinese, 1840 - 1876.* Connecticut: Hyperion Press, Inc, 1938.

McCormick, Thomas J. *China Market America's Quest for Informal Empire, 1893 - 1901.* Chicago: Quadrangle Press, 1967.

McKee, Delber L. *Chinese Exclusion versus the Open Door Policy, 1900 - 1906: Clashes over China Policy in the Roosevelt Era.* Michigan: Wayne State University Press, 1977.

Miller, Stuart Creighton. *The Unwelcome Immigrant: The America Image of the Chinese, 1785 - 1882.* Berkeley: California University Press, 1969.

Milnar, Anthony Lee. *Chinese-American Relations with Especial Reference to the Boycott, 1905 - 1906.* Diss. Georgetown University, 1948.

Olcott, Charles Sumner. *The Life of William McKinley.* vol. 2. Boston: Houghton Mifflin, 1916.

Parsons, William Barclay. *An American Engineer in China.* New York, McClure, Phillips & Co. , 1900.

Phillips, Clifton Jackson. *Protestant America and the Pagan World: the First Half Century of the American Board of Commissioners for Foreign Missions: 1810 – 1860.* East Asian Research Center, Cambridge: Harvard University, 1969.

Remer, Charles Frederick. *Foreign Investment in China.* New York: Macmillan Company, 1933.

——. *A study of Chinese Boycotts with Special Reference to Their Economic Effectiveness.* Ayer Publishing, 1979.

Ross, Edward Alsworth. *The Changing Chinese : the Conflict of Oriental and Western Cultures in China.* New York: The Century Company, 1911.

Smith, Arthur H. *Chinese Characteristics.* New York: Fleming H. Revell Company, 1894.

——. *The Uplift of China.* New York: Yong People Missionary Movement, 1907.

——. *Village Life in China.* New York: Fleming H. Revell Company, 1899.

Stauffer, M. T. , T. C. Wong, M. G. Tewksbury, & S. J. W. Clark. *Christian Occupation of China.* San Francisco: Chinese Materials Center, Inc. 1979.

Thayer, William Roscoe. *The Life and Letters of John Hay.* Boston: Houghton Mifflin Company, 1915.

Varg, Paul A. *Missionaries, Chinese and Diplomats: the American Protestant Missionary Movement in China, 1890 – 1952.* Princeton, N. J. : Princeton University Press, 1958.

——. *Open Door Diplomat: The Life of W. W. Rockhill.* Urbana: University of Illinois Press, 1952.

——. *The Making of a Myth: The United States and China, 1897 – 1912.* East Lansing, Michigan: State University Press. 1968.

Vevier, Charles. *The United States and China: 1906 – 1913.* New Brunswick: Rutgers University Press, 1955.

Wang, Guanhua. *The 1905 Anti-American Boycott: A Social and Cultural Reassessment.* Michigan State University. Department of History, 1994.

Wiley, Isaac William. *China and Japan: A Record of Observations Made During a Residence of Several Years in China, and a Tour of Official Visitation to the Missions of Both Countries in 1877 – 78.* Cincinnati, OH: Hitchcock and Walden, 1879.

Williams, S. Wells. *The Middle Kingdom.* New York: George Palmer Putnam, 1883.

Young, Marilyn Blatt. *The Rhetoric of Empire: American China Policy, 1895 – 1901.* Cambridge, Mass. : Harvard University Press, 1968.

附　录

附表 1　历届美华协会会长（1898—1913）

序号	姓名	职业	任期
1	海思凯（F. E. Haskell）	商人	1899 年 1 月—12 月
2	卜舫济（Rev. F. L. Hawks Pott）	传教士	1900 年 1 月—12 月
3	包尔（Fran P. Ball）	商人	1901 年 1 月—1902 年 12 月
4	潘慎文（Dr. A. P. Parker）	传教士	1903 年 1 月—12 月
5	詹姆森（James N. Jameson）	商人	1904 年 1 月—1905 年 12 月
6	李佳白（Dr. Gilbert Reid）	传教士	1906 年 1 月—1907 年 7 月
7	马士（H. B. Morse）	前海关人员	1907 年 7 月—12 月
8	华纳（Murray Warner）	商人	1908 年 1 月—1909 年 12 月
9	杰弗瑞（W. H. Jefferys）	传教士	1910 年 1 月—12 月
10	詹姆森（James N. Jameson）	商人	1911 年 1 月—12 月
11	易孟士（Walter Scott Emens）	商人	1912 年 1 月—1913 年 10 月

资料来源：*JAAC*, whole number 1 – 27.

附表 2　历届美华协会副会长（1898—1913）

序号	姓名	职业	任期
1	斐伦（J. S. Fearon）	商人	1899 年 1 月—12 月
2	希孟（John F. Seaman）	商人	1900 年 1 月—12 月 1906 年 1 月—1907 年 12 月
3	奎肯布什（E. Quackenbush）	商人	1901 年 1 月—12 月

续表

序号	姓名	职业	任期
4	詹姆森	商人	1902 年 1 月—12 月
5	华纳	商人	1903 年 1 月—1905 年 7 月
6	潘慎文（Alvin Pierson Parker）	传教士	1905 年 7 月—12 月
7	托马斯（J. A. Thomas）	商人	1908 年 1 月—12 月
8	杰弗瑞	传教士	1909 年 1 月—12 月
9	帕特森（J. R. Patterson）	商人	1910 年 1 月—1911 年 12 月
10	林肯（Dr. C. S. F. Lincoln）	传教士	1912 年 1 月—12 月

资料来源：*JAAC*，whole number 1 - 27.

附表 3　美华协会执行委员汇总（1898—1913）

序号	姓名	职业	任期
1	海思凯	商人	1900 年
2	斐伦	商人	1900 年、1901 年 7 月—1902 年 12 月
3	丹福士（A. W. Danforth）	工程师	1899 年—1901 年、1904 年
4	希孟	商人	1899 年—1901 年 12 月
5	宾利（Rev. William P. Bentley）	传教士	1899 年—1902 年、1905 年 7 月—12 月
6	麦克米（J. H. McMichael）	商人	1899 年
7	海格思（John Reside Hykes）	传教士	1899 年—1900 年、1909 年—1910 年
8	马斯塔德（R. W. Mustard）	商人	1899 年 1 月—1900 年 10 月
9	卜舫济	传教士	1899 年、1901 年—1902 年、1906 年 7 月—1907 年 7 月、1908 年
10	福开森（Rev. J. C. Ferguson）	传教士	1900 年
11	奎肯布什	商人	1900 年 10 月—2 月、1912 年
12	郭斐蔚（F. R. Graves）	传教士	1901 年—1902 年

清季上海的美国人（1898—1905）

序号	姓名	职业	任期
13	韩德（Robert H. Hunt）	商人	1901 年—1902 年
14	罗伯茨（John P. Roberts）	美国船长	1901 年
15	詹姆森（James N. Jameson）	商人	1903 年、1908—1910 年
16	格雷（H. De Gray）	传教士	1902 年
17	李维斯（R. E. Lewis）	传教士	1902 年
18	潘慎文	传教士	1904 年—1905 年 7 月、1906 年—1908 年 7 月
19	华纳	商人	1907 年
20	亨特（A. C. Hunter）	商人	1910 年—1911 年
21	莱文沃思（C. S. Leavenworth）	商人	1903 年
22	费斯克（C. E. Fiske）	商人	1903 年—1905 年 7 月
23	邓宁（E. H. Dunning）	商人	1903 年
24	欧文（P. W. Irvine）	商人	1903 年、1906 年
25	林肯	传教士	1903 年—1906 年 7 月、1910 年—1911 年、1913 年
26	鲍德温（C. C. Baldwin）	商人	1903 年—1906 年
27	费信惇（Stirling Fessenden）	律师	1904 年—1907 年、1908 年 7 月—1909 年、1911 年
28	奥斯古（A. J. Osgood）	商人	1904 年
29	福布斯（A. S. Fobes）	商人	1905 年—1907 年、1908 年 7 月—1909 年
30	李佳白	传教士	1905 年，1907 年 7 月—1909 年
31	李德（W. A. Reed）	商人	1906 年 1 月—1908 年 7 月
32	塔克（G. E. Tucker）	商人	1906 年 1 月—12 月
33	科思（Daniel Coath）	商人	1907 年 1 月—1909 年 12 月
34	帕特森（J. R. Patterson）	商人	1908 年 1 月—1909 年 12 月、1912 年 1 月—4 月

序号	姓名	职业	任期
35	斐尧臣（J. B. Fearn, M. D.）	传教士	1910 年—1912 年
36	拉文（F. J. Raven）	商人	1910 年
37	易孟士	商人	1911 年
38	桑德斯（N. T. S. Saunders）	商人	1910 年—1911 年、1913 年 1 月—10 月
39	梅尔（H. F. Merill）	商人	1911 年—1913 年 10 月
40	科布（T. F. Cobbs）	商人	1912 年 1 月—1913 年 10 月
41	盖勒格（J. W. Gallagher）	商人	1912 年 1 月—1913 年 10 月
42	盖因斯（J. D. Gaines）	商人	1912 年 4 月—1913 年 10 月
43	索斯迈德（J. B. Southmayd）	商人	1912 年 1 月—12 月
44	伦特（W. H. Lunt）	商人	1913 年 1 月—10 月

资料来源：*JAAC*, whole number 1 – 27.

附表 4　历届美华协会执行委员名单（1899—1913）

届期	非传教士	传教士	传教士占比
1899 年	丹福士、希孟、麦克米、马斯塔德	宾利、海格思、卜舫济	3/7
1900 年	海思凯、马斯塔德（10 月由奎肯布什取代）、斐伦、丹福士	宾利、海格思、福开森	3/7（主席为传教士卜舫济）
1901 年	希孟（7 月改任财务，由斐伦取代）、丹福士、韩德、罗伯茨	郭斐蔚、宾利、卜舫济	3/7
1902 年	格雷、斐伦、韩德	宾利、郭斐蔚、卜舫济、李维斯	4/7
1903 年	詹姆森、莱文沃斯、费斯克、邓宁、欧文、鲍德温	林肯	1/7（主席为传教士潘慎文）
1904 年	鲍德温、费斯克、丹福士、费信惇、奥斯古	林肯	1/6

届期	非传教士	传教士	传教士占比
1905 年	鲍德温、福布斯、费信惇、费斯克（7 月离任）	林肯、潘慎文（7 月由宾利代）、李佳白	3/7
1906 年	费信惇、福布斯、欧文、鲍德温、李德、塔克	潘慎文、林肯（7 月由卜舫济代）	1/4（主席为传教士李佳白）
1907 年	科思、费信惇、福布斯、李德、华纳	潘慎文、卜舫济（7 月由李佳白代）	2/7（1907 年上半年主席为传教士李佳白）
1908 年 1 月	科思、詹姆森、帕特森、李德	潘慎文、卜舫济、李佳白	3/7
1908 年 7 月	科思、詹姆森、费信惇、帕特森、福布斯	卜舫济、李佳白	2/7
1909 年	科思、费信惇、詹姆森、福布斯、帕特森	海格思、李佳白	2/7
1910 年	亨特、詹姆森、拉文、桑德斯	斐尧臣、海格思、林肯	3/7
1911 年	易孟士、费信惇、亨特、梅尔、桑德斯	斐尧臣、林肯	2/7（主席为传教士杰弗瑞）
1912 年	科布、盖勒格、梅尔、帕特森、奎肯布什、索斯迈德	斐尧臣	1/7
1913 年	科布、盖因斯、伦特、梅尔、桑德斯	林肯	1/6

资料来源：*JAAC*, whole number 1 - 27.

附表 5　《美华协会杂志》全 27 期卷期号及发行时间

总期号	卷期号	发行时间
第 1 期	第 1 卷第 1 期	1899 年 1 月

总期号	卷期号	发行时间
第 2 期	第 1 卷第 2 期	1899 年 5 月
第 3 期	第 1 卷第 3 期	1899 年 11 月
第 4 期	第 1 卷第 4 期	1900 年 3 月
第 5 期	第 1 卷第 5 期	1900 年 6 月
第 6 期	第 1 卷第 6 期	1900 年 10 月
第 7 期	第 1 卷第 7 期	1901 年 1 月
第 8 期	第 1 卷第 8 期	1901 年 7 月
第 9 期	第 1 卷第 9 期	1902 年 1 月
第 10 期	第 1 卷第 10 期	1902 年 7 月
第 11 期	第 1 卷第 11 期	1903 年 7 月
第 12 期	第 1 卷第 12 期	1904 年 1 月
第 13 期	第 1 卷第 13 期	1904 年 7 月
第 14 期	第 1 卷第 14 期	1905 年 1 月
第 15 期	第 1 卷第 15 期	1905 年 7 月
第 16 期	第 2 卷第 1 期	1906 年 1 月
第 17 期	第 2 卷第 2 期	1906 年 7 月
第 18 期	第 2 卷第 3 期	1907 年 1 月
第 19 期	第 2 卷第 4 期	1907 年 7 月
第 20 期	第 2 卷第 5 期	1907 年 11 月
第 21 期	第 2 卷第 6 期	1908 年 7 月
第 22 期	第 3 卷第 1 期	1909 年 1 月
第 23 期	第 3 卷第 2 期	1909 年 9 月
第 24 期	第 24 期	1911 年 3 月
第 24 期	第 24 期	1911 年 8 月
第 24 期	第 24 期	1912 年 6 月
第 24 期	第 24 期	1913 年 10 月

资料来源：*JAAC*, whole number 1 – 27.

附表 6　1900—1903 年美华协会、美亚协会的要求和 1903 年中美新商约内容对比

	美华协会意见	美亚协会 1901 年 1 月 25 日说帖①	美亚协会 1902 年 12 月请愿书	1903 年《中美续通商行船条约》②
裁厘	保证裁厘，并对中国整套财政、行政体系进行全面改革。（1901 年 2 月 6 日美华协会致美使康格函）③	"在中国全境彻底取消对进口商品征收的其他所有税。"	"倘不能完全废除常关，至少应保证大大减少常关数量。"④	第 4 款："进口正税及加添之税，一经完清，其洋货无论在华人之手，或诸商之手，亦无论原件或分装，均得全免重征各项税捐以及查验验留难情事。""中国允将十九省及东三省陆路铁路货水道所设征收行货厘捐及类似行货厘捐之各项局卡，概予裁撤，于本款照行之时，不得复设。"⑤
进口税	反对加税。"现有关税税率十分合理，没有对中外贸易造成任何阻碍。"（1901 年 2 月 6 日美华协会致美使康格函）⑥ 维持和条约规定的切实值百抽五关税和百分之二点五的附加税，并免征一切内地税。（1902 年 3 月 21 日美华协会会议决议）⑦	"进口税应定在 10% 关税加 5% 的附加税，同时在中国全境彻底取消对进口商品征收的其他所有税。该提议将之，易而言之，该提议建议将目前进口商品的关税和附加税税率增加一倍。倘使这就是该提议的全部内容，并且也不打算改变目前确定从价关税的方法，以致外国进口贸易课目前进口税率两倍以上的税	"进口税定为切实值百抽十"⑧	第 4 款："美商运进之洋货及运往通商他口之土货，除照当地税则应纳正税外，加完一税……进口洋货所加抽之税，不得过于中国与各国光绪二十七年七月二十五日，即公元一九〇一年九月七日签押之和约条约之进口正税一倍之数。""美国允愿洋货进口正税之时，除按照实值百抽五外，再加一额外税，照所订之税加一倍半之数。"

续表

	美华协会意见	美亚协会 1901 年 1 月 25 日说帖	美亚协会 1902 年 12 月请愿书	1903 年《中美续通商行船条约》
		款，协会在接受这一关税协定的基础上没有异议。这个建议似乎提供了比其他方法更令人满意的内地税问题解决方案。		
出口税	为扩大中国的出口贸易，中央和省政府必须鼓励中国原产品的出口，并尽可能取消出口关税。（1901 年 12 月 18 日年会）⑨ 取消原有的凭子口税单的制度，原产品从内地带出的商品从内地出口到另一国时，改为在商品出口到另一国人地退还一定金额，向商人退还一定金额，并可以被直接用来支付关税；官方以管制中国商人作假行为。（1901 年 2 月 6 日美华协会致美使康格函）⑩	"让所有出口商品免除繁重税务的唯一可行的办法是取消原有的子口税单制度，而改行按购的商品出口到一国时，在商品出口到另一国人地和出口口岸之间课税的一半以上的比例向出口商退税。"	"出口税最高应不超过 5%，从价抽取。"①	第 4 款："出口土货所纳税之总数，连出口正税在内，不得逾值百抽七五之款。""所有土货贩运出洋或由通商此口转运通商彼口，除出口正税外，可在起运处或出口时，加抽当时出口正税之一半。" …… 第 8 款："还税之存票须自美国商人票请之日起。如查系应领，限于二十一日内发给。此等存票，可用在发给之新关，按全数领取现银。"

续表

	美华协会意见	美亚协会 1901 年 1 月 25 日说帖	美亚协会 1902 年 12 月请愿书	1903 年《中美续议通商行船条约》
土药税所和盐卡			"裁撤征收鸦片税的土药税所和稽查私盐走私的盐报验公所。"⑫	约文正文虽不曾提及，但附件中则表示二者"均由中国政府自行办理，但于本约第四款所载项事物转运时，不得阻滞于得"。
销场税			"不准对其国内贸易和商品征收销场税。"⑬⑭	销场税问题，美方以其为中国内政，未便干涉。最后，在中方代表伍廷芳的要求敦促下，美国代表盛宣怀和伍廷芳将中国征收出产税、销场税、出厂税和免行厘坐厘等内容暗含于约文中。
内河航运	改善中国水陆交通，并成立一保护董事会，对中国各大水道进行全面调查和疏浚。(1901 年 2 月 6 日美华协会致美华协会康格函)⑮	"无论是本国还是外国汽船，只要挂有外国旗帜，便会在内河航行时遭遇很大的阻碍，而造成这一阻碍的主要是厘卡税费。"为此，该会要求将海关、常关的征税统一在同一部门。		约文内虽未附及，但后来中国确实按照《辛丑条约》第 11 款规定，⑯在 1905 年成立浚浦工程总局，经管整理改善水道各工。

续表

美华协会意见	美亚协会1901年1月25日说帖	美亚协会1902年12月请愿书	1903年《中美续议通商行船条约》
外国人居住权利 外国人在中国内地的居住权利。（1902年2月20日美华协会会议决议）⑩			第3款："美国人民准在中国已开或日后所开的外国人民居住通商各口岸，或通商各埠，任来居住，以及他项合例事业，办理商工各业制造等事，以及他项合例事业。且任各处制造处已定及将来所定为外国人民居住合官地界之内，均准居买房屋行栈，并租赁或永租地基，自行建造。" 第14款："美国教会准载中国各处租赁或永租房屋地基作为教会公产，已被传教之用。俟地方官查明地契后，该教士方能自行建造合官房屋，以行善事。"
外国人开矿权利 外国人在华开矿权利。（1902年2月20日美华协会会议决议）⑱			第7款："美国人民，若遵守中国国家所定为中外人民之开矿及租矿约税项各规条章程，并按照各规条执照内载明矿务所应办之事，可照准美国人民，在中国地方开矿办矿务及矿务所应办之事。"

续表

	美华协会意见	美亚协会 1901 年 1 月 25 日说帖	美亚协会 1902 年 12 月请愿书	1903 年《中美续议通商行船条约》
关栈	所有能够提供相应设施并愿意遵守轮船招商局关栈所守规定的公共仓库都应成为关栈。(1901 年 2 月 6 日美华协会致美使康格函)⑨			第 6 款："中国允许美国人民在中国各通商口岸，将该管官核准之关栈，作为关栈以便囤积合例货物，及拆包改装，或预备转运……"
保护传教士	中方必须保证其地方政府会对传教士的工作进行切实保护。(1900 年 12 月 20 日公开信)⑩			第 14 款："所有安分习教传教人等，均不得因奉教致受欺侮凌虐。凡有尊照规教者，无论华美人民，安分守教传教者，毋得因此稍被强扰。华民自愿奉基督教，毫无限制……中国官员亦不得歧视入教，不入教者，须照律秉公办理……"

注：① "Hay to Rockhill, April 11, 1901," *FRUS, 1901*, pp. 217 – 218.
② 王铁崖编《中外旧约章汇编》第 2 册，第 181—189 页。
③ "Lyman to Conger, Feb. 6, 1901," *JAAC*, vol. 1, no. 8 (Jul., 1901): 4 – 5.
④ *JAAA*, vol. 2, no. 7 (Jan., 1903): 334 – 335.
⑤ 因中英《续议通商行船条约》规定，"裁厘加税"条款须俟各国一律允准后方可实行（见王铁崖编《中外旧约章汇编》第 2 册，第 107 页），而中国与俄、法、德、意和瑞典等国之谈判皆不利，故"裁厘加税"条款最终并未实现。此项内地税直到 1929 年 1 月 1 日，始由国民政府正式废除。
⑥ "Lyman to Conger, Feb. 6, 1901," *JAAC*, vol. 1, no. 8 (Jul., 1901): 4 – 5.

⑦ "Hay to Rockhill, April 11, 1901," *FRUS, 1901*, pp. 208 –211.

⑧ *JAAA*, vol. 2, no. 7 (Jan., 1903) : 334 –335.

⑨ *JAAC*, vol. 1, no. 9 (Jan., 1902) : 1 –4.

⑩ "Lyman to Conger, Feb. 6, 1901," *JAAC*, vol. 1, no. 8 (Jul., 1901) : 4 –5.

⑪ *JAAA*, vol. 2, no. 7 (Jan., 1903) : 334 –335.

⑫ *JAAA*, vol. 2, no. 7 (Jan., 1903) : 334 –335.

⑬ 销场税，指货物到达消费地出售时缴纳的税项，属坐厘的一种。

⑭ *JAAA*, vol. 2, no. 7 (Jan., 1903) : 334 –335.

⑮ "Lyman to Conger, Feb. 6, 1901," *JAAC*, vol. 1, no. 8 (Jul., 1901) : 4 –5.

⑯ 王铁崖编《中外旧约章汇编》第 1 册，第 1007 页。

⑰ Mr. Goodnow to Mr. Conger, Feb. 22, 1902, Despatches from U. S. Consuls in Shanghai, 1847 –1906. Microfilm, FM 112, Roll 48.

⑱ Mr. Goodnow to Mr. Conger, Feb. 22, 1902, Despatches from U. S. Consuls in Shanghai, 1847 –1906. Microfilm, FM 112, Roll 48.

⑲ "Lyman to Conger, Feb. 6, 1901," *JAAC*, vol. 1, no. 8 (Jul., 1901) : 4 –5.

⑳ *JAAC*, vol. 1, no. 7 (Jan., 1901) : 9 –11.

后　记

拙著自落笔至成书，历时五年。能够完成书稿，首先要感谢我的双亲。家严虽是生意人，但素好机械，有理工科习气。耳濡目染之下，我遇事亦谨记不徒托空言，而径直解决问题。家慈面冷心热，爱女之情多不溢于言表，唯念我异乡为客，常不远千里寄来鱼虾蟹菜，解我莼鲈之思。经年游学在外，每每念及父母，常感春晖之情深笃，寸草之心难报。其次，需感谢我的老师。我在求学路上迭遇良师，诸位先生学养深厚、世事洞明，每当我求索至幽暗昏惑之境，常能如明灯烛照，为我指引方向。尤其是恩师崔志海先生，引领我走进了晚清政治史与中美关系史跨学科研究的大门，并指导我完成了博士学位论文《美华协会与庚子前后中美关系研究》。时至今日，他又在百忙之中寓目劳神，慨允赐序。纵观求学生涯，仰承师恩，获益实多。复次，应感谢各大图书馆的管理员。拙著所涉资料散落于美国各大图书馆，在搜集材料过程中，如俄勒冈大学骑士图书馆的王晓彤女士与托马斯·史蒂夫、纽约市立图书馆的马修·鲍兰、波士顿菲利普斯图书馆的詹妮弗·郝思蓓以及哥伦比亚大学、耶鲁大学等图书馆管理员皆向我伸出援手。最后还要感谢我的爱人和好友。我性烈如火，每遇研究瓶颈，常钻牛角，每每是他们的

330

耐心陪伴，纾解了我的躁郁不安。在此，我衷心地向上述我
所热爱和尊敬的人们表示诚挚的感谢。

　　《美华协会杂志》是我在美国访学时因机缘巧合所获。
2017 年，在国家留学基金委的资助下，我听从恩师崔志海先
生的建议，赴美搜集美亚协会的相关资料。在翻阅《美亚协
会杂志》的过程中，我注意到上海存在一个该会的旁支，随
后，"身在上海的美国人与其所处的晚清政局有着怎样的互
动"这个问题立刻引起了我强烈的兴趣。是年春节，我独自
驱车游历纽约、纽黑文和波士顿等地，集齐 27 期《美华协会
杂志》。当翻开这份来自故国的史料后，我发现，对于那些我
所熟知的晚清政治事件，侨居上海的美国人有着截然不同的关
注点，并因之形成了迥异的认知。通过他们的眼睛，我恍然置
身于另一个平行的晚清世界。这实在是有趣之极。美侨对晚清
政治的特殊关注，源出其切身之特殊利益。彼等远涉重洋而来，
所求盖不过如是，为此，我在考察美华协会在 1898—1905 年的
历史活动时，无意投入太多精力去评价这些活动对错，而是将
重心放在追问他们这些活动的由来，也即他们当时的客观处境
以及活动背后的真实诉求上，以期补全他们寄身于美华协会这
一叶孤舟在晚清政局中浮沉的情境。

　　本书最初落笔于 2018 年尤金市的一个寻常春日，孰料中
经巴黎圣母院大火，又遭逢新冠疫情，最终竟是在俄乌冲突之
际完成。盖世间固鲜永垂不朽，即烈火烹油、鲜花着锦之盛，
也终归寂寥，唯余山河江月永。历史之魅力，大抵在此。鲜衣
怒马之金陵少年，从吏夜归之石壕老妪，揆诸汗青，皆一视同
仁；泛黄纸卷上区区数字，便是半生兴荣难苦、无数血泪歌
哭。我平生漫无所志，机缘巧合入此门中，懵懂十四年，所做

之事，大抵是在青史劫灰之中，搜拣枝末细节，以微薄之力，拼凑出心中所以为是者，其或有补于事之万一，便是幸之至矣。

2022 年 10 月于国家体育场鸟巢东

图书在版编目（CIP）数据

清季上海的美国人：1898—1905 / 王慧颖著. --
北京：社会科学文献出版社，2023.5
（大有）
ISBN 978 - 7 - 5228 - 1595 - 4

Ⅰ.①清… Ⅱ.①王… Ⅲ.①美国 - 侨民 - 历史 - 上
海 - 1898 - 1905 Ⅳ.①D771.237

中国国家版本馆 CIP 数据核字（2023）第 068168 号

· 大有 ·
清季上海的美国人（1898—1905）

著　　者 / 王慧颖

出　版　人 / 王利民
责任编辑 / 李期耀
文稿编辑 / 吴寒冰
责任印制 / 王京美

出　　版 / 社会科学文献出版社 · 历史学分社（010）59367256
　　　　　　地址：北京市北三环中路甲 29 号院华龙大厦　邮编：100029
　　　　　　网址：www.ssap.com.cn
发　　行 / 社会科学文献出版社（010）59367028
印　　装 / 三河市东方印刷有限公司

规　　格 / 开本：889mm × 1194mm　1/32
　　　　　　印张：10.75　字数：249 千字
版　　次 / 2023 年 5 月第 1 版　2023 年 5 月第 1 次印刷
书　　号 / ISBN 978 - 7 - 5228 - 1595 - 4
定　　价 / 98.00 元

读者服务电话：4008918866